Große Texte alter Kulturen
Literarische Reise von Gizeh nach Rom

Große Texte alter Kulturen

Literarische Reise von Gizeh nach Rom

Herausgegeben
von
Martin Hose

Wissenschaftliche Buchgesellschaft

Einbandgestaltung: Peter Lohse, Büttelborn

Die Deutsche Bibliothek verzeichnet diese Publikation
in der Deutschen Nationalbibliografie;
detaillierte bibliografische Daten sind im Internet über
http://dnb.ddb.de abrufbar.

Gedruckt auf säurefreiem und alterungsbeständigem Papier
Reproduktionsfähige Druckvorlagenerstellung: Andreas Holzem, Tübingen
Printed in Germany

Besuchen Sie uns im Internet: www.wbg-darmstadt.de

ISBN 3-534-17561-1

INHALT

Vorwort 7

Martin Hose
Literatur als Weg in fremde Welten 9

Günter Burkard
»Der König ist tot.« Die Lehre des ägyptischen Königs Amenemhet I. 15

Walther Sallaberger
Gilgameš, das altmesopotamische Epos von der Suche nach dem Leben.
Mit Anmerkungen zu einer narratologischen Analyse 37

Christoph Levin
Das israelitische Nationalepos: Der Jahwist 63

Hans van Ess
Die Aufzeichnungen des Historiographen, die erste Standardgeschichte
Chinas, und das Aufkommen des bürokratisch organisierten
Zentralstaates 87
Anhang: Shih-chi 124: Die fahrenden Haudegen 101

Jens-Uwe Hartmann
»Himmel und Erde mit einem Namen begreifen«. Das indische Drama
Shakuntala 111

Oliver Primavesi
Der Held im Gleichnis. Zehn Ansichten der *Odyssee* 131

Martin Hose
Am Anfang war die Lüge? Herodot, der »Vater der
Geschichtsschreibung« 153

Niklas Holzberg
Der Feldherr als Erzählstratege. Caesar über Caesar und die Germanen 175

Über die Verfasser der Beiträge 195

VORWORT

»Von Gizeh nach Rom« soll der Weg des folgenden Buches führen. Wenn der Leser daran Gefallen oder gar Freude finden kann, so ist folgenden Personen zu danken: Zunächst den Autoren der Beiträge, die sich bereit fanden, nur einen einzigen Text aus den reichen Schätzen ihrer Fachgebiete vorstellen zu dürfen; der Wissenschaftlichen Buchgesellschaft und hier insbesondere Dr. Dirk Palm und Dr. Harald Baulig, die einen Platz für das Buch im Programm des Verlages fanden und seine Entstehung freundlich förderten; und schließlich Frau Korinna Barck, Frau Anke Rondholz und Herrn Georg Gerleigner, meinen Mitarbeitern, die verschiedene technische Probleme bei der Herstellung der Druckvorlage bewältigen halfen, sowie Dr. Georg Heldmann, der bei der Korrektur der Fahnen mitwirkte.

München, September 2003 — Martin Hose

Literatur als Weg in fremde Welten

Martin Hose

Als im Frühjahr des Jahres 2003 Bilder von geplünderten Museen und Grabungsstätten im Irak um die Welt gingen, zeigte sich die Öffentlichkeit in tiefer Sorge. Schien doch eine der ältesten Kulturlandschaften der Erde ihr kulturelles Erbe zu verlieren, und da man das Zweistromland als eine der frühesten Stätten menschlicher Zivilisation überhaupt betrachten darf, befürchtete man einen Verlust im Weltkulturerbe. Bemerkenswerterweise wandelte sich im öffentlichen Bewußtsein die Konnotation des Begriffs Museum. Schien doch zuvor unter dem Eindruck einer sich stets beschleunigenden Welle von Veränderungen (oder »Innovationen«) in einer zunehmend stärker in sich verbundenen Welt das Museum der Ort und zugleich eine Chiffre für alles, was im Zuge von »Globalisierung« entbehrlich wurde. Das Adjektiv »museal« war zum Synonym für »veraltet« oder, noch deutlicher, »entbehrlich« geworden. Insofern haftete der öffentlichen Empörung über die geleerten Vitrinen des Nationalmuseums in Bagdad ein paradoxes Moment an, da nun die geraubten Exponate wiederum als »Schätze« betrachtet wurden, deren Verlust eine gravierende Einbuße eines ideellen Vermögens der Menschheit darstellte.

Für den reflektierenden Beobachter dieses Geschehens enthüllte sich gleichsam wie in einem Schlaglicht die Bedeutung der musealen Altertümer. Denn der Reichtum, der in ihnen liegt, ist schwerlich auf ihren Materialwert gegründet oder gar begrenzt. Seine eigentliche Größe läßt sich in anderer Weise bestimmen. Zunächst sind die Exponate Zeugen für eine ferne Vergangenheit. An ihnen konkretisiert sich eine von den historischen Wissenschaften rekonstruierte Erinnerung an untergegangene Kulturen. Die Exponate repräsentieren die materielle Seite dieser Kulturen. Sie veranschaulichen das Leben des Menschen vor mehr als zwei- oder dreitausend Jahren. Ihre Formensprache vermag dem Betrachter über das Moment ihrer konkreten Funktion hinaus (die zu erschließen oftmals sehr schwierig ist) einen Eindruck von fremdartig wirkenden ästhetischen Prinzipien zu geben – hier liegt die zweite wesentliche Bedeutung der Begegnung mit derartigen Altertümern. Denn gerade in einer stetig uniformer werdenden Welt, in der von Oslo bis Kapstadt, von Tokio bis Denver nicht nur Gebrauchsgegenstände in permanentem Austausch auf »einem« Markt konkurrieren, sondern auch die Kunst, insbesondere die Musik, die Filmkunst, aber auch die Literatur zu einer Handelsware geworden ist, die universal-uniformen Moden folgen muß, schwindet das »Fremde« oder Fremdartige zunehmend, nicht zuletzt, weil es unverkäuflich wird. Resultat ist eine »Monotonisierung der Welt«, die Stefan Zweig bereits vor mehr als 60 Jahren befürchtete.

Auf der Suche nach dem Fremden, auf das der Mensch, um er selbst sein zu können, angewiesen zu sein scheint, eröffnen sich zwei Wege. Der eine führt in konstruierte andersartige (Kunst-)Welten. Diese können entweder in einer fernen Zukunft liegen (hier setzt die sogenannte Science Fiction in Buch und Film an) oder in Vergangenheiten (die anhaltende Beliebtheit der Werke Tolkiens verdankt sich nicht zuletzt der in ihnen erzeugten Fremdheit). Der zweite Weg konstituiert sich in einer Hinwendung zur Geschichte, bei der insbesondere vormoderne Epochen Interesse finden. Dies jedenfalls deuten Ausstellungserfolge an, mögen sie Troia, den Hethitern oder der mittelalterlichen Geschichte gelten. Nun unterscheiden sich (Kunst-)Welten und historische Welten in einem Aspekt fundamental: Während in den imaginierten Universen die Bedingungen der Existenz von ihren Schöpfern frei gestaltet werden, mithin entweder eine unendlich wirkungsvolle Technik Krankheiten sowie Zeit und Raum nach Belieben überwinden kann oder etwa Zauberwesen und Magie prägend sind, unterliegen historische Welten prinzipiell den Faktoren, die auch für unsere Gegenwart real sind. Die Gleichartigkeit der condition humaine, die damit vorliegt, ist wohl einer der wichtigsten Gründe für das Interesse der Gegenwart an der Historie. Hinzu kommt freilich noch ein weiterer Aspekt. Im Gegensatz zu den imaginierten andersartigen Welten sind die historischen Andersartigkeiten tatsächlich gelebt worden, waren also teilweise über Jahrhunderte Realität für den Menschen. Dieser Umstand macht die Beschäftigung mit der Vergangenheit so bedeutsam, weil damit nicht allein ein Verständnis erwächst, wie die eigene Gegenwart entstanden ist. Vielmehr liegt ein besonderer Wert darin, die Kulturen der Vergangenheit in ihren so unterschiedlichen Ausgestaltungen als gelebte und deshalb lebbare Möglichkeiten menschlicher Existenz zu begreifen. Gewiß bedeutet dies nicht, daß man die Chancen der modernen technisierten materiellen Kultur und der Medizin der Gegenwart in Frage stellen soll. Doch gibt es andere Bereiche menschlichen Lebens, die aus einer Berücksichtigung historischer Erfahrung durchaus Gewinn ziehen. Die Frage etwa, was ein »gutes« Leben ausmacht, wird auf direkte oder indirekte Weise in jeder Kultur zu beantworten gesucht. Die Einsicht, daß es darauf unterschiedliche Antworten gegeben hat, läßt den Menschen dem Konzept, das seine Gegenwart entwirft und für das diese Gegenwart eine hohe Verbindlichkeit beanspruchen kann, nicht schutzlos gegenüber treten.

Eine besondere Stellung bei der Beschäftigung mit alten Kulturen nehmen ihre Texte ein. Denn auch wenn Objekte der materiellen Kultur dem Rezipienten einen scheinbar unmittelbaren, das heißt visuellen Zugang erlauben, so bleiben sie doch prinzipiell stumm. Anders ein Text: Ist er doch Träger einer Rede, die eine ferne Stimme an den, der zuhören will und kann, richtet. Freilich benötigt der Text, den lange Jahrhunderte von unserer Gegenwart trennen, einen Interpreten, einen Dolmetscher, um verständlich zu sein. An dieser Stelle will der hier vorliegende Band ansetzen. In ihm wollen, um noch einmal das oben erwähnte »Museum« als Bild zu gebrauchen, Kenner der alter Literaturen als Führer durch die Säle eines imaginären literarischen Museums fungieren und aus verschiedenen Räumen, in denen sie als ausgewiesene Spezialisten besonders kundig sind, einen kostbaren Text dem Leser erklären. Daß es neben den vorgestellten Texten noch andere wertvolle literarische Exponate in unserem imaginären Museum gibt, will keiner unserer Führer leugnen. Doch vielleicht trägt die Konzentration auf je einen Text dazu bei, daß der Leser bei anderer Gelegenheit neuerlich unser Museum aufsucht und für sich selbst die weiteren Schätze erschließen möchte ...

Die Beiträge dieses Bandes laden den Leser zu einer literarischen Reise durch alte Kulturen ein:

Den Anfangspunkt bildet Ägypten. *Günter Burkard* stellt die »Lehre des Amenemhet I.« vor, einen kurzen, aber wirkungsmächtigen Text, der im Reich der Pharaonen 1300 Jahre lang gelesen und immer wieder kopiert wurde. Zwei Eigentümlichkeiten der ägyptischen Literatur kann dieser Text illustrieren: Erstens: Ägyptische literarische Texte pflegen in der Regel nicht allzu umfangreich zu sein, »die schiere Größe war mehr Sache der Architekten« (Burkard), was jedem Wort des Textes ein besonderes Gewicht gibt. Zweitens: Eine wesentliche Hilfe jeder Interpretation sind die Vorgaben der Gattung, in die sich ein Text stellen will und die für ihn gleichsam eine Leseanweisung darstellen. Ägyptische literaturtheoretische Texte, die uns einen ähnlichen Eindruck wie etwa die Poetik des Aristoteles von den Gattungsvorstellungen dieser Literatur geben könnten, fehlen indes; »die Abfassung theoretischer Schriften war nicht Sache der Ägypter« (Burkard). Damit muß eine wesentliche Dimension für das Textverständnis aus den Texten selbst erarbeitet werden. Diese Erarbeitung unternimmt Burkards Beitrag, der in einer textnahen Lektüre den Gehalt der Schrift erschließt und damit den Leser geradezu in einen Kriminalfall hineinzieht, den Mord an Pharao Amenemhet I. im Jahre 1947 v. Chr.

Im darauf folgenden Kapitel interpretiert *Walther Sallaberger* das wohl berühmteste vorhomerische Heldenlied, das Gilgameš-Epos, das durch die Übertragung von Raoul Schrott (2001) eine neue literarische Wirksamkeit entwickelt hat. Die Erzähltechnik dieses Werkes, die Sallaberger besonders heraushebt, setzt den Stoff kunstvoll um, Stilmittel wie die direkte Rede werden reichlich gebraucht. Offensichtlich setzt dieses Epos eine lange Formtradition voraus, mit deren Instrumenten es virtuos umgeht. So entsteht in ihm in akkadischer Sprache am Beginn des zweiten vorchristlichen Jahrtausends ein faszinierendes literarisches Porträt eines »Helden«, der keineswegs perfekt ist, dessen Stärken seinen Schwächen kontrastierend gegenüber stehen.

Das dritte große Werk, das in diesem Band vorgestellt werden soll, unterscheidet sich von den übrigen präsentierten Texten insofern fundamental, als es Resultat einer Rekonstruktionsarbeit ist: das Geschichtswerk des »Jahwisten«, das in einer Analyse des Pentateuch, der Fünf Bücher Mose im Alten Testament, gewonnen wird. *Christoph Levin* erläutert in seinem Beitrag den Gang der Forschung, der sich seit den fundamentalen Beobachtungen von Jean Astruc (1753) und Julius Wellhausen (1878) die alttestamentliche Wissenschaft in immer neuem Ringen um den Text vollzieht. Wenn Levin gegen heftige Einwände in der Forschung am Jahwisten festhält, so legt er dafür seine Argumente in bestechend klarer Form vor. Der von ihm aus dem Pentateuch gewonnene Text des Jahwisten, der seinerseits durchaus ihm vorliegende ältere Schriften verarbeitet und verbunden hat, erweist sich als bedeutsames Dokument der jüdischen Diaspora, mit dem in Babylon, der Heimat des Gilgameš, im frühen 6. Jahrhundert ein Angehöriger der deportierten jüdischen Oberschicht ein Geschichtswerk erschafft, das eine Ursprungsgeschichte des Judentums konstituiert.

Weit nach Osten führt der Beitrag von *Hans van Ess*. Er stellt das im zweiten Jahrhundert unserer Zeitrechnung entstandene Geschichtswerk des Ssu-ma Chi'en vor. Der chinesische Historiker, dessen gewaltiges Werk Ereignisse vom 7. Jahrhundert an in bisweilen unterschiedlichster Perspektivierung berichtet, erweist sich bei eingehender Interpretation als ein Schriftsteller, der unter dem Eindruck einer von Zentralisierungstendenzen geprägten Gegenwart im Medium historischen Referats eine intensive Kritik an seiner Zeit betreibt, indem er in der Vergangenheit seine Helden in den Personen sieht, die eine lokale Autonomie verteidigen. Sein Werk wird damit zum Zeugnis für eine anbrechende neue, aber als bedrohlich empfundene Zeit.

Aus der großen Politik heraus führt der Beitrag aus der Feder von *Jens-Uwe Hartmann* zum Drama »Shakuntala« des Kalidasa. Er öffnet die märchenhafte Welt eines indischen Schauspiels, das, seit es im 18. Jahrhundert in Europa bekannt wurde, auch hier eine bedeutende Wirkung entfalten konnte. Diese wird in Hartmanns Interpretation des Stückes durchaus begreiflich, da die Konventionen des indischen Theaters, die einen guten Ausgang forderten und eine beträchtliche Subtilität in der Zeichnung der Figuren bis hin zu den Sprachebenen vorsahen, hier in virtuoser Weise genutzt werden. Die Geschichte vom armen Mädchen, das nach vielen Wirrungen schließlich den geliebten König heiratet, wird durch die hohe Dialogkunst und die filigrane Kompositionstechnik des Dichters zu einem bedeutenden Kunstwerk gestaltet.

Durch »Zehn Ansichten der Odyssee« gibt *Oliver Primavesi* eine gedrängte, aber pointiert charakterisierende Interpretation dieses Epos. Er folgt dem Weg des Odysseus von der Insel der Kalypso bis zur Wiedervereinigung mit Penelope anhand eines der auffälligsten Stilmerkmale der frühgriechischen Epik, des Gleichnisses. Die auf den ersten Blick paradoxe Aussage der Odyssee-Gleichnisse gewinnt durch eine Lektüre, die die Odyssee als »episches Experiment« liest, das die traditionelle Heldenepik verfremdet, aber zugleich weiterentwickelt, einen überraschenden übergreifenden Sinn. Denn gerade in den Gleichnissen, die in unerwarteter Weise Analogien zwischen Natur und Held herstellen, spiegelt sich das große Thema des Epos: die Selbstbehauptung des Helden in einer Situation tiefgreifender Entfremdung von sich selbst, die am Ende auf Ithaka überwunden wird.

Eine der wichtigsten Fragen bei der Beschäftigung mit dem Geschichtswerk des Herodot steht im Zentrum des Beitrags von *Martin Hose*: War Herodot ein Lügner? Angesichts der seit der Antike anhaltenden Kontroverse, wie diejenigen Äußerungen des Historikers zu verstehen seien, in denen er als Augenzeuge von Vorgängen berichtet, die sich in der referierten Form nie zugetragen haben können, nimmt der Beitrag einen anderen Ausgangspunkt. Statt Herodot als »Historiker« zu interpretieren, wird, da die Gattung »Historiographie« erst mit Thukydides, also nach Herodot entsteht, sein Werk im Vergleich mit anderen Prosaschriftstellern des 5. Jahrhunderts gelesen, mit denen es zahlreiche Parallelen aufweist.

Der den Band beschließende Beitrag gilt einem »Schultext«, Caesars Bellum Gallicum. Der immer noch zu wenig auch als Literat gelesene römische Feldherr wird von *Niklas Holzberg* als nicht minder genialer Text-Stratege vorgestellt, der über eine raffinierte Exkurs-Technik, die ethnologisches Wissen geschickt einsetzt, seine Leser so manipuliert, daß seine offensichtlichen Niederlagen in Britannien und Germanien kaum noch wahrnehmbar sind. Die so herausgearbeitete Tendenz und Technik der Leserbeeinflussung kann als beispielhaft für das gesamte Bellum Gallicum gelten, das damit hinter der Oberfläche des pedantischen Commentarius eines römischen Beamten als subtiles literarisches Werk erscheint.

Die Beiträge dieses Bandes geben damit in exemplarischen Einzelinterpretationen Einführungen in die wichtigen Literaturen der Alten Welt. Gewiß wird man nicht abstreiten wollen, daß statt der hier präsentierten Texte auch andere Werke eine Behandlung verdient hätten. Doch genüge der Hinweis, daß, will man exemplarisch vorstellen, Vollständigkeit unmöglich und die tatsächliche Auswahl zu einem gewissen Grade subjektiv sein muß.

Schießlich ist noch der Titel dieses Bandes zu erklären, der »große Texte« aus alten Kulturen vorzustellen verspricht. Das Adjektiv »groß« kann durch die Rezeptionsgeschichte der Werke in ihrer jeweiligen Kultur erklärt werden. Die *Lehre des Amenemhet* ist in Ägypten mehr als tausend Jahre lang gelesen worden. Das *Gilgameš-Epos* wurde in verschiedenen Versionen und Sprachstufen ähnlich lange auf Keilschrift-Tafeln nicht nur im Zweistromland, sondern sogar in Übersetzungen bei den Hethitern und Hurritern gelesen. Die *Schrift des Jahwisten* hat als integraler Teil der *Fünf Bücher Mose* die jüdische wie christliche Tradition bis in unsere Zeit mitgeprägt. *Die Aufzeichnungen des Historiographen* Ssu-ma Ch'ien gehörten zu den wichtigsten Werken des chinesischen Bildungskanons und wurden bis an die Schwelle des 20. Jahrhunderts immer wieder studiert. Die *Odyssee* gehörte wie ihre wohl ältere Schwester *Ilias* zu den unverzichtbaren Gegenständen der griechischen Bildung bis zum Ende von Konstantinopel 1453. Ihre Rezeption in Rom (Vergil) fand in der Literatur der Neuzeit würdige Ergänzung (etwa durch Goethe oder James Joyce). Eine ähnliche Bedeutung darf man auch der *Shakuntala* des Kalidasa zuschreiben, dessen Wirkung auch im Europa des 18. Jahrhunderts nachgezeichnet werden kann. Für Herodot und Caesar bedarf die Wirkungsmacht kaum des Nachweises. Ihre Texte, die *Historien* und das *Bellum Gallicum,* haben zwei gewichtige Daten zum Gegenstand: den Sieg der Griechen über die Perser (Marathon und Salamis) und die Eroberung Galliens durch Caesar. Daß diese beiden Daten immer wieder als »welthistorische« Weichenstellungen erscheinen, dürfte nicht zuletzt durch die Rezeption der beiden Autoren bedingt sein. Größe bedeutet mithin in diesem Band »Wirkungsmacht«.

Dem Leser kann also als Nutzen in Aussicht gestellt werden, Texte neu oder wieder kennenlernen zu können, die über Jahrhunderte hin in einigen großen Kulturen auf unserer Erde, in Ägypten, Mesopotamien, Israel, China, Griechenland, Indien und im Imperium Romanum, die literarische Phantasie all derer beflügelt haben, die sich der Mühe einer Lektüre unterzogen. Vielleicht aber wird er darüber hinaus entdecken, daß es zugleich Texte von hohem literarischen Rang und nicht zuletzt von ästhetischem Reiz sind …

»Der König ist tot.«
Die Lehre des ägyptischen Königs Amenemhet I.

Günter Burkard

»Von Gizeh nach Rom«. Das ist ein langer und anspruchsvoller Weg, und ich gestehe, daß mir die Tatsache, daß ich am Beginn dieses Weges stehe, einige Bauchschmerzen verursacht hat. Ich muß nämlich dem Leser einleitend gleich ein doppeltes Geständnis machen.

Erstens: Ich will einen »großen Text« aus dem alten Ägypten vorstellen. Wenn man mich nun nach der Begründung für meine Wahl fragen würde, oder danach, wie meine Definition für einen solchen Text lautet, wie er gattungs- oder literarhistorisch einzuordnen sei; wenn man mich weiter fragen würde, wie es denn überhaupt mit der ägyptischen Literatur stehe und ab wann es sie gebe, dann könnte man mich sehr verlegen machen. Es mag überraschen, aber wir Ägyptologen tun uns da noch außerordentlich schwer, und das bei einer beinahe unüberschaubaren Fülle erhaltener Texte. Wir sind uns über Vieles noch nicht im Klaren, und das gilt auch für diese scheinbar so einfachen Fragen. Die Diskussion darüber ist seit einigen Jahrzehnten in vollem Gang, aber von einer allgemein akzeptierten Antwort sind wir noch weit entfernt

Ich will hier natürlich nicht diesen ganzen wissenschaftlichen Diskurs ausbreiten, aber vielleicht überzeugt schon die folgende knappe Begründung für diese ägyptologische Aporie: Wir haben leider keinen altägyptischen Aristoteles oder Cicero oder Quintilian und damit auch keine poetischen oder rhetorischen Schriften, die uns die ägyptische Sicht der Dinge vermitteln könnten. Das gilt im übrigen nicht nur für die Arbeit mit den Texten. Auch wer sich mit kunstwissenschaftlichen Fragen oder mit der Architektur oder mit Religion und Theologie Ägyptens auseinandersetzt, um nur einige Beispiele zu nennen, befindet sich in der gleichen mißlichen Situation. Das ist nicht auf den vielberufenen Zufall des Erhaltenen zurückzuführen; die Abfassung theoretischer Schriften war vielmehr ganz offensichtlich nicht Sache der Ägypter. Wie sie selbst über ihre Texte dachten oder wie sie diese einordneten, wissen wir daher nur in ganz wenigen Fällen, aus eher beiläufigen und jedenfalls nicht systematischen Äußerungen.

Bei dem Text, über den ich hier berichten will, ist wenigstens die ägyptische Gattungsbezeichnung bekannt. Er gehört zu einer Gruppe von Schriften, die grundsätzlich mit dem Wort für »Lehre« oder »Belehrung« (ägyptisch etwa *sbojet*) eingeleitet werden. Das unterscheidet sie von der Mehrzahl der übrigen Texte, die im Unterschied zu unseren Gepflogenheiten normalerweise weder Titel, noch, und das mag besonders überraschen, Autoren nennen. Außerdem werden die Lehren von uns Ägyptologen immerhin einvernehmlich zur »Literatur« gerechnet. Und ein großer Text, um auf die einleitende hypothetische Frage zurückzukommen, ist die Lehre des Königs Amenemhet I. aufgrund ihres Inhalts, wie ich hoffentlich zeigen kann.

Vorweg noch ein kurzes Wort zur Gattung der Lehren, früher und gelegentlich auch jetzt noch eher irreführend »Weisheitslehren« genannt; »Lebenslehren« wäre besser, oder eben einfach »Lehren«. In ihnen macht meist der Vater und Lehrer seinen Sohn und Schüler mit den Voraussetzungen für eine Lebens- und Amtsführung nach dem Prinzip der Ma'at, der richtigen und gerechten Weltordnung, vertraut. Eine Sonderform sind die »Königslehren«, in denen der königliche Lehrer seinen Sohn in die Aufgaben und das rechte Verhalten eines Königs einführt. Zwei solcher Königslehren sind uns erhalten, neben der des Amenemhet diejenige für einen König mit Namen Merikare; von ihr wird später noch kurz die Rede sein.

Zweites Geständnis: Unsere Reise beginnt mitnichten in Gizeh. Dieses steht vor allem für die Pyramiden und für das Alte Reich Ägyptens, und das heißt für eine Zeit, in der es mit »großen Texten« längst nicht so gut bestellt ist wie mit den bekannten großen Bauwerken. Tatsächlich sind aus dieser Epoche neben Grabinschriften hoher Würdenträger, die Namen, Titel und zunehmend auch biographische Details dieser Personen nennen, vor allem die sogenannten Pyramidentexte erhalten. Dieses *corpus* religiöser Texte ist seit Pharao Unas am Ende der 5. Dynastie, das heißt im 24. vorchristlichen Jahrhundert, in den Pyramiden aufgezeichnet worden. Es diente, vereinfacht gesagt, der Sicherung der jenseitigen Existenz des Königs. Für eine angemessene Vorstellung in diesem Rahmen wäre es entschieden zu umfangreich und würde auch nicht unter die hier stillschweigend vorausgesetzte Definition eines *literarischen* »großen Textes« fallen.

Wir müssen also einen kleinen Umweg in Kauf nehmen und beginnen unsere Reise südlich von Gizeh in Mittelägypten, und das auch noch einige Jahrhunderte später. Die Zeit der großen Pyramidenerbauer Cheops, Chefren und Mykerinos liegt im 26. und 25. Jahrhundert v. Chr.; wir werden uns im 20. Jahrhundert v. Chr. bewegen. Schauplatz ist die damalige Hauptstadt Ägyptens, deren

Name in Übersetzung »(König) Amenemhet, der die beiden Länder (= Ägypten) in Besitz nimmt« lautet; sie lag knapp 60 km südlich vom heutigen Kairo, ihr heutiger arabischer Name ist Lischt.

Ägypten als Staat existierte damals bereits viele Jahrhunderte. Das Alte Reich war um 2700 v. Chr. begründet und um 2150, nach der 8. Dynastie unserer Zählung, von der Ersten Zwischenzeit abgelöst worden, einer Epoche des Zerfalls der Zentralgewalt. Einige Jahrzehnte später begann die 11. Dynastie, deren Könige Ägypten wieder einigten und das Mittlere Reich begründeten. Dessen Blütezeit setzte mit dem Beginn der 12. Dynastie ein, und deren erster König war unser Amenemhet I., der von 1976 bis 1947 v. Chr. regierte. Er hatte übrigens die Macht wahrscheinlich nicht auf legale Weise übernommen, sondern den Thron vom letzten Vertreter der 11. Dynastie usurpiert.

Springen wir also in das Jahr 1947 v. Chr. und hören wir zunächst, was ein anderer »großer Text« über die Geschehnisse dieses Jahres berichtet:

> »Regierungsjahr 30, 3. Monat der Überschwemmungsjahreszeit, 7. Tag: Es stieg auf der Gott zu seinem Horizont. Der König von Ober- und Unterägypten, Sehetep-ib-Re, er flog auf zum Himmel, indem er vereinigt war mit der Sonnenscheibe; der Gottesleib, er war nun verbunden mit dem, der ihn geschaffen hatte. – Die Residenz verharrte in Schweigen, die Herzen in Kummer, das große Doppeltor des Palastes war geschlossen, der Hofstaat hatte den Kopf auf dem Knie, das Volk war in Trauer.«

Mit diesen Worten beginnt Sinuhe der Ägypter, der durch den gleichnamigen Roman von Mika Waltari und dessen Verfilmung vielleicht bekannteste »literarische« Name aus dem alten Ägypten, seine Erzählung. Der König mit dem Thronnamen Sehetep-ib-Re, »der das Herz des Sonnengottes Re zufrieden stellt«, dieser König, dessen Geburtsname dem Ruhm eines weiteren bedeutenden Gottes diente: Imen-em-hat, »Amun ist an der Spitze«, dieser Amenemhet I. unserer modernen Zählung, ist also in seinem 30. Regierungsjahr gestorben.

Einer seiner Söhne, der als Sesostris I. sein Nachfolger werden sollte, war gerade auf dem Rückweg von einem Feldzug gegen die Libyer, als ihn die Boten mit der Todesnachricht erreichten. Er eilte daraufhin ebenso schnell wie heimlich mit nur wenigen Getreuen zur Residenz. Auch das berichtet Sinuhe, der selbst an diesem Feldzug teilgenommen hatte; und er berichtet auch, daß er zufällig mithörte, als diese Neuigkeiten anderen, ebenfalls bei den Truppen befindlichen Königssöhnen mitgeteilt wurden: offenbar von anderer Seite und nicht von den offiziellen Boten. Dann geschieht etwas Überraschendes: Sinuhe – er war übrigens ein hoher Beamter im königlichen Harîm; das wird später noch wichtig sein – hat Angst um sein Leben und flieht in die Fremde, nach

Palästina. Von dort kehrt er erst in hohem Alter heim, von Sesostris I. zurückgerufen.

Nun ist die Geschichte des Sinuhe nach einhelliger und ganz sicher zutreffender Auffassung ein »literarischer« Text und nicht ein mehr oder weniger authentischer autobiographischer Bericht. Aber sie ist auch in einer bestimmten Zeit und in einem bestimmten Umfeld angesiedelt, das sie nicht verleugnen kann, sie schwebt nicht in einem luftleeren Raum. Das zeigt schon das einleitende Datum, das ohne jeden Zweifel historisch ist. Amenemhet I. ist in seinem 30. Regierungsjahr gestorben. Das wußte der zeitgenössische Leser natürlich, und ihm war auch der Bericht von der eiligen Heimkehr des Sesostris und der Flucht des Harîmsbeamten Sinuhe nicht unverständlich. Das heißt, ihm war bekannt, daß sich hier Besonderes ereignet hatte.

Was aber war geschehen? Diese Frage möchte ich hier zu beantworten versuchen. Ich darf vorwegnehmen, daß meine Antwort noch nicht ganz einheitliche Lehrmeinung ist. Ich hoffe aber, plausible Argumente präsentieren zu können, die mir ein anderer »großer Text« Ägyptens liefert, eben die »Lehre des Königs Amenemhet I.«

Die Bedeutung dieser Lehre spiegelt sich unmittelbar in der Zahl der erhaltenen Quellen. Der Text wurde noch Jahrhunderte nach der Zeit seiner Abfassung als »Schulbuch« benutzt und dabei im Rahmen des Schreibunterrichts oft kopiert, und er wurde auch in den Bibliotheken des Landes aufbewahrt und weitertradiert. Der jüngste bisher bekannte Beleg stammt aus etwa dem 7. Jahrhundert v. Chr., ist also gut 1300 Jahre nach dem Tod des Amenemhet entstanden. Die Gesamtzahl der Quellen beläuft sich auf mehr als 300, meist allerdings in Form von Ostraka, also beschrifteten Ton- oder Kalksteinscherben, die jeweils nur Teile des Textes enthalten und uns damit nicht selten vor große Schwierigkeiten stellen.

Ich möchte die Leser nun durch diese Lehre begleiten. Sie ist wie die Mehrzahl der aus Ägypten bekannten Literaturwerke nicht sehr umfangreich. Die schiere Größe war mehr die Sache der Architekten, ob sie nun Pyramiden und Tempel erbauten oder Felsgräber anlegten. Es ist daher in diesem Rahmen möglich, den gesamten Text kennenzulernen. Dabei wird sich auch zeigen, daß dieser sehr viel mehr ist als eine »Lehre«; in Wahrheit vereinigt er die unterschiedlichsten Textgattungen unter dieser Bezeichnung.

Durch mit roter Tinte geschriebene Kapitel- oder Strophenanfänge läßt sich die Lehre in 15 Abschnitte einteilen, die eine sorgfältig geplante formale und inhaltliche Struktur erkennen lassen. Grundprinzip ihrer dichterischen Form ist der Zweiervers, das »Gedankenpaar«, das gelegentlich durch andere Schemata, insbesondere die Dreiversegruppe, ersetzt wird. Ich werde diese Anordnung im Schriftbild der diesen Beitrag abschließenden zusammenhängenden Übersetzung zu verdeutlichen versuchen. Eine »Metrik« des Ägyptischen, also eine Binnenstruktur der Verse, ist im übrigen nicht oder noch nicht bekannt, trotz intensiver Bemühungen.

Die Lehre beginnt mit der klassischen Einleitung:

> »Anfang der Lehre, die verfaßt hat ...«

Es folgt der Name des Verfassers, hier also

> »die Majestät des Königs von Ober- und Unterägypten, Sehetep-ib-re, der Sohn des Re, Amenemhet, gerechtfertigt.«

Bereits hier haben wir eine erste Auffälligkeit: Der König ist in der Mehrzahl der Quellen mit dem Attribut »gerechtfertigt« versehen, das normalerweise bei den Namen von Verstorbenen steht. Und tatsächlich liest man in einer späteren ägyptischen Überlieferung – sie stammt aus der Ramessidenzeit, ist also gut 500 Jahre jünger –, daß in Wirklichkeit ein Schreiber, man würde heute eher sagen: ein Dichter, namens Cheti der eigentliche Verfasser dieses Textes gewesen sei. Es heißt dort über ihn:

> »Er ist es, der ein Buch mit der Lehre des Königs Sehetep-ib-re gemacht hat, nachdem dieser entschlafen war, nachdem er sich mit der Nekropole vereinigt hatte und unter die Herren der Nekropole eingetreten war.«

Ein *ghostwriter* hat demnach diese Lehre geschrieben, im Namen des toten Königs, den er in der ersten Person aus dem Jenseits sprechen läßt. Das ist für Ägypter nicht so ungewöhnlich gewesen, wie es uns Heutigen scheinen mag. Wir besitzen eine Reihe von Beispielen für die Kommunikation mit Verstorbenen, meist in Form von sogenannten »Briefen an Tote«, in denen diese um Hilfe bei irdischen Problemen gebeten werden, etwa bei Krankheiten oder in Rechtsfällen. Auch der umgekehrte Weg, daß sich ein Verstorbener zu den Lebenden äußert, ist denkbar. Auch da muß natürlich ein besonderer Grund vorliegen. Das war bei der Lehre des Amenemhet der Fall, wie sich zeigen wird. Die fiktive Verfasserschaft ist ebenfalls nichts Ungewöhnliches. Weiter oben war schon die Rede davon, daß ägyptische Texte meist keine Verfasser nennen. Die »Lehren« machen da eine Ausnahme, und das mit guten Gründen: Die Bedeutung der Belehrung erfordert eine besondere Lehrautorität. So dienen Königssöhne, Wesire oder andere hohe Beamte, zudem meist aus einer weit zurückliegenden Epoche, als fiktive Verfasser dieser Texte. Und die höchste Lehrautorität überhaupt ist natürlich der König selbst.

Nach den einleitenden Worten fährt Amenemhet fort:

»Er spricht in Eröffnung der Ma'at
zu seinem Sohn, dem Allherrn.
Als Gott erschienen spricht er.«

Zweierlei ist hier wichtig: Er will zum einen die Ma'at eröffnen. Das ist, wie schon gesagt, ein umfassender Begriff für die gerechte Weltordnung. Aber Ma'at bedeutet auch schlicht »die Wahrheit« und wird in diesem Sinne etwa bei Gericht verwendet. Der König will also die Wahrheit berichten, und diese Wahrheit werden unerhörte Vorgänge sein. Zum anderen spricht er, nachdem er »als Gott erschienen« ist. Über diese Passage ist im Laufe der Jahre schon viel Ägyptologentinte verschrieben worden, aber es hilft nichts. Um es grammatikalisch auszudrücken: Die entscheidende Verbalform ist ein Partizip Perfekt Aktiv, und das muß mit »nachdem er als Gott erschienen ist« übersetzt werden. Wir kommen also auch hier nicht an der Tatsache vorbei, daß der König *nach* seinem Tod spricht. Dann nämlich erscheint er als Gott; erinnern wir uns an die einleitenden Worte des Sinuhe: Er war zum Himmel aufgestiegen und hatte sich mit seinem göttlichen Schöpfer vereinigt. Und das stimmt auch mit dem Attribut »gerechtfertigt« und der ramessidischen Überlieferung vom Verfasser namens Cheti überein.

Auch die folgenden Verse haben es in sich. Nach der Anrede an seinen Sohn:

»Höre auf das, was ich Dir sagen werde!«
fährt er fort:
»Du wirst König des Landes sein!
Du wirst die Ufer beherrschen!
Du wirst das Gute vermehren!«

Mit anderen Worten: Hier wird in kurzen, prägnanten Sätzen die Frage der Nachfolge geregelt. Das war bitter notwendig, wie wir hören werden.

Die beiden folgenden Abschnitte entsprechen inhaltlich am stärksten dem, was wir aus anderen Lehren kennen: Sie geben Ratschläge für das richtige Verhalten des Nachfolgers im Amt. Und doch wird hier sofort ein besonderer Ton spürbar:

»Hüte dich vor Untergebenen, die nichts sind,
um deren Absichten man sich nicht gekümmert hat:
nähere dich ihnen nicht, wenn du allein bist!
Vertraue nicht einem Bruder, kenne keinen Freund,
schaffe Dir keine Vertrauten, das gerät nicht!«

Tiefer Pessimismus und Resignation sprechen aus diesen Versen. Hier spricht jemand, der traumatische Erfahrungen gemacht haben muß. Das Besondere an unserem Text ist die Tatsache, daß ein König Derartiges äußert. Klagereden sind sonst keine Seltenheit in den Schriften, die aus Ägypten erhalten sind. Sie entstanden in und vor allem nach Epochen, in denen die gewohnte Ordnung aus dem Lot geraten war. Gerade in der Zeit, um die es hier geht, erlebten sie eine Blüte. Das Geschehen der Ersten Zwischenzeit hatte tiefe Eindrücke hinterlassen, die nun literarisch verarbeitet wurden. Aber daß ein König solche Worte spricht, ist sehr ungewöhnlich. In »offiziellen« Texten, das heißt auf Stelen oder auf Tempelwänden und ähnlichen Schriftträgern, findet sich nichts Vergleichbares. Dort tritt der König als Bewahrer der Weltordnung, der Ma'at auf, und in einem solchem Zusammenhang hat eine Störung dieser Ordnung keinen Platz.

»Literarische« Texte sind in dieser Hinsicht freier. Bezeichnenderweise enthält auch die andere erhaltene »Königslehre« ein sehr persönliches Bekenntnis. Sie war für Merikare, einen Herrscher der 10. Dynastie verfaßt worden und wurde dessen Vater und Vorgänger, einem König mit Namen Cheti, in den Mund gelegt. Auch diese Zuweisung ist fiktiv, der Text entstand in Wirklichkeit später. König Cheti berichtet dort unter anderem von der Zerstörung und Plünderung einer frühzeitlichen königlichen Nekropole, die er nicht hatte verhindern können, also von einem Ereignis, das in der offiziellen Ideologie ebenfalls keinen Platz haben konnte.

Zurück zu unserem Text. Amenemhet warnt seinen Nachfolger vor Verhaltensweisen, die offensichtlich ihm geschadet hatten. »Traue keinem Menschen!«, so lassen sich seine Worte zusammenfassen. Die Gründe hierfür werden im folgenden ausführlich geschildert, wenn auch, und das ist typisch für ägyptische Texte, mit einer gewissen Zurückhaltung. Man muß oft zwischen den Zeilen lesen, um den Gehalt der Aussagen richtig erfassen zu können. Der König fährt fort:

»Wenn du schläfst, hüte dir selbst dein Herz,
denn es gibt keine Anhängerschaft,
am Tag des Unheils.
Ich gab (doch) dem Armen und ich förderte die Waise,
ich ließ den Habenichts wie den Reichen sein Ziel erlangen.«

Es hat also einen »Tag des Unheils« gegeben, und der König war an diesem Tag allein. Mehr erfahren wir vorerst nicht, denn im Folgenden ist zunächst die Rede von der Richtigkeit und Gerechtigkeit seines Handelns. Dabei bedient er sich der Sprache autobiographischer Inschriften, wie sie seit dem Alten Reich in zahllosen Gräbern zu finden sind. Immer betont dort der Grabherr, meist ein hoher Beamter, sein den Forderungen der Ma'at entsprechendes Handeln, zu dem vor allem die Fürsorge für die Untergebenen gehört. Das wird meist sehr ausführlich geschildert. Amenemhet begnügt sich demgegenüber mit den eben zitierten zwei Versen und fährt dann erneut mit Ungewohntem fort. Er bleibt inhaltlich beim Thema, wandelt es aber durch eine Sicht *e negativo* ab: Man hat ihm sein Wirken nicht gedankt:

»Es war der, der mein Brot aß, der Truppen aushob,
und der, dem ich meine Arme reichte, schmiedete (böse) Pläne damit.
Die sich in mein Leinen kleideten, blickten auf mich wie solche,
die nichts hatten,
die sich mit (meiner) Myrrhe salbten, ‚spuckten darauf'.«

Die wichtigste Information steht im ersten Vers. Während die anderen Aussagen eher allgemein von der Mißachtung und dem Undank berichten, die der König erfahren mußte, ist hier die Rede von Truppenaushebungen, und im Kontext kann das nur bedeuten, daß diese Truppen, vorsichtig gesagt, nicht in seinem Sinn eingesetzt wurden.

Im Folgenden leitet er schrittweise auf den Bericht über das Geschehen am Tag seines Todes über:

»Die lebenden Abbilder, mein Anteil unter den Menschen,
haben mir mein Leid zugefügt, wie es noch nie gehört wurde,
und die Größe eines Kampfes, der noch nie gesehen wurde.
Denn: Kämpft man auf dem Kampfplatz, dann ist das Gestern vergessen,
nicht gibt es Vollendung des Guten für den, der nicht weiß, was er wissen
sollte (?).«

Die »lebenden Abbilder« und der »Anteil unter den Menschen« sind bildliche Ausdrücke für die Mitmenschen, die eigentlich positiv besetzt sind. Auch hier ist aber wieder diese auffällige Wendung ins Negative zu beobachten: Diese Mitmenschen haben sich gegen ihn gekehrt und ihm, auch jetzt äußert er sich sehr verhalten, Leid zugefügt, haben offenbar gekämpft gegen ihn.

Die Aussage der beiden letzten Verse ist einigermaßen dunkel – wie so Vieles in ägyptischen Texten. Gemeint ist wohl, daß im Augenblick der Krise das entscheidende Wissen oft nicht oder nicht mehr zur Verfügung steht. Es handelt sich hier gewiß um eine sprichwörtliche Redensart, und diese erschließen sich dem, der außerhalb des jeweiligen Kulturkreises steht, bekanntlich oft nur schwer.

Nun aber folgt die Schilderung des eigentlichen Geschehens. Und jetzt endlich wird Verschiedenes, das bisher nur in mehr oder weniger dunklen Andeutungen Erwähnung gefunden hatte, ein wenig klarer gesagt. Der König berichtet zunächst:

»Nach dem Abendessen war es, die Nacht war gekommen,
nachdem ich eine Stunde der Herzensfreude empfangen hatte.
Ich lag auf meinem Bett, nachdem ich ermattet war,
und nachdem mein Herz begonnen hatte, meinem Schlaf zu folgen.«

Er nennt damit Ort und Stunde der nun folgenden Ereignisse. Es war Nacht geworden, nachdem er sein Abendessen eingenommen hatte. Dieser Vers ist unter Ägyptologen noch unumstritten, nicht jedoch die folgenden, besonders der nächste. Was ist eine »Stunde der Herzensfreude« oder »Herzenserquikkung«, wie die Stelle ohne jeden Zweifel zu übersetzen ist? In älteren Übersetzungen liest man hier etwa »nachdem ich mir eine Stunde der Entspannung gegönnt hatte« oder Ähnliches. Ich bin mir sicher, daß diese »Herzensfreude«, die er »empfangen hatte«, nichts anderes als einen Besuch in seinem Harîm beschreibt; und ich bin mir auch sicher, daß hier nicht eine allzu einseitige Phantasie mit mir durchgegangen ist. Wir werden noch erfahren, daß der königliche Harîm sehr wohl in die hier geschilderten Vorgänge verwickelt war. Bezeichnenderweise wird zudem das Wort, das ich mit »ermattet« übersetze, gelegentlich mit dem Determinativ des Phallus geschrieben, es kann also eine erotische Konnotation besitzen.

Anschließend, und das entspricht ja durchaus der natürlichen Abfolge, schläft der König ermattet ein. Nunmehr überstürzen sich die Ereignisse:

»Plötzlich wurden Waffen gezückt, man versuchte, mich zu schützen (?);
ich aber verhielt mich wie eine Schlange der Wüste.«

Sein Leben ist bedroht, es findet ein Gefecht statt, und der König ist wie gelähmt. So möchte ich die Passage mit der »Schlange der Wüste« verstehen, die, in der kalten Wüstennacht, zur raschen Gegenwehr oder auch zur Flucht nicht in der Lage ist. Dann aber geschieht das Ungeheuerliche:

»Zum Kampf erwachte ich, als ich (wieder) bei mir war,
und gefunden hatte: das ist ein Handgemenge der Wachen!
Was das ‚Ich ergriff schnell die Waffen mit meiner Hand, und schon habe ich die Feiglinge durch Gegenwehr zurückgetrieben' betrifft:

Es gibt aber doch keinen Tapferen in der Nacht, nicht den Kampf eines Einzelnen,
nicht gelingt Glückliches ohne Helfer!«

Diese Passage gehört zu den am häufigsten und am kontroversesten diskutierten Stellen dieses Textes. Ich will die Leser hier nicht mit grammatischen Details langweilen, die in dieser Diskussion eine wichtige Rolle spielen; ich bin mir jedenfalls sehr sicher, daß der König hier ausdrücken will, daß ihm die eigentlich angemessene, der Königsideologie entsprechende Reaktion, eben das »Ich ergriff schnell die Waffen mit meiner Hand« usw. nicht möglich war. Er konnte die Feinde nicht besiegen. Das aber heißt nichts anderes, als daß der Angriff gelang: Der König ist tot.

Im folgenden versucht er, eine Erklärung für das Geschehen zu finden, vor sich selbst und vor der Geschichte:

»Siehe, das Attentat geschah, als ich ohne dich war,
bevor der Hof gehört hatte, daß ich dir übergeben wollte,
bevor ich mit dir ‚gesessen war', damit ich deine Angelegenheiten regelte.
Denn ich hatte es nicht bedacht, hatte es nicht überlegt,
hatte nicht das Fehlverhalten der Diener berücksichtigt.«

Erinnern wir uns, was wir in der Geschichte des Sinuhe gehört hatten: Sesostris war im Moment des Todes seines Vaters nicht zugegen, sondern auf dem Rückweg von einem Feldzug. Beide Texte stimmen also inhaltlich überein. Das Versäumnis Amenemhets war es offenbar, die Nachfolge noch nicht offiziell, in einer gemeinsamen »Thronsitzung« geregelt zu haben. Das muß er sich vorwerfen, das hatte er nicht bedacht. Die beiden letzten Verse nehmen das »traue niemandem« wieder auf, das die einleitenden Lehrsätze des Königs so eindringlich angemahnt hatten. Er selbst hatte sich nicht daran gehalten und mußte es nun mit dem Leben bezahlen. Die vier folgenden Verse benennen, verklausuliert und in Form von Fragen, im zweiten Teil mit Hilfe eines Bildes, die Schuldigen:

»Hatten denn je Frauen Truppen aufgestellt?
Zieht man denn Rebellen im Palast auf?
Läßt man denn dem Wasser freien Lauf, so daß der Boden zerstört wird,
und die kleinen Leute um ihr Tagewerk betrogen werden?«

Die Feinde kamen also aus dem Palast selbst. Wer sonst als die Frauen des Harîm kann mit den Frauen und wer sonst als die hohen Beamten und die männlichen Mitglieder der Königsfamilie mit den Rebellen im Palast gemeint sein? Und auch hier ist ein Blick auf die Geschichte des Sinuhe aufschlußreich. Interessant ist, was dort eingangs nicht gesagt wird. Erinnern wir uns: »Die Residenz war im Schweigen, die Herzen in Trauer, die großen Doppeltore waren geschlossen, die Höflinge hatten den Kopf auf dem Knie, das Volk war in Trauer.« Kein Wort über die königlichen Gemahlinnen und die Königskinder. Vielmehr wurden, wie Sinuhe weiter berichtet, die anderen Söhne, die mit Sesostris am Libyerfeldzug teilgenommen hatten, gesondert, also nicht durch die gleiche Quelle, über den Tod des Königs informiert. Und Sinuhe, ein Harîm-Beamter, flieht.

Es folgt ein ausführlicher Rechenschaftsbericht des Königs, der belegen soll, wie unverdient ihm dieses Schicksal widerfahren war. Er beginnt diesen Bericht mit einer grundsätzlichen Feststellung:

»Nicht kam Unheil hinter mir, seit ich geboren wurde,
nicht gab es Vergleichbares wie mich als einen, der tapfer war.«

In den folgenden vier Abschnitten berichtet er über seine Taten:

»Ich zog bis Elephantine und kehrte um zum Delta;
an den Grenzen der Erde stand ich, nachdem ich ihr Inneres gesehen hatte.
Bis zu den Grenzen des Großen Wagens gelangte ich,
durch meine Kraft und meine machtvolle Erscheinung.«

Er hat ganz Ägypten durchzogen, das heißt unter seinen Machtbereich gebracht, und er stand »an den Grenzen der Erde«, also des ägyptischen Einflußbereichs. Die »Grenzen des Großen Wagens« nehmen auf seine Feldzüge nach Nubien Bezug: Bis dorthin, wo dieses Sternbild nicht mehr zu sehen ist, war er nach Süden gezogen. Wer heute mit dem Schiff von Assuan nach Abu Simbel fährt, kann nachts erleben, wie der Große Wagen am nördlichen Horizont zurückbleibt, während langsam das Kreuz des Südens sichtbar wird.

Läßt sich dieser Abschnitt unter der Überschrift »königliche Taten« subsumieren, so sind die folgenden Leistungen »übermenschlich, göttlich«:

»Ich bin der, der das Getreide schuf, der Geliebte des Korngottes,
an jeder Quellöffnung verehrte mich Hapi (= Verkörperung des göttlichen Nils).

Nicht hungerte man in meinen Jahren, nicht dürstete man da:
Man sitzt bei dem, was ich geschaffen habe und spricht über mich;
ich habe alles an seinen Platz befohlen.«

Er hat, in seinem gottgleichen Wesen, alles im Sinne der Ma'at getan, und deswegen spricht man – natürlich nur gut – über ihn. Das kontrastiert nochmals mit der Ungeheuerlichkeit der Tat, die zudem gegen einen Herrscher unternommen wurde, der das Feindliche unter den Menschen und in der Natur bezwungen hatte, wie die folgenden Worte deutlich machen:

»Ich bezwang Löwen und fing Krokodile,
ich unterwarf die Wawat und fing die Medjau,
ich ließ die Asiaten den Hundegang tun.«

Löwen und Krokodile stehen für die feindlichen Land- und Wassertiere, die Wawat und Medjau sind feindliche nubische Stämme. Der »Hundegang«, ein Unterwerfungsgestus, läßt an den Gang unter das Joch der Samniten denken, den Jahrhunderte später die Römer antreten sollten.

Der nun folgende Abschnitt mag uns befremdlich erscheinen, da sein Umfang in keinem rechten Verhältnis zum Inhalt zu stehen scheint:

»Ich baute mir ein Haus, mit Gold ausgeschmückt,
aus Lapislazuli ist seine Decke,
aus Silber sind die Mauern,
<aus Sykomorenholz> ist der Boden,
aus Kupfer sind die Türflügel,
aus Bronze sind die Riegel,
für die Ewigkeit gemacht, für die Unvergänglichkeit gedacht:
Ich weiß es, denn ich bin sein Besitzer bis zum Ende.«

Es ist freilich nicht irgend ein Haus, von dessen Bau der König berichtet. Er beschreibt hier vielmehr sein Grab. Dieses aber ist die unabdingbare Voraussetzung für sein Fortleben nach dem Tod. Darum legt er und legen die Ägypter so viel Wert auf ihre »Häuser der Ewigkeit«. Das ist es auch, was vor allem die Griechen so erstaunte. Hekataios von Abdera etwa schreibt dazu:

»Die Einheimischen geben der im Leben verbrachten Zeit einen ganz geringen Wert. Dagegen legen sie das größte Gewicht auf die Zeit nach ihrem Tode, während der man durch die Erinnerung an die Tugend im Gedächtnis bewahrt wird. Die Behausungen der Lebenden nennen sie »Absteigen« (*katalyseis*), da wir nur kurze Zeit in ihnen wohnten. Die Gräber der Verstorbenen bezeichnen sie als ‚ewige Häuser' (*aidioi oikoi*), da sie die unendliche Zeit (während derer man sich um ihrer Tugend willen an sie erinnerte) im Hades verbrächten. Entsprechend verwenden sie wenig Gedanken auf die Ausrüstung ihrer Häuser, wohingegen ihnen für die Gräber kein Aufwand zu hoch erscheint«. (Hekataios von Abdera bei Diodor, *Bibl. Hist.* I, 51).

Im Falle des Königs geht es aber nicht nur um dessen eigene Weiterexistenz. Er, so sagen es bereits die *Pyramidentexte*, ist auch im Jenseits der Garant für die Existenz der Welt und der Menschheit. Deshalb legt er so besonderen Wert auf seinen Grabbau, deswegen wurden im Alten Reich die Pyramiden erbaut, wurden im Neuen Reich die monumentalen Felsgräber im Tal der Könige angelegt. Diese Verpflichtung erfüllte auch Amenemhet, der seine Pyramide nahe seiner Hauptstadt Lischt errichten ließ. Von ihr berichtet er im eben gehörten Abschnitt. Der Ewigkeitscharakter seines Baues, den er ja auch besonders hervorhebt, wird aus den verwendeten unvergänglichen Materialen deutlich. Am Rande sei vermerkt, daß er selbst, wie nicht wenige andere Pharaonen auch, es mit dem ewigen Gedächtnis der Toten bei anderen nicht so genau nahm: Seine Pyramide ist teilweise mit Steinblöcken erbaut worden, die vom Totentempel des Cheops stammen.

Die beiden letzten Abschnitte seiner Lehre lassen sich mit den Stichwörtern »Abschied und Vermächtnis« charakterisieren:

»Wahrhaftig, viel Haß ist auf den Straßen,
der Wissende sagt ‚ja', der Unwissende sagt ‚nein',
denn er versteht es nicht ohne deine Gegenwart.
Sesostris, mein Sohn, meine Füße gehen (jetzt),
(aber) mein Herz gehört dir und meine Augen blicken auf dich,
(der du) geboren (bist) in einer glücklichen Stunde:
die an der Seite des Sonnenvolks Befindlichen, sie spenden dir
Preis.«

Letztmals kommt er hier auf die gegen ihn verübte Tat, vielmehr auf deren Folgen, zu sprechen. Die Ordnung der Welt ist durcheinander geraten, es herrscht Haß, nur die »Wissenden« verstehen, was sich ereignet hat, die »Unwissenden« müssen durch den Sohn und Nachfolger belehrt werden. Damit leitet er auf dessen Person über, und hier wird im übrigen zum ersten Mal dessen Name genannt. Die Rezipienten des Textes wußten natürlich von Anfang an, daß mit dem im ersten Abschnitt angesprochenen »Allherrn« Sesostris gemeint und daß dieser der Adressat der Lehre war. Gleichzeitig gibt Amenemhet hier implizit eine Begründung dafür, warum er ihm diese Lehre auf den Weg gibt. Durch sie, durch diesen seinen Bericht, soll die Belehrung der Unwissenden erfolgen. Er selbst geht jetzt, sein Schutz aber bleibt bei seinem Sohn. Er ist im Jenseits der Garant für das Weiterbestehen der göttlichen Weltordnung. Sehr klar wird aus diesen Worten auch noch einmal, daß er Sesostris für seine Nachfolge ausersehen, aber nicht mehr offiziell hatte einsetzen können.

Der letzte Abschnitt ist leider nur in ramessidischen Schülerhandschriften überliefert und teilweise verderbt. Vor allem die letzten Verse sind nur unvollkommen verständlich. Die entscheidenden Aussagen sind freilich klar:

»Siehe, ich habe den Anfang gemacht und ich knüpfe dir nunmehr das Ende:
Ich will das zu Ende bringen, was ich beabsichtigt habe,
Du setzest dir die Weiße Krone des Göttersprößlings auf.
– ? – ist an seinem Platz (o. ä.), als etwas, das ich dir bestimmt habe,
nachdem ich in die Barke des Re eingestiegen bin.
Nunmehr ist das Königtum (wieder) das uranfängliche geworden,
als eines, das (ich geschaffen habe o. ä.) …
Errichte Götterstatuen, mache dauerhaft deine <Grabanlage> (?),
kämpfe (?) – – ? – –,
denn du wünschtest ihn (einst?) an der Seite Deiner Majestät (?).«

Der König hat seine Aufgabe fast erfüllt und bringt sie nun zu einem guten Ende: Er regelt seine Nachfolge. »Du«, also Sesostris, wird sich die Königskrone aufsetzen. Der alte, tote König hat seinen Weg vollendet, nachdem er »in die Barke des Re eingestiegen« ist und nun im Jenseits an der Seite des Re am täglichen Sonnenlauf teilnimmt. Damit ist das Königtum wieder so, wie es von Uranfang gewesen ist; der Kreis hat sich geschlossen.

Die letzten Worte des Amenemhet gelten bezeichnenderweise unter anderem der Grabanlage, die nun auch Sesostris für sich errichten soll, damit der Lauf der Welt auch in alle Zukunft gesichert ist.

Soweit dieser Text. Fassen wir seinen Inhalt nochmals stichwortartig zusammen; die unten folgende zusammenhängende Übersetzung einschließlich der Inhalts-Stichworte soll diesen Überblick erleichtern:

Nach der Einleitung erteilt der König in Abschnitt II und III seinem Sohn und Nachfolger eine Belehrung über das rechte Verhalten, und das, in der Tendenz einer Lehre, vor allem in Form von Warnungen. Abschnitt IV und V enthalten eine Klage über das, was dem König widerfahren ist, was ihm unverdient angetan wurde.

Die Abschnitte VI und VII sind der Schilderung des Attentats gewidmet. Wir erfahren Zeit und Ort: es war nach dem Abendessen und nach einem Besuch im Harîm, und wir hören, daß das Attentat erfolgreich war: Der König ist tot.

Abschnitt VIII und IX dienen dem Versuch, die Ereignisse zu erklären und das Verhalten des Königs zu rechtfertigen. Er hat es zwar versäumt, rechtzeitig seine Nachfolge zu regeln, aber er konnte doch nicht wirklich damit rechnen, daß aus dem eigenen engen Umfeld so Unerhörtes gegen ihn geplant und durchgeführt wurde.

Die vier folgenden Abschnitte berichten über die Taten des Königs in seiner Regierungszeit. Abschnitt X und XI handeln von den übermenschlichen, königlichen, Abschnitt XII und XIII von den konkreten Leistungen einschließlich der Anlage seines Grabes. Am Ende stehen dann die zwei Abschnitte XIV und XV, die sich mit »Abschied und Vermächtnis« betiteln lassen.

Man erkennt sehr gut, daß nach dem einzelnen einleitenden jeweils zwei Abschnitte einem bestimmten Thema gewidmet sind. Dieses einfache Prinzip ist über den gesamten Text hin konsequent durchgehalten worden.

Nun kennen wir nicht wenige sehr viel kunstvoller aufgebaute ägyptische Texte, die uns bereits durch ihre formale Ästhetik auch heute noch anzurühren verstehen. Warum daher eine zwar keineswegs kunstlose, insgesamt aber doch recht einfache, wenn auch straffe und klare Strukturierung ausgerechnet bei einer Königslehre? Diese Frage führt uns zu einer weiteren: Warum wurde dieser der offiziellen Königsideologie so sehr widersprechende Text überhaupt verfaßt? Welchem Zweck soll er dienen? Denn darüber ist man sich in unserem Fach einig: Zweckfreie Texte, ein l'art pour l'art in der Literatur, sind im Ägypten dieser Zeit des Mittleren Reiches undenkbar.

Versucht man es mit dem guten alten *cui bono*, also der Frage, wem dieser Text Nutzen bringen konnte, dann bleibt nur eine Person übrig: Sesostris I., der Sohn und Nachfolger. Erinnern wir uns nochmals an den Beginn der Geschichte des Sinuhe: Sesostris befindet sich fern der Hauptstadt auf einem Feldzug, als der König stirbt. Überstürzt eilt er zurück. Das fügt sich genau zur Aussage des Amenemhet, daß er ihm die Herrschaft noch nicht »übergeben«, ihn nicht als Nachfolger bestimmt hatte. Der neue Herrscher mußte also seine Thronansprüche erst durchsetzen, möglicherweise mit Gewalt, sicher aber durch ihre »Veröffentlichung«. Das wird auf verschiedene Weise geschehen sein, durch offizielle Königsedikte etwa, aber eben auch durch dieses anrührende Stück »Literatur«, das vor dem düsteren Hintergrund des Schicksals des Vaters die Thronansprüche des Sohnes in hellem Licht erscheinen läßt, sie legitimiert.

Sesostris war übrigens nicht der erste, der sich dieses Mittels bediente, er konnte zumindest auf ein Vorbild zurückgreifen: Ein anderer, sicher ebenfalls »großer Text« Ägyptens, von uns die *Prophezeiungen des Neferti* genannt, berichtet von einem weisen Mann mit Namen Neferti, der dem König Snofru, dem Vorgänger des Cheops – wir sind damit in der 4. Dynastie und im 26. Jahrhundert v. Chr. – die ferne Zukunft voraussagt: Es wird eine schlimme Zeit kommen, Ägypten wird von Fremden beherrscht werden, die Natur wird aus dem Gleichgewicht geraten, die Sonne sich verfinstern, bis dann endlich der Heilsbringer erscheint:

»Ein König wird kommen aus dem Süden,
Ameni ist sein Name.
Er ist der Sohn einer Frau aus Nubien,
er ist ein Sproß Oberägyptens.
Er wird die weiße Krone empfangen,
er wird sich die rote Krone aufsetzen.«

Wir haben hier das Musterbeispiel eines *vaticinium ex eventu* vor uns. Denn hinter dem verheißenen König Ameni verbirgt sich niemand anderer als unser Amenemhet I. Er war, wie schon gesagt wurde, durch Usurpation an die Macht gekommen und hatte somit seinerseits Legitimationsprobleme. Deshalb ließ er die *Prophezeiungen des Neferti* schreiben, die somit ein zeitgenössischer Text der 12. Dynastie sind. Auch hierin, in der Instrumentalisierung von Literatur, trat also Sesostris die Nachfolge seines Vaters an.

Kehren wir letztmals zur Lehre Amenemhets I. zurück. Dieser Text wurde, so lautet meine Interpretation, nach dem Tod des Amenemhet auf Veranlassung Sesostris' I. niedergeschrieben, um dessen Herrschaft zu legitimieren. Die fiktive Entstehungssituation ist die Zeit unmittelbar nach dem Mord, vor der Thronbesteigung des Sesostris. Denn hier vor allem herrscht eine hochdramatische, für den Übergang der Herrschaft bedrohliche Situation. Mein britischer Kollege Richard Parkinson hat die Szenerie, in der die Lehre dann verkündet wurde, so beschrieben: Bei Hofe, bald nach dem Mord, im Kreise der Höflinge, die, wie man vermuten muß, alle oder zum größten Teil neue Gesichter waren: die alten, sicher großenteils in die Verschwörung verwickelten, gab es nicht mehr. Die alles entscheidenden Worte fallen unmittelbar zu Beginn der Lehre:

»Als Gott erschienen spricht er:
‚Höre auf das, was ich dir sagen werde:‘«

Und dann folgen diese drei sehr kurzen, einprägsamen Verse, mit denen alles gesagt ist:

»*Du* wirst König des Landes sein!
Du wirst die Ufer beherrschen!
Du wirst das Gute vermehren!«

Zusammenhängende Übersetzung

Abschnitt I, Einleitung
Anfang der Lehre,
die verfaßt hat die Majestät des Königs von Ober- und Unterägypten,
Sehetepibre,
Sohn des Re *Amenemhet*,
gerechtfertigt.

Er spricht in Eröffnung der Maat
zu seinem Sohn, dem Allherrn.

Als Gott erschienen spricht er:
»Höre auf das, was ich Dir sagen werde!
Du wirst König des Landes sein!
Du wirst die Ufer beherrschen!
Du wirst das Gute vermehren!

Abschnitt II, Lehre I
Hüte dich vor Untergebenen, die nichts sind,
um deren Absichten man sich nicht gekümmert hat:
nähere dich ihnen nicht, wenn du allein bist!

Vertraue nicht einem Bruder, kenne keinen Freund,
schaffe Dir keine Vertrauten, das gerät nicht!

Abschnitt III, Lehre II
Wenn du schläfst, hüte dir selbst dein Herz,
denn es gibt keine Anhängerschaft,
am Tag des Unheils.

Ich gab (doch) dem Armen und ich förderte den Waisen,
ich ließ den Habenichts wie den Reichen sein Ziel erlangen.

Abschnitt IV, Klage I
Es war der, der mein Brot aß, der Truppen aushob,
und der, dem ich meine Arme reichte, schmiedete (böse) Pläne damit.

Die sich in mein Leinen kleideten, blickten auf mich wie solche, die nichts hatten,
die sich mit Myrrhe salbten, ‚spuckten darauf'.

Abschnitt V, Klage II
Die lebenden Abbilder, mein Anteil unter den Menschen,
haben mir mein Leid zugefügt, wie es noch nie gehört wurde,
und die Größe eines Kampfes, der noch nie gesehen wurde.

Denn: Kämpft man auf dem Kampfplatz, dann ist das Gestern vergessen,
nicht gibt es Vollendung des Guten für den, der nicht weiß, was er wissen sollte (?).

Abschnitt VI , Attentatsschilderung I
Nach dem Abendessen war es, die Nacht war gekommen,
nachdem ich eine Stunde der Herzensfreude empfangen hatte.

Ich lag auf meinem Bett, nachdem ich ermattet war,
und nachdem mein Herz begonnen hatte, meinem Schlaf zu folgen.

Plötzlich wurden Waffen gezückt, man versuchte, mich zu schützen (?);
ich aber verhielt mich wie eine Schlange der Wüste.

Abschnitt VII, Attentatsschilderung II
Zum Kampf erwachte ich, als ich (wieder) bei mir war,
und gefunden hatte: das ist ein Handgemenge der Wachen!

Was das ‚Ich ergriff schnell die Waffen mit meiner Hand,
und schon habe ich die Feiglinge durch Gegenwehr zurückgetrieben‘ betrifft:

Es gibt aber doch keinen Tapferen in der Nacht, nicht den Kampf eines Einzelnen,
nicht gelingt Glückliches ohne Helfer!

Abschnitt VIII, Erklärung I
Siehe, das Attentat geschah, als ich ohne dich war,
bevor der Hof gehört hatte, daß ich dir übergeben wollte,
bevor ich mit dir 'gesessen war', damit ich deine Angelegenheiten regelte.
Denn ich hatte es nicht bedacht, hatte es nicht überlegt,
hatte nicht das Fehlverhalten der Diener berücksichtigt.

Abschnitt IX, Erklärung II
Hatten denn je Frauen Truppen aufgestellt?
Zieht man denn Rebellen im Palast auf?

Läßt man denn dem Wasser freien Lauf, so daß der Boden zerstört wird,
und die kleinen Leute um ihr Tagewerk betrogen werden?

Nicht kam Unheil hinter mir, seit ich geboren wurde,
nicht gab es Vergleichbares wie mich als einen, der tapfer war.

Abschnitt X, Taten, übermenschlich, königlich I
Ich zog bis Elephantine und kehrte um zum Delta;
an den Grenzen der Erde stand ich, nachdem ich ihr Inneres gesehen hatte.

Bis zu den Grenzen des Großen Wagens gelangte ich,
durch meine Kraft und meine machtvolle Erscheinung.

Abschnitt XI, Taten, übermenschlich, königlich II
Ich bin der, der das Getreide schuf, der Geliebte des Korngottes,
an jeder Quellöffnung verehrte mich Hapi.

Nicht hungerte man in meinen Jahren, nicht dürstete man da:
Man sitzt bei dem, was ich geschaffen habe und spricht über mich;
ich habe alles an seinen Platz befohlen.

Abschnitt XII, Taten, konkret I
Ich bezwang Löwen und fing Krokodile,
ich unterwarf die Wawat und fing die Medjau,
ich ließ die Asiaten den Hundegang tun.

Abschnitt XIII, Taten, konkret II
Ich baute mir ein Haus, mit Gold ausgeschmückt,
aus Lapislazuli ist seine Decke,
aus Silber sind die Mauern,
<aus Sykomorenholz> ist der Boden,
aus Kupfer sind die Türflügel,
aus Bronze sind die Riegel,
für die Ewigkeit gemacht, für die Unvergänglichkeit gedacht:
Ich weiß es, denn ich bin sein Besitzer bis zum Ende.

Abschnitt XIV, Abschied und Vermächtnis I
Wahrhaftig, viel Haß ist auf den Straßen,
der Wissende sagt ‚ja', der Unwissende sagt ‚nein',
denn er versteht es nicht ohne deine Gegenwart.

Sesostris, mein Sohn, meine Füße gehen (jetzt),
(aber) mein Herz gehört dir und meine Augen blicken auf dich,
(der du) geboren (bist) in einer glücklichen Stunde:
die an der Seite des Sonnenvolks Befindlichen, sie spenden dir Preis.

Abschnitt XV, Abschied und Vermächtnis II
Siehe, ich habe den Anfang gemacht und ich knüpfe dir nunmehr das Ende:
Ich will das zu Ende bringen, was ich beabsichtigt habe,
Du setzest dir die Weiße Krone des Göttersprößlings auf.

XY ist an seinem Platz (o. ä.), als etwas, das ich dir bestimmt habe,
nachdem ich in die Barke des Re eingestiegen bin.

Nunmehr ist das Königtum (wieder) das uranfängliche geworden,
als eines, das (ich geschaffen habe o. ä.) …

Errichte Götterstatuen, mache dauerhaft deine <Grabanlage> (?),
kämpfe(?) – ?–,
denn du wünschtest ihn (einst?) an der Seite Deiner Majestät (?).«

Literaturangaben

Noch immer wichtig als grundlegende Auseinandersetzung mit den literarischen Werken des Mittleren Reiches und damit auch mit der Lehre des Amenemhet ist:

Georges Posener, *Littérature et politique dans l'Égypte de la XII*^{e} *dynastie*, Paris 1956.

Eine umfassende Untersuchung zu diesem Text stammt von:

Elke Blumenthal, »Die Lehre des Königs Amenemhet, Teil I und II«, in: *Zeitschrift für Ägyptische Sprache und Altertumskunde* 111, 1984, 85-107 und 112, 1985, 104-115.

Die seinerzeit bekannten 68 Belege für diesen Text einschließlich kurzer Kommentare und einer Übersetzung wurden publiziert von:

Wolfgang Helck, *Der Text der »Lehre Amenemhets I. für seinen Sohn«*, Wiesbaden 1969 (Kleine Ägyptische Texte I).

Die inhaltliche Problematik wurde gerade in jüngster Zeit wieder intensiv und kontrovers diskutiert. Hauptstreitpunkt ist die Frage, ob das Attentat auf Amenemhet I. tatsächlich gelang, oder ob es in Wahrheit fehlgeschlagen sei. Die Antwort darauf hat nicht zuletzt Auswirkungen auf die Chronologie des Mittleren Reiches: Je nachdem, ob man annimmt, der König habe das Attentat überlebt und daraufhin Sesostris I. zum Koregenten ernannt, oder ob man davon ausgeht, daß er dem Anschlag tatsächlich zum Opfer fiel und Sesostris daraufhin seine Regierung antrat, ergibt sich ein zeitlicher Unterschied für die Dauer der 12. Dynastie von zehn Jahren. Erstere Meinung wird zuletzt vor allem vertreten von:

Karl Jansen-Winkeln, »Das Attentat auf Amenemhet I. und die erste ägyptische Koregentschaft«, in: *Studien zur Altägyptischen Kultur* 18, 1991, 241-264,

und

ders.: »Zu den Koregenzen der 12. Dynastie«, in: *Studien zur Altägyptischen Kultur* 24, 1997, 115-135.

Zur Interpretation des Textes als Lehre des verstorbenen, d. h. dem Attentat zum Opfer gefallenen König siehe dagegen:

Günter Burkard, »Als Gott erschienen spricht er.« Die Lehre des Amenemhet als postumes Vermächtnis, in: Assmann, J. und Blumenthal, E. (Hrsgg.), *Literatur und Politik im pharaonischen und ptolemäischen Ägypten*, Le Caire 1999 (Bibliothèque d' Étude 127), 153-173.

Ausführlich mit dem Inhalt der Lehre und mit diesem Text im Kontext der Literatur des Mittleren Reiches insgesamt hat sich jüngst befaßt:
Richard B. Parkinson, *Poetry and Culture in Middle Kingdom Egypt. A Dark Side of Perfection,* London 2002, 241-248.

Gilgameš, das altmesopotamische Epos von der Suche nach dem Leben
Mit Anmerkungen zu einer narratologischen Analyse

Walther Sallaberger

Mit der Wiederentdeckung der alten Kulturen Mesopotamiens und der Entzifferung der Keilschrift bald nach der Mitte des 19. Jahrhunderts lernte man eine völlig neue alte Literatur kennen. Besondere Aufmerksamkeit kam diesen ersten Forschungen zu, weil sich hier aus dem Alten Testament bekannte Namen, Motive, ja ganze Erzählungen wie die Sintflutgeschichte wiederfanden. Es ist dem unverwüstlichen Schreibmaterial Ton zuzuschreiben, daß so Schritt für Schritt die älteste Literatur der Menschheit wiederentdeckt wurde. Denn waren einmal mit einem Griffel die Zeichen in die Tontafel gedrückt, dann konnte diese zwar brechen, aber Fäulnis oder Brände konnten dem Text nichts mehr anhaben.

Kein anderes Literaturwerk Mesopotamiens läßt sich hinsichtlich seines Umfangs, seiner literarischen wie thematischen Qualität, der Dauer der Texttradierung und Intensität der literarischen Umgestaltung sowie hinsichtlich seiner Nachwirkung in der Moderne mit dem *Gilgameš-Epos* vergleichen; ihm ist daher folgerichtig der Beitrag des Altorientalisten in diesem Band gewidmet.

Die Ausführungen gelten dem in akkadischer Sprache verfaßten Epos, das die Themen mehrerer sumerischer Epen verarbeitet, die wohl meist auf das späte dritte Jahrtausend zurückgehen. Im wesentlichen wurde das akkadische Epos in altbabylonischer Zeit, dem frühen zweiten Jahrtausend, konzipiert und im späten zweiten Jahrtausend ausgestaltet, bis es in einer Gliederung in zwölf Tafeln mehr als 3 000 Textzeilen umfaßte. Diese Fassung steht im sogenannten Jungbabylonischen, einer sich am klassischen Altbabylonischen orientierenden Literatursprache, und wurde so bis ins erste Jahrtausend tradiert. Wir zitieren in der Regel nach dem jungbabylonischen Text (Sigle SB), gelegentlich auch nach der altbabylonischen Fassung (Sigle OB). Manuskripte stammen aus mehreren Orten Babyloniens und Assyriens.

Im späten zweiten Jahrtausend wurde mit der Keilschrift auch der Text von Gilgameš verbreitet, und Fragmente fanden sich sogar weit entfernt in Ugarit an der syrischen Mittelmeerküste, in Megiddo im heutigen Israel, sowie in der hethitischen Hauptstadt Hattuša; dort wurde der Text sogar ins Hethitische und Hurritische übersetzt. Dennoch – und das sollte man bei keiner Betrachtung vergessen – fehlt von diesem Text immer noch beinahe ein Fünftel völlig, viele weitere Abschnitte sind nur bruchstückhaft erhalten.

In diesem Beitrag soll nicht nur die zugrunde liegende Geschichte von Gilgameš und ihre Bedeutung in ihrer zeitgenössischen Umwelt vorgestellt werden, sondern ich will auch versuchen, Grundzüge der erzählerischen Gestaltung des jungbabylonischen Epos aufzudecken. Wir folgen der Erzählung und gleichzeitig beobachten wir dabei, *wie* der ‚Erzähler' die Geschichte seinem ‚Hörer' erzählt, wie der vorgefundene, dem Publikum oder Leser wohl meist schon bekannte alte Stoff aufbereitet wird. Solchen Fragen ist man in der Altorientalistik bisher höchstens ansatzweise nachgegangen, und gerne habe ich Anregungen altphilologischer Forschung zu den homerischen Epen aufgegriffen, um mich beschreibend dem erzählerischen Kunstwerk des Gilgameš-Epos anzunähern. Gerade bei den häufigen Dialogen des Epos verfolgt man zudem gewinnbringend den Einsatz rhetorischer Stilmittel.

Der namengebende Held der »Serie von Gilgameš«, wie das Zwölf-Tafel-Epos im Altertum auch genannt wurde, ist im ausgehenden dritten Jahrtausend in der historischen Tradition der Sumerischen Königsliste greifbar, wo er als ein König der südmesopotamischen Stadt Uruk angeführt wird. Damals, im 21. Jahrhundert v. Chr., galt Gilgameš als ferner Vorgänger und als göttlicher Bruder des regierenden Königs. Es ist dabei irrelevant, ob in Gilgameš einer in unserem Sinne historischen Figur ein literarisches Denkmal gesetzt wurde; in der Welt des Alten Orients *war* er historisch.

Im akkadischen Epos wird uns Gilgameš ebenso als Herrscher von Uruk vorgestellt. Gleich zu Anfang des Textes gewinnen wir ein zwiespältiges Bild vom Helden: der hymnische Prolog schildert seine Weisheit, seine Größe, Kraft und Macht. Doch die Erzählung beginnt mit der Unterdrückung Uruks, und das Wehgeschrei der Frauen ruft die Götter auf den Plan. Diese gegensätzliche Charakterisierung ist kein einmaliger Kunstgriff des Erzählers, um die Handlung in Gang zu bringen, sondern kennzeichnend für den Helden Gilgameš. Der unbarmherzige Herrscher, der sogar das Recht auf die Braut in ihrer Brautnacht für sich in Anspruch nimmt, verspricht seinem Volk ein großes Fest voller Freude; er wird von den Tränen seines Freundes Enkidu gerührt, nimmt ihn tröstend an der Hand. Während er öfters wegen seiner Größe, Stärke und Schönheit gepriesen wird, können die Ältesten von Uruk sagen: »du bist klein, Gilgameš,« und ihn, den sonst weise genannten, der Unwissenheit zeihen (SB II 289f.). Voll Tatendrang zieht er zu Abenteuern aus, um dann von Träumen zutiefst erschreckt zu werden. Ehrgeizig verfolgt er gegen alle Widerstände und Ratschläge sein Ziel, den schrecklichen Humbaba zu erschlagen, der ihn schließlich mit seinem Flehen beinahe dazu bewegen kann, aus Mitleid die Gefahr zu vergessen. Gilgameš kennzeichnet Ehrfurcht gegenüber den Göttern, doch die Göttin Ištar, die ihn zum Gatten erwählen will, beschimpft er. Der strahlenden Erscheinung im ersten Teil wird der kummervolle Lebenssucher im Schlußteil gegenübergestellt. Und auf dieser qualvollen Suche wendet er sich aggressiv gegen diejenigen, die ihm helfen, sogar gegen den Sintfluthelden, das Ziel dieser Fahrt. Hier wird in teilweise harten Gegensätzen kein perfekter Held gezeichnet, sondern ein Mensch mit ungewöhnlichen Stärken und großen Schwächen; das Epos selbst kennt die treffende Wortschöpfung *hadi-u'a-amelu*, »Froh-und-Wehe!-Mann«. Eine solche Zeichnung strebt natürlich keine differenzierte psychologische Charakterisierung oder Entwicklung an, das vermag die altorientalische Epik nicht; doch sie vermeidet den unfehlbaren, vielleicht auch ein wenig langweiligen Helden und bietet so immerhin eine Identifikationsfigur, deren Erfahrungen beispielhaft Wege aufzeigen bei den behandelten Themen, insbesondere der Frage nach dem unausweichlichen Schicksal des Todes.

Die schon erwähnte Klage der Frauen von Uruk führt zu einer Versammlung der Götter und ihrem Beschluß, daß die Muttergöttin aus Lehm ein Gegenstück zu Gilgameš schaffe, nämlich Enkidu; in der Steppe bei den Tieren wird er ausgesetzt. Enkidu wird von einem Jäger entdeckt, dessen Fallen der wilde Mann zerstört. Der völlig Verschreckte fragt seinen Vater um Rat, der ihn nach Uruk zu König Gilgameš schickt, damit ihm dieser eine Dirne mitgebe, die den Wilden von den Tieren weglocke. Der Jäger wiederholt seine Rede vor Gilgameš:

»Ein Mann, der [*aus dem Bergland* kam],
er ist im Lande der stärkste, [er besitzt K]raft,
wie bei einem Gebilde des Himmelsgottes sind überstark
[seine Kräfte.]
Er geht [*dauernd*] umher auf den Höhen des Berglands,
dauernd [frißt er Kräuter] mit den Tieren,
dauernd [*lenkt* er] seine Schritte vor die Tränke.
Ich war voll Schrecken und konnte mich daher [ihm] nicht nähern.
Er füllte alle Gruben, die [ich selbst] gegraben hatte,
er riß alle Fallen heraus, die ich [ausgelegt hatte],
er ließ meinen Händen die Tiere, die Lebewesen der Steppe,
entkommen,
– so ließ er mich nicht mehr das Handwerk der Steppe ausführen.«
(SB I 150–160)

Gilgameš handelt genau wie vom Vater vorausgesehen, ohne daß seine Gedanken oder Gefühle geschildert wären: es ist offensichtlich eine alltägliche Entscheidung des Herrschers.

> Gilgameš sprach zu ihm, zum Jäger:
> »Geh, mein Jäger, führe mit dir die Dirne Šamhat (‚die Üppige'),
> und sobald er die Tiere zur Tränke führt,
> soll sie ihr Gewand abstreifen und all ihre Pracht offenlegen!
> Er wird sie sehen und er wird ihr näherkommen;
> seine Tiere werden ihn scheuen, der doch unter ihnen aufwuchs.«
> (SB I 161–166)

Der Jäger nimmt Šamhat mit, und als nach einigem Warten Enkidu mit den Tieren an der Quelle erscheint, erklärt er ihr ihre Aufgabe mit denselben Worten wie sein Vater es vorausgesehen und Gilgameš es angeordnet hatten, und sie führt sie entsprechend aus. Diese wortwörtlich mehrfach wiederholten Passagen in Rede und Ausführung verbinden die Schauplätze; und in jedem Kontext erfüllen sie eine andere erzählerische Funktion.

Der Hörer oder Leser verfolgt die Geschichte mit dem Wissen um die einleitende Götterversammlung, er sieht, wie sich deren Beschluß erfüllt; er kennt Ursache und Ziel, während der Jäger und sein Vater ebenso wie der Herrscher Gilgameš – und Enkidu sowieso – über die Motivation ihrer Handlungen völlig im Unklaren gelassen werden. Die Initiative des ahnungslosen Jägers hilft, die Distanz zwischen der Steppe und der entfernten Stadt Uruk zu überbrücken. Gilgameš selbst trägt unwissend dazu bei, daß Enkidu ihm gegenüber treten kann. So sind mit wenigen Reden die Charaktere eingeführt, ist ein Szenario entfaltet, die dramatische Handlung nimmt ihren Lauf.

Auch wir werden aber in dieser Weise aus einer zeitlich und räumlich entfernten Perspektive unmittelbar in die Geschichte hineingezogen, indem wir den Wegen des Jägers folgen, seine Beobachtung teilen und die Reden der beteiligten Personen erfahren. Dem damaligen Hörer gelang das um vieles leichter: er kennt die Stadt Uruk, und die Götter sind in ihren Funktionen ebenso lebendig wie in der Erzählung. Aus der nach wie vor vorstellbaren Götterversammlung heraus bereitete ihm so der Erzähler einen unmittelbaren Einstieg in eine weit zurückliegende Urzeit.

Die Geschichte entwickelt sich wie vorgesehen: sobald Enkidu sich nach sechs Tagen und sieben Nächten vom gemeinsamen Liebeslager erhebt, fliehen die Tiere vor ihm. Der Aufforderung von Šamhat, ihr nach Uruk zu folgen, kommt er gerne nach. Doch nun folgt ein Szenenwechsel und wir werden zu

Gilgameš und seiner Mutter Ninsumun geführt. Ich zitiere nach dem altbabylonischen Text.

> Gilgameš erhob sich, er eröffnete den Traum, sprach zu seiner Mutter:
> »Mutter, da in der Nacht,
> während ich kraftstrotzend umherging inmitten der Männer,
> da *ver*[*steckten*] sich die Sterne des Himmels,
> aber ein *Ge*[*bilde*] des Himmels(gottes) fiel auf mich.
> Ich hob es, doch dann war es mir zu schwer,
> ich bewegte es, doch dann konnte ich es nicht bewegen.
> Das Land Uruk war seinetwegen versammelt,
> wobei die Männer seine Füße küßten.
> Ich stemmte meine Stirn dagegen, sie stützten mich,
> da hob ich es und brachte es her zu dir.«
>
> (OB II 1–14)

Ein zweiter ähnlicher Traum von einer Axt, die Gilgameš wie eine Frau lieben werde, schließt sich an. Es sind bezeichnenderweise Träume, die die Entscheidungen der Götter mitteilen und so über die Zukunft Auskunft geben. Der Hörer erfährt Träume immer erst aus der Erzählung des Träumenden, die Deutung vernimmt er dann gewissermaßen mit ihm gemeinsam. Ninsumun erläutert ihrem Sohn, daß ein Freund aus der Steppe kommen werde. Sollte also so der Beschluß der Götter erfüllt werden, daß der ebenbürtige Enkidu nicht als Kämpfer, sondern als Freund kommt? Die bisherige Erzählung sieht man nun in einem anderen Licht.

Überzeugend werden in der altbabylonischen Fassung zwei Handlungsstränge nebeneinander geführt. Die Vorahnung von Gilgameš wird *zeitlich* mit dem Beisammensein von Enkidu und Šamhat verknüpft. Bei dieser Episode handelt es sich nun um einen der seltenen Fälle, daß sowohl die altbabylonische als auch die jungbabylonische Fassung leidlich erhalten sind und so ein Vergleich möglich ist. Erzähltechnisch läßt sich die alte Version leichter verstehen. In der späten Fassung ist es Šamhat, die Enkidu in zitierter Rede die Träume erzählt. Damit ist der Szenenwechsel vermieden, doch die Spannung zwischen dem Wissen des Hörers und der Ahnungslosigkeit der handelnden Figuren wird zerstört. Auch die beiden Träume werden leicht umgestaltet. In der altbabylonischen Fassung wies zwar jeder Traum auf das Kommen Enkidus hin, doch wurde differenziert: das von den Männern Uruks verehrte Himmelsgebilde und die von Gilgameš geliebte Axt. In der jungen Fassung ist dagegen bei beiden Träumen von der Versammlung der Männer *und* der Liebe des Gilgameš die Rede. Die stereotype Wiederholung erweist sich hier also als ein Merkmal der späten Fassung und ist auf die Redaktion eines schon jahrhundertelang schriftlich tradierten Textes zurückzuführen.

Der Weg Enkidus nach Uruk ist damit vorbereitet. Šamhat führt Enkidu, und sie gelangen zuerst zu den Hirten.

> Das Hirtenvolk ist seinetwegen versammelt,
> in ihren Gedanken (*sprechen sie*), jeder zu sich selbst:
> »Der Mann, wie gleicht er dem Gilgameš an Gestalt,
> von baumlangem Wuchs, h[och] wie Zinnen.
> Er wurde wohl im Gebirge geboren,
> wie ein Gebilde des Himmelsgottes, so überstark sind seine Kräfte.«
> (SB II 36–43)

In den Worten der Hirten wird die Wirkung Enkidus beschrieben, und dieselben Worte werden auch die Einwohner von Uruk über Enkidu sprechen. Der Erzähler verwendet selten genug diesen Kunstgriff für Beschreibungen; an den Hörer wendet er sich dabei nie. Die erzählerische Ironie verleiht der Stelle besonderen Reiz, daß der Hörer nämlich den Hintergrund kennt, der den Hirten selbst verborgen ist: Enkidu wurde ja tatsächlich als Ebenbild des Gilgameš geschaffen, er ist von seiner Herkunft her ein »Gebilde des Himmelsgottes«; und im genau gleichen Bild hatte Gilgameš von Enkidu geträumt, so hatte ihn auch der Jäger bezeichnet.

Enkidu bleibt bei den Hirten, das seit Beginn der Erzählung erwartete Zusammentreffen mit Gilgameš zögert sich nun, schon nahe der Stadt, wieder hinaus. Durch Speise und Trank, Waschen und Haarschnitt, Einölen und Kleidung wird Enkidu einen weiteren Schritt in die menschliche Zivilisation eingeführt, nachdem der dem Animalischen noch nahe Liebesakt ihn schon der Wildnis entfremdet hatte; diese Wandlung wird erst beim Erreichen der Stadt als Gefährte des Gilgameš und mit der Aufnahme in dessen Familie abgeschlossen sein.

Enkidu hilft den Hirten, indem er die Herden bewacht und die Löwen und Wölfe vertreibt. Dies entspricht Enkidus Charakterisierung – und auch seinem Auftrag – als Helfer und als Verteidiger der Schwachen: bei den Wildtieren gegenüber dem Jäger, nun bei den Hirten, dann als Verteidiger der Frauen gegenüber Gilgameš und schließlich als dessen Beschützer.

Die Hirtenidylle endet, als ein namenloser Wanderer auf Nachfrage erzählt, daß er zur Hochzeit gehe, wo erst Gilgameš das Brautgemach betrete, dann der Bräutigam. Ein solches *ius primae noctis* scheint auch dem Alten Orient fremd gewesen zu sein, charakterisiert also in der Erzählung die Tyrannei des Gilgameš. Enkidu bricht auf, um sich Gilgameš in den Weg zu stellen, in Uruk kommt es in der Tür des Hauses zum Ringkampf der beiden. Enkidus Zorn verebbt, er preist Gilgameš, sie werden Freunde. Der Text ist an dieser entscheidenden Stelle leider in der jungbabylonischen Fassung gar nicht, in der altbabylonischen nur sehr lückenhaft erhalten.

Ninsumun spricht nun zu ihrem Sohn Gilgameš wohl darüber, daß Enkidu ohne Eltern aufgewachsen sei. Als Enkidu dies hörte, »füllten sich seine Augen mit Tränen«, wurde ihm weh zumute, seine Kräfte verließen ihn. Der Erzähler beschreibt Enkidus Gefühlsreaktion und läßt den Hörer damit am Erleben Enkidus teilhaben. Und wie hier folgen solche emotionalen Reaktionen gerne auf Reden oder Träume; und Tränen werden die beiden Helden noch häufiger vergießen.

Wieder wäre es hilfreich, wäre der gesamte Wortlaut der tröstenden Antwort des Gilgameš erhalten, denn nun fällt zum ersten Mal der Name des schrecklichen Ungeheuers Huwawa oder Humbaba, des dämonischen Wächters des fernen Zedernwaldes. Schlägt Gilgameš den Zug zuerst deshalb vor, um die Wehmut seines Freundes zu vertreiben? Enkidus Reaktion ist abwehrend; es heißt im altbabylonischen Text:

> »Ich kenne mich aus, mein Freund, im Bergland,
> als ich mit den Tieren umherging.
> Auf sechzig Doppelstunden ist der Wald verödet.
> Wen gibt es, der da in sein Inneres eindringt?
> Huwawa, sein Gebrüll ist Sintflut,
> sein Rachen Feuer und sein Atem Tod:
> Warum wünscht du, dieses zu tun?
> Eine Schlacht, die nicht zu bestehen ist, ist der Wohnsitz Huwawas.«
> (OB III 106–116)

Halten wir kurz bei dieser Rede inne. Das zweite Wort ist hier, wie üblich, die Anrede an den Adressaten: »mein Freund« heißt es zwischen Enkidu und Gilgameš, sonst werden Namen oder andere Anredetermini gebraucht. Enkidu rät Gilgameš vom Zug in den Zedernwald wegen der Gefahren ab. Eindringlichkeit gewinnen die argumentativen Appelle durch die Form der rhetorischen Frage, die sich in den Reden so häufig findet: Niemand kann in das Innere des Waldes eindringen, also auch nicht Gilgameš.

Enkidu stützt die Argumentation dadurch, daß er selbst den Wald und Huwawa kennt. Damit bietet Enkidu einen Rückblick auf seine eigene Herkunft, und zugleich bildet die Rede eine Vorschau auf die kommenden Gefahren; diese

Vorschau wird noch mehrmals wiederholt werden. Rückblende und Vorschau bilden durch die Verweise feste Klammern, die den Text des Epos zusammenhalten. Die Beobachtung ist nun wichtig, daß solche Rückblenden und Vorverweise im *Gilgameš-Epos* nur in direkter Rede vorkommen. Selbst Träume werden ja nicht als Traum beschrieben, sondern in der nachfolgenden Erzählung des Träumenden nach dem Erwachen; auch Aufträge, Überlegungen, Reaktionen sind fast durchgehend in direkter Rede geschildert.

Obwohl der Text richtig als Epos klassifiziert ist, ist ein guter Teil in direkter Rede gehalten, der mit knapp 65 % deutlich höher liegt als die 45 % direkter Rede der *Ilias* und genau den 66 % der *Odyssee* entspricht.

Die Frage Enkidus nach dem »Warum?« – eigentlich eine rhetorische Frage – beantwortet Gilgameš in einer späteren Rede, auch hier nach der altbabylonischen Version zitiert. Die Rede ist mit der charakteristischen Formel eingeleitet; solche Formeln stellen hilfreiche Signale für den Hörer dar, den folgenden Text richtig einzuordnen.

> Gilgameš tat seinen Mund auf und sagte zu Enkidu:
> »Wer, mein Freund, <*ist es*, der je> in den Hi[mmel] gestiegen?
> Die Götter nur *w*[*ohnen*] dort ewig bei Šamaš.
> Die Menschheit aber, ihre Tage sind gezählt,
> alles, was auch immer sie tut, ist nur ein Windhauch.
> Du hier fürchtest den Tod –
> wofür ist dann die Kraft deines Heldentums?
> So will ich losgehen, dir voran,
> dein Mund soll mir zurufen: ‚Näher! Fürchte dich nicht!‘
> Wenn ich dann auch falle, so will ich meinen Namen setzen:
> ‚Gilgameš hat mit dem kriegerischen Huwawa den Kampf ausgefochten!‘
> Du bist dort geboren, wurdest groß in der Steppe,
> dich sprang der Löwe an – alles kennst du!
> (…)
> [Meine Hand w]ill ich anlegen, [will] abhauen die Zeder,
> [einen Namen, der] ewig dauert, will ich mir setzen!
> [Auf,] mein Freund, zum Waffenschmied will ich *mich aufmachen*,
> Äxte soll man vor uns gießen!«
>
> (OB III 138-152, 158-162)

Die Rede gibt den tieferen Grund für den Zug an: Gilgameš will sich einen Namen setzen, der seinen Tod überdauern würde; denn während die Götter ewig leben, sind die Tage der Menschheit gezählt; nur in der Erinnerung seines Namens verschwindet der Mensch nicht spurlos von der Welt. Damit ist das zentrale Thema für Gilgameš, ein zentrales Thema des Epos, erstmals in den Text eingeführt.

Hingewiesen sei wieder auf die rhetorisch ausgefeilte Argumentation mit rhetorischen Fragen, einem fiktiven Dialog (*subiectio*), der fiktiven Rede der Bewunderer. Die Kenntnis Enkidus setzt Gilgameš jetzt als Argument *für* den Zug ein, der Vorwurf der Verzagtheit soll den Freund aufrütteln. Der Aufbruch zu den Schmieden gibt den weiteren Gang der Handlung vor.

Nach der internen Diskussion folgt die öffentliche, dem Volk verspricht Gilgameš ein großes Freudenfest bei der Rückkehr. Enkidu argumentiert mit den Gefahren Humbabas vor den Ältesten, die Ältesten wiederholen es gegenüber Gilgameš. Die mehrfache Wiederholung unterstreicht die unvorstellbare Gefahr des Zuges. Dem Helfer Enkidu wird letztlich der König anvertraut mit der Aufgabe, ihn heil heim zu bringen.

Gilgameš unterrichtet seine Mutter Ninsumun; sie bereitet dem Sonnengott Šamaš ein Opfer und bittet ihn um Beistand für Gilgameš. Nun bietet sich ein anderer Blick auf den Plan des Helden: die Sorge der Mutter um den rastlosen Sohn. Ihre langen Gebete an Šamaš beginnt sie mit Worten, die sie als verzweifelte Mutter charakterisieren, die in dieser Form aber nie am Anfang eines babylonischen Gebetes stünden:

> »Warum hast du meinem So[hn] Gilgameš ein rastloses Gemüt auferlegt, ihn damit belastet?
> Gerade jetzt hast du ihn nur angetippt und er, er geht los.«
> (SB III 46–47)

Ein und dasselbe Ereignis, der Zug in den Zedernwald, wird damit mit mehreren unterschiedlichen Erwartungen, Sorgen und Hoffnungen verbunden: Gilgameš sieht den Ruhm, Enkidu die Gefahr, die Mutter sorgt sich um den Sohn; der erste Vorschlag kam womöglich, um Enkidu abzulenken. In der öffentlichen Diskussion wurden andere Ziele formuliert: Zedernholz für eine Weihung zu gewinnen und danach ein Freudenfest im Volk zu feiern. Diese in mehreren Personen verankerte komplexe Bewertung einer Handlung führt aber erst zur Reflexion und zum Abwiegen von Argumenten.

Die Fahrt in den Zedernwald, geschildert in der IV. Tafel, wird von Träumen des Gilgameš geprägt. Erschreckt erzählt er die Visionen, doch Enkidu kann sie positiv deuten. Die Verzögerung und die düsteren Vorzeichen erhöhen die Spannung.

Zu Beginn der V. Tafel ist der Zedernwald erreicht. Wir lesen in den ersten Zeilen:

Sie standen nun *an der Grenze* des Waldes,
der Zedern Fülle betrachteten sie,
des Waldes Eingang betrachteten sie:
Dort, wo Humbaba immer ging, befand sich ein Trampelpfad.
Die Wege waren gut angelegt, ausgezeichnet war die Route.
Sie sahen den Zedernberg, Wohnsitz der Götter, Kapelle der Göttinnen.
Vor dem Berg, da war die Zeder, reichen Ertrag versprechend,
angenehm war ihr Schatten, Freude in Fülle (bietend).
(SB V 1–8)

Der Erzähler folgt den beiden Reisenden. Sie gingen »20, 30 Doppelstunden«, der Hörer geht mit. Sie stehen am Rand des Zedernwaldes und betrachten ihn: der Hörer sieht jetzt mit ihren Augen den Wald, er folgt ihren Blicken. Das ist also keine von der Handlung unabhängige Naturschilderung eines Erzählers. Selbst im erzählenden Teil, außerhalb der direkten Reden, nimmt man so unmittelbar am Geschehen teil, wird an die Hand genommen und erfährt dasselbe wie die handelnden Personen und mit ihnen. Es ist bezeichnend, daß in den *erzählenden* Passagen des Epos vor allem das Zurücklegen von Wegen beschrieben wird, weiters Sinneswahrnehmungen, dabei zuerst das Sehen, oder schließlich die wenigen Kämpfe.

Die Auseinandersetzung mit Humbaba beginnt mit Wortgefechten; auf eine kaum erhaltene Rede Enkidus hin schimpft Humbaba los:

Humbaba tat seinen Mund auf und sprach, er sagte zu Gilgameš:
»Es sollen sich ruhig beraten, Gilgameš, der Dummkopf, der Tölpel-Mann!
Wieso [kam]st du bis zu mir?
Komm, Enkidu, du Sohn eines Fisches, der seinen Vater nicht kennt,
Junges von Schildkröte und Kriechtier, das nicht die Milch seiner Mutter saugte,
als du klein warst, da habe ich dich immer gesehen und bin dir nicht nahe getreten,
...
[Warum] ließest du [boshafter] Weise Gilgameš bis vor mich gelangen?«
(SB V 85–91)

In der Rückblende bestätigt Humbaba, was wir von Enkidu selbst hörten: daß er Humbaba aus der Wildnis kenne. Die Drohungen gegen Gilgameš zeigen Erfolg, doch Enkidu stachelt ihn mit denselben Worten an (SB V 100f.), mit denen ihn einst Gilgameš vor dem Abmarsch ermunterte (SB II 232f.); und als sie sich dem Wald genähert hatten, sprachen sie sich so gegenseitig Mut zu (SB IV 233).

> Enkidu tat seinen Mund auf und sprach, er sagte zu Gilgameš:
> »Warum, mein Freund, spri[chst] du so kümmerlich,
> wurde auch deine Rede sanft und vergiftest du mein Herz?
> Jetzt aber, mein Freund, es gibt nur eines [...].
> (Erst noch) das Kupfer einfassen in der Rinne des Schmieds?
> Die Kohle eine Doppelstunde anfachen?
> In das angefachte (Feuer) eine Doppelstunde (Brennstoff) nachlegen?
> Die Flut zu entfesseln ist die Peitsche einzusetzen!
> Wende deine Schritte [nicht] zurück! Kehre nicht um!
> [...] Schlag fest zu!«
>
> (SB V 99–107)

Enkidu argumentiert in einer bildlichen Analogie, die geradezu wie ein Sprichwort wirkt. Ob hier oder an anderen Stellen tatsächlich Sprichwörter, also sprachliche Routinen des Alltags, eingesetzt werden, können wir freilich nicht erschließen. Die argumentative Funktion der Analogie ist jedenfalls deutlich, und es ist im Epos nicht nur Enkidu, der in dieser Weise spricht.

Den Kampf gegen Humbaba gewinnen die Helden glücklich durch das Eingreifen des ihnen immer beistehenden Gottes Šamaš, der damit der Bitte der Mutter Ninsumun entspricht. Die Verzögerung vor dem Aufbruch in Uruk, das lange Gebet Ninsumuns, erhält damit nachträglich seine sachliche und erzählerische Rechtfertigung.

Den besiegten Humbaba zu töten beschwört Enkidu mindestens zweimal den Freund:

> Enkidu tat seinen Mund auf und sprach, er sagte zu Gilgameš:
> »Mein Freund, den Humbaba, den Wächter des Zedernwaldes, mach' ihn fertig, töte ihn und vernichte sein Kommando,
> bevor es der Höchste, Enlil, hört!
> Die [großen] Götter werden voll Zorn auf uns sein,
> Enlil in Nippur, Šamaš in L[arsa].
> Setze dir nun ein ewiges *A*[*ndenken*],
> wie Gilgameš den Humbaba er[schlug]!«
>
> (SB V 181–189 = 240–245)

Hier klingt Vorsicht an: »bevor es Enlil hört«; eine drohende Gefahr wird damit angedeutet. Und rückblickend wird das Ziel der Reise wiederholt, daß Gilgameš sich einen Namen setze.

Damit ist das Ende der Zedernwald-Episode erreicht. Die letzten Absätze weisen schon auf das folgende: Humbaba verflucht Enkidu – und ein Fluch kann nicht einfach ungeschehen gemacht werden; Enkidu spricht von der Weihung einer Tür aus Zedernholz an Enlil, den erzürnten Götterkönig von Nippur, der den Humbaba zum Wächter bestellt hatte.

Die unspektakuläre Rückkehr wird übersprungen, die nächsten Tafeln VI–VIII spielen wieder in Uruk. Gilgameš wäscht sich nach der Rückkehr und zieht sein Prachtgewand an. Ištar, die Göttin der Liebe selbst, die Stadtgöttin von Uruk, sieht den prächtigen Helden und bietet ihm ihre Hand an. Wurde auf diese Episode schon angespielt, als die Ältesten bei der Abfahrt Enkidu beauftragten, den Helden zu den »Bräuten« zurückzubringen (SB III 10 = 225)?

Die Antwort von Gilgameš kommt völlig unerwartet, es kommt nicht zum vielleicht erwarteten frühen triumphalen Abschluß der Heldentaten: er schlägt das Angebot ab, wirft der Göttin in kräftigen Bildern ihre Wankelmütigkeit vor und begründet dies argumentativ mit einer beispielhaften Aufzählung ihrer verflossenen Liebhaber, die nun in Trauer und Weinen ihr Dasein fristeten.

Der Erzähler läßt uns an der emotionalen Reaktion der Göttin teilhaben, die von ihrem Vater den Himmelsstier ertrotzt. Auch der riesenhafte Stier wird von den Helden erschlagen. Die Bewertung der Heldentat durch Ištar ist – verständlicherweise – eine ganz andere: »Weh, Gilgameš, der mich beleidigt hat, hat den Himmelsstier erschlagen!« (SB VI 153) – was wieder Enkidu erzürnt: er wirft der Göttin den Schenkel des Stiers nach. Man wird in der altorientalischen Epik wohl kaum eine andere Episode mit einer vergleichbar dichten Abfolge von emotionalen Hyperreaktionen finden.

Die Rückkehr der Erzählung in die geordnete und bekannte Welt erfolgt dann in der Beschreibung, wie die Hörner des Himmelsstiers bei den Handwerkern für die Weihung ausgestattet werden: mit 30 Minen, also 15 Kilogramm Lapislazuli, Ränder zu je 2 Minen, ihr Gesamtinhalt ist 6 Kor, das sind 1800 Liter Öl (SB VI 162–164). Hier wie mehrmals im Epos helfen gerade Zahlen und Maße, die Distanz zwischen einer göttlich-heroischen Welt und der alltäglich-irdischen Umgebung zu überbrücken, die unvorstellbaren Taten und Abenteuer in begreifbare, meßbare Größen zu übersetzen. Maße finden wir etwa bei den Waffen des Gilgameš bei seinem Aufbruch, die Tages-Abschnitte der Reise werden gemessen, der Himmelsstier verursacht durch sein Schnauben Gruben, in die 100 oder 200 Leute fallen; später wird auch der Sintflutheld

Maße und Materialaufwand der Arche angeben. Der Erzähler bietet so dem Hörer Ansatzpunkte aus seiner alltäglichen Umwelt, die ‚Realität' wird unterstrichen und dies erleichtert ein ‚Miterleben' des Textes.

Gilgameš bietet nun als Herrscher dem Volk das versprochene Fest, die Reise zu Humbaba ist endgültig abgeschlossen. Doch dieser Festestag bildet auch den dramatischen Wendepunkt, denn Enkidu träumt in der Nacht von einer Götterversammlung, in der offensichtlich der Götterkönig Enlil seinen Tod bestimmt. Der todkrank liegende Enkidu wendet sich an die Tür, die sie aus dem Holz der Zeder dem Enlil geweiht hatten.

> Enkidu erhob [sein Gesicht ...]
> und sprach mit der Tür wie [...]:
> »Tür des Waldes, die nichts *ver*[*steht*,]
> bei der lebendiger Verstand nicht existiert [...]
> (...)
> Ich machte dich, hob dich hoch, habe dich in Nippur hoch [*eingehängt*.]
> Ich hätte es wissen sollen, Tür, daß dies deine [Vergeltung] ist,
> daß dies deine Güte ist!
> Ich hätte die Axt erheben, [dich] abschneiden sollen,
> ich hätte dich als Floß zum Šamaštempel Ebabbar [steuern] sollen.
> (...)
> Jetzt aber, Tür, ich habe dich gemacht, habe dich hochgehoben,
> [...], soll dann auch ich dich herausreißen?
> Sei es ein König, der nach mir heraufkommt, er soll dich hassen,
> sei es [...], er soll dich einhängen,
> und meinen Namen soll er ändern und seinen Namen darauf setzen.«
> (SB VII 37–41. 46–49. 59–63)

Der Rückblick wandelt sich in beißende Ironie, indem Enkidu das Todesurteil als den Dank der Zeder, ihre Güte und Vergeltung bezeichnet. Die Chance ist vorbei, nur verspätete, irreale Drohungen lassen sich ausstoßen – gleich hatte auch Humbaba angesichts seines Todes reagiert, hatte Enkidu Ištar angedroht, ihr die Gedärme des Himmelsstiers um den Hals zu wickeln. Der Erzähler zeigt so Handlungsalternativen auf, aber für die Handelnden der Erzählung sind sie nicht mehr gegeben.

Die Umkehrung gängiger Verhältnisse findet sich im Fluch, der in die Zukunft weist. Daß ein zukünftiger König den vorgefundenen Namen auslösche und seinen eigenen einschreibe ist eine geradezu ‚undenkbare' Verkehrung der üblichen Intentionen. In den Weihinschriften der den Göttern geweihten Bauten und Gegenstände können sich altmesopotamische Herrscher auch in einem Ausblick an einen zukünftigen Herrscher richten: er soll die Objekte und Inschriften pfleglich behandeln und unverändert lassen, damit in alle Ewigkeit der Name des Stiftenden erhalten bleibe. Fluchformeln *schützen* die Inschrift insbesondere davor, daß der Name des Herrschers, Garant seines Nachlebens, geändert werde. Enkidus Fluch wünscht das Gegenteil.

Auf solche Aussagen hin kommen Gilgameš die Tränen; er versucht sich als Tröster, will die Götter um Hilfe anrufen. Die Nähe des Todes verändert den treuen Freund und Helfer Enkidu völlig, und Gilgameš versucht verzweifelt, das unwiederbringlich Verlorene festzuhalten. Der Hörer wird darüber nicht im Unklaren gelassen, daß dies illusorisch ist; der Erzähler legt es Enkidu in den Mund: der Götterkönig Enlil ändert seine Beschlüsse nicht, die Menschen treten zur vorbestimmten Zeit ab.

Auf dem Totenbett blickt Enkidu auf sein Leben. Die Tür steht für den Anlaß des göttlichen Todesurteils, die Kette der Ereignisse war nicht aufzuhalten. Unter einem anderen Blickwinkel sehen wir so auf die Erzählung zurück, die bekannte Fabel gewinnt unter dem Eindruck des Todes eine neue Dimension. Enkidu verflucht diejenigen, die ihn nach Uruk brachten, den Jäger und die Dirne Šamhat. Der Sonnengott Šamaš greift mit Gegenargumenten ein, den Vorwurf in eine rhetorische Frage gekleidet: »Warum, Enkidu, verfluchst du die Dirne Šamhat?« (SB VII 134); sie habe ihn ja zum Menschen gemacht, ihn Gilgameš als Freund gewinnen lassen. Enkidu läßt sich überzeugen: er spricht ihr auch seine Segenswünsche zu. In einem langen Traum sieht Enkidu eine Vision der Unterwelt; er erhebt sich nicht mehr von seinem Totenlager und stirbt.

Der Tod Enkidus markiert ein tragisches Moment im Gilgameš-Epos, insbesondere wenn man den Tod als Folge der Taten Enkidus sieht, daß er die beiden göttlichen Ungetüme, Humbaba und den Himmelsstier, erschlug. Denn Enkidu trifft keine persönliche Schuld, er hat seine Aufgabe und Rolle vorbildlich erfüllt: als Freund setzte er sich für Gilgameš ein, um der Gefahr des Humbaba zu begegnen, und er half gegen den Himmelsstier, der zur Gefahr für Gilgameš und Uruk geworden wäre. Für Gilgameš liegt die Tragik darin, daß sein Freund Enkidu für sein Hauptziel, sich einen Namen zu setzen, sterben mußte; ahnungslos sind sie Enkidus Untergang entgegensteuert, wobei der Weg in den Untergang für Enkidu ein sozialer Aufstieg war. In der expliziten Wertung von Fluch und Segen und im Dialog mit Šamaš wird diese tragische Situation hervorragend geschildert.

Die Bestattung von Enkidu bildet das Thema der VIII. Tafel. Sie beginnt mit einer langen Totenklage, die – erwartungsgemäß – Gilgameš in den Mund gelegt wird. Der Text beginnt mit der stereotypen Formel, die im Epos den Anbruch eines neuen Tages signalisiert.

Als der Morgen ein wenig zu dämmern begann,
da [*klagte*] Gilgameš [*über*] seinen Freund:
»Enkidu, den dich deine Mutter Gazelle
und der Wildesel, dein Vater, ge[*schaffen* haben],
den dich die Wildesel mit ihrer Milch großgezogen haben,
und dem dir die Tiere [der Steppe] alle Weiden ge[zei]gt haben, –
die Wege, Enkidu, [zum] Zedernwald,
sie sollen dich beweinen und nicht *aufhören* Tag und Nacht!
Es sollen dich beweinen die Ältesten der weiten Stadt, der Hürde Uruk.«
(SB VIII 1-9)

Es folgt eine lange Liste aller, die den Toten beweinen sollen: die Natur, die Arbeitenden, die Leute von Uruk, und schließlich der Redner selbst. In einer Apostrophe wendet sich Gilgameš den Leuten von Uruk zu:

»Hört mich, Männer, hört auf mich!
Hört mich, Älteste [der weiten Sta]dt Uruk, hört auf mich!
Ich, ich werde um meinen Freund Enkidu weinen,
wie ein Klageweib werde ich bitter klagen.
Axt an meiner Seite, worauf mein Arm vertraute,
Schwert in meinem Gurt, Schild vor meinem Gesicht,
mein Festgewand, mein Freuden-Gürtel, –
ein böser Windhauch erhob sich und hat mich beraubt.«
(SB VIII 42-49)

Der Erzähler läßt nun Gilgameš nicht mehr direkt zu Enkidu reden, die Klage geht über ihn. Wie bei den Dialogen vor dem Aufbruch wird hier das Verhältnis der zwei Männer zu einer öffentlichen Angelegenheit, von der sich alle angesprochen fühlen; und wieder wird damit der Hörer, der seinen Platz am ehesten unter den Leuten von Uruk suchen würde, fast unmittelbar angesprochen.

Der Klagende wendet sich schließlich wieder Enkidu zu, er ist »mein Freund« wie im Leben, nun ruft er sich die gemeinsamen Taten im verbindenden »wir« ins Gedächtnis.

»Mein Freund, scheues Maultier, Wildesel des Berges, Panther der Steppe,
Enkidu, mein Freund, scheues Maultier, Wildesel des Berges, Panther der Steppe, –
die wir zusammenhielten und den Berg bestiegen,
die wir den Himmelsstier packten und erschlugen,
die wir Humbaba, der im Zederwald [wohnt], vernichteten -
jetzt aber, welcher Schlaf ist das, der dich gepackt hat?
Du dämmerst dahin, hörst [mich] nicht mehr.«

(SB VIII 50–56)

In diesem letzten Abschnitt treten literarische Bilder, Vergleiche und Metaphern, gehäuft auf: Enkidu ist die Waffe, der Helfer und schützende Begleiter. Gerade in ihrer Häufung helfen Bilder, das sonst nicht adäquat Beschreibbare in Worte zu fassen. Adressaten dieser bildreichen Rede sind die Leute von Uruk, die einst Enkidu beauftragt hatten, Gilgameš zu beschützen. Die Axt an der Seite nimmt sogar das Bild aus den ersten Träumen von Gilgameš wieder auf, als er von der Ankunft Enkidus in Form einer Axt träumte; unter den Leuten von Uruk versuchte er sie zu heben. Das Traumbild erweist sich so als erzählte und detailliert ausgeführte Metapher.

Wenn sich Gilgameš wieder dem Freund zuwendet, verwendet er die in der mesopotamischen Dichtung so häufigen Tierbilder, die Kraft, Schnelligkeit und Ausdauer preisen. Hier deuten sie auch auf die Herkunft Enkidus aus der Steppe hin und auf die Taten mit Gilgameš in der Wildnis.

Die Bilder geben nicht nur der Klage des Gilgameš Worte, letztlich werden damit – gerade in dieser Situation der Bewältigung des Todes – auch dem Rezipienten die Worte gegeben, mit der besonderen Situation des Todes umzugehen. Hinter meiner Aussage steht nicht nur ein Analogieschluß aus den Forschungen zur Wirkung von Literatur, die darauf beruhe, daß Literatur beispielhafte Erfahrungen bereitstelle und der Wortlosigkeit die Worte gebe, wobei die Spannung und die dichterische Gestaltung der Sprache zur Rezeption anregten.

Im Falle von Gilgameš gibt es genügend Anzeichen, daß die Kenntnis von der Erzählung über gelehrte Schreiberzirkel hinaus weit verbreitet war. Man braucht hier nur die bildlichen und schriftlichen Hinweise auf Humbaba, insbesondere sein gorgonenhaftes Haupt, zu nennen. Den vielleicht schönsten Beleg für die Rezeption der Figuren des Epos im Alten Orient bildet ein altbabylonischer Beschwörungsspruch, um ein in der Nacht schreiendes Kleinkind zu beruhigen.

Du da, Kleines, Menschen-Kind,
du bist ja herausgekommen, du hast ja das Sonnenlicht erblickt.
Warum hast du drinnen deine Mutter nie so behandelt?
Anstatt daß du deinen Vater mit Güte behandelst,
den Weg der Leute deine Mutter gehen läßt,
hast du das Kindermädchen erschreckt,
hast du die Amme aufgestört.
Wegen deines Geschreis kann der Gott des Hauses nicht schlafen,
kann die Göttin des Hauses der Schlaf nicht erreichen.
Wen soll ich nun zu Enkidu schicken,
der die Dreizahl für die Nachtwachen festlegte?
»Der möge es gepackt halten, der die Gazelle gepackt hielt,
der möge es binden, der das Gazellenkitz band.«
In der Steppe möge ihm ein Vorbeikommender seinen Schlaf abgeben,
einer, der hinter den Rindern einhergeht, der möge ihm seinen Schlaf überlassen,
bis seine Mutter es aufweckt, soll es nicht erwachen.

In diesem literarisch dichten Text, der psychologisch einfühlsam das Kind anspricht, um dann die Aufmerksamkeit auf anderes zu lenken, wird Enkidu angerufen. Enkidu blieb bei den Hirten wach, damit alle in Ruhe schlafen können, und er zog mit den Gazellen umher; er band die »Gazellen«; »Gazelle« ist der für ein Kind übliche Kosename; wie »festgebunden« soll es schlafen. Von den Figuren der Dichtung ist also viel mehr bekannt als nur ihr Name, sie können für eine Kette von Handlungen stehen.

Im Epos, dem wir uns wieder zuwenden, nimmt es Gilgameš auf sich, das Andenken Enkidus über dessen Tod hinaus zu bewahren: er ruft die Handwerker, damit sie eine Statue von Enkidu verfertigen; alle Welt soll um ihn klagen. Die Tafel schließt mit dem prächtigen Begräbnis von Enkidu.

Gilgameš zieht aus dem Tod Enkidus aber auch Konsequenzen für sich selbst: er entsagt der Zivilisation, zieht sich Felle an wie einst Enkidu und rennt in die Steppe – die Steppe, aus der einst Enkidu gekommen ist. Nach der Bestattung wiederholt er diesen Entschluß:

Gilgameš weinte um seinen Freund Enkidu
bitterlich, rannte durch die Steppe.
»Auch ich werde sterben, denn bin ich nicht wie Enkidu?
Sorgen sind in mein Gemüt gedrungen,
ich fürchte jetzt den Tod und deshalb laufe ich durch die Steppe

bis hin zu Ut-napišti, Sohn von Ubar-Tutu.
Den Weg habe ich genommen, um rasch dahinzugehen.
Nachts kam ich dann bei den Zugängen des Gebirges an,
ich sah Löwen und fürchtete mich.
Ich erhob mein Haupt, um zum Mondgott zu beten.«
(SB IX 1–10)

Damit beginnt die zweite Reise ans Ende der Welt zum Sintfluthelden Ut-napišti, der die IX. und X. Tafel gewidmet sind. Rasch erreicht Gilgameš den Tunnel im Gebirge, aus dem die Sonne aufgeht; den Zugang bewachen Skorpionmenschen. Er erzählt sein Begehren und geht durch das Dunkel, gelangt in einen Zauberwald. Dort erblickt ihn die bierbrauende Wirtin Siduri.

»Sicher ist jener ein Jäger von Wildrindern, –
aber von woher richtete er seinen Weg hierher gegen meine Tür?«
(SB X 13-14)

Gilgameš fordert ungestüm Einlaß, und auf die Frage nach seinem Ziel antwortet er in langer Rede, teilweise Siduris Worte aufgreifend:

Gilgameš sagte zu ihr, zur Wirtin:
»Wie sollen meine Wangen nicht verzehrt sein, ich meinen Kopf nicht hängen lassen,
nicht vergiftet mein Herz, nicht verbraucht meine Züge sein,
sollen nicht Sorgen in mein Gemüt gedrungen sein,
soll mein Gesicht nicht einem Wanderer weiter Wege gleichen,
soll mein Gesicht nicht von Kälte und Hitze verbrannt sein,
soll ich nicht angetan mit einem Löwenfell durch die Steppe laufen?
Mein Freund, das scheue Maultier, Wildesel des Berges, Panther der Steppe,
Enkidu, mein Freund, scheues Maultier, Wildesel des Berges, Panther der Steppe,
die wir zusammenhielten und den Berg bestiegen,
die wir den Himmelsstier packten und den Stier erschlugen,
die wir Humbaba, der im Zederwald wohnt, vernichteten,
die wir in den Zugängen des Gebirges Löwen töteten,
mein Freund, den ich so sehr liebe, der immer mit mir durch alle Mühsal ging,
Enkidu, mein Freund, den ich so sehr liebe, der immer mit mir durch alle Mühsal ging,
ihn hat das Schicksal der Menschheit erreicht!

Sechs Tage und sieben Nächte habe ich über ihm geweint,
ich gab ihn nicht frei zum Begraben,
bis der Wurm aus seiner Nase fiel.
Ich bekam Angst, […]
fürchtete den Tod, und deshalb laufe ich durch die Steppe.
Die Sache meines Freundes wurde mir zu [*schwer*],
und deshalb laufe ich einen weiten Weg durch die Steppe.
Die Sache meines Freundes Enkidu wurde mir zu schwer,
und deshalb laufe ich einen weiten Weg durch die Steppe.
Wie soll ich still sein? Wie kann ich schweigen?
Mein Freund, den ich liebe, er wurde zu Lehm,
Enkidu, mein Freund, den ich liebe, er wurde zu Lehm.
Und ich, bin ich nicht wie er? Ich werde mich hinlegen
und ich werde auf ewig nicht aufstehen.«
(SB X 47–75, ergänzt nach Parallelen)

Gilgameš erzählt mehrmals mit denselben Worten den Grund seiner Reise: den Skorpionleuten, der Schenkin Siduri, dann dem Fährmann Uršanabi und schließlich dem Sintfluthelden Ut-napišti. Jeweils beginnen die Episoden mit der Einschätzung der Personen, die Gilgameš erblicken, die ihn dann beurteilen; erzählerisch reizvoll ist besonders Siduris Fehlurteil. Wir gehen hier nicht mehr wie im ersten Teil mit den Helden mit, sondern der Erzähler führt uns an den fremden Ort und läßt Gilgameš dort ankommen, wo nie Reisende auftauchen. Aus der Perspektive des Fragenden ist jede Erläuterung des Gilgameš neu, keine langweilige Wiederholung; dem Hörer führt sie die Ausdauer des Helden auf der langen Fahrt vor Augen. Gilgameš ist nun kein kräftiger Held mehr, sondern ein abgezehrter, kummervoller Suchender; trotzdem überwindet er auch allein hartnäckig alle Schwierigkeiten. Rückblick – die gemeinsamen Taten mit Enkidu – und Ziel – der Sintflutheld – verbinden hier Anfang und Ende des Epos.

Siduri gibt in der altbabylonischen Fassung Gilgameš eine Antwort, die seine Suche beendet hätte, sie weist ihn auf einen weiteren Weg, das Leben zu sichern: zu heiraten und Feste zu feiern, denn Nachkommenschaft ist ein jedem offen stehender Weg, den Tod zu überwinden.

»Gilgameš, wohin eilst du?
Das Leben, dem du nachrennst, das wirst du nicht finden!
Als die Götter die Menschheit schufen,
da haben sie das Leben in ihrer Hand behalten.
Du, Gilgameš, gefüllt sei dein Bauch,
freue dich Tag und Nacht!

Verbreite täglich Fröhlichkeit,
Tag und Nacht tanze und spiele!
Deine Kleider seien gereinigt,
dein Kopf gewaschen, du mit Wasser gebadet!
Sieh hin auf den Sohn, der deine Hand hält,
die Frau möge sich immer an deinen Lenden erfreuen!«
(OB VA+BM iii 1–15)

Gilgameš gibt nicht auf, er gelangt zum Fährmann Uršanabi und erreicht nach mühsamer Fahrt über das Wasser des Todes das Ziel seiner Reise, den Sintfluthelden Ut-napišti. Nun, so spricht Gilgameš, haben sich seine Mühen gelohnt, könne der Kummer beendet werden. Doch Ut-napišti geht darauf nicht ein. Als König, der Verstand habe, habe Gilgameš keinen Grund zur Klage. Und den Tod haben die Götter bestimmt, ihm entkomme man nicht. König, Klagen, Leben und Tod – in der Rede Ut-napištis werden die Themen des Epos noch einmal zusammengefaßt.

Hiermit wäre die Erzählung beendet, doch Gilgameš gibt sich nicht zufrieden, er fragt weiter; und Ut-napišti beginnt eine lange Erzählung – »ich will dir das Geheimnis eröffnen« (SB XI 9) –, die längste externe Rückblende dieses Textes: die Geschichte von der Sintflut, die er, Ut-napišti, überlebte, um dann das ewige Leben zu erhalten. Wir kennen die altbabylonische Fassung dieser Erzählung, als sie noch nicht Teil des Gilgames-Epos war, sondern den Schluß eines eigenen Epos um den »überaus Weisen«, Atram-hasis, bildete.

Der Rat Ut-napištis, die Erzählung von der Sintflut und die nicht erfüllte Probe, schlaflos zu bleiben, zeigen Gilgameš, daß er das Leben, das er sucht, so nicht erreichen kann. Und selbst ein Verjüngungskraut, das er letztlich erhält, stiehlt ihm eine Schlange.

In diesem Moment setzte sich Gilgameš weinend hin,
wobei über seine Nasenflügel die Tränen liefen.
[... er sagte zum] Schiffer Uršanabi:
»Für wen, Uršanabi, haben sich meine Arme abgemüht?
Für wen verblutet mein Herz?
Mir selbst habe ich nichts Gutes bereitet,
doch Gutes tat ich dem ‚Löwen der Erde'!«
(SB XI 308–314)

Es ist sinnlos, das Kraut noch einmal zu suchen. Mit dem Fährmann Uršanabi gemeinsam gelangt Gilgames wieder nach Uruk, auf das er mit folgenden Worten hinweist:

> Gilgameš sagte zu ihm, zum Schiffer Uršanabi:
> »Hinauf, Uršanabi, auf die Mauer von Uruk, gehe herum!
> Prüfe das Fundament, sieh den Ziegel an!
> Wenn da der Ziegel nicht Backstein ist
> und seine Fundierung nicht die sieben Weisen gelegt haben!
> Ein *šar* ist Stadt, ein *šar* Gärten, ein *šar* Niederungen, ein halbes der Ištar-Tempel:
> Dreieinhalb *šar* hat Uruk inne.«
>
> (SB XI 322–328)

Gilgameš ist zurück, wieder allein, aber auch von seinem Kummer geheilt. Eine Wandlung, eine neue Weltsicht, die große Weisheit, die er erreicht hätte, dies alles wird nicht ausgeführt oder auch nur angedeutet.

Die abschließende Aufforderung an Uršanabi, die Mauer zu prüfen und Uruk zu betrachten, greift aber den Prolog des Epos wieder auf, der knapp dreitausend Verse zurückliegt (hier Zeile 18ff.).

> Der die Tiefe sah, das Fundament des Landes,
> der [...] weiß, alles erfahren hat,
> (...)
> (7) Er sah das Verborgene, er öffnete das Verdeckte,
> er brachte Nachricht von vor der Sintflut,
> einen weiten Weg kam er, voll Sorgen und dann beruhigt.
> Alle seine Mühen sind auf der Stele niedergelegt,
> er ließ die Mauer der Hürde Uruk erbauen,
> des geheiligten Eanna, des reinen Vorratshauses.
> (13) Sieh seine Mauer, wie ein Faden ist die *Umfassung*!
> Betrachte die Verkleidung, die niemand kopieren kann!
> Nimm die Steintreppe, die von jeher da ist!
> Nähere dich dem Eanna, dem Wohnsitz Ištars,
> das kein späterer König, niemand je kopieren kann!
> (18) Hinauf auf die Mauer von Uruk, gehe herum!
> Prüfe das Fundament, sieh den Ziegel an!
> Wenn da der Ziegel nicht Backstein ist
> und seine Fundierung nicht die sieben Weisen gelegt haben!

Ein *šar* ist Stadt, ein *šar* Gärten, ein *šar* Niederungen, ein halbes der Ištar-Tempel:
Dreieinhalb *šar* hat Uruk inne.
[*Sieh*] den Tafelbehälter aus Zedernholz,
[*löse*] seinen Verschluß aus Bronze,
[*öffne*] das Tor seines Geheimnisses,
[*heb*] die Lapislazuli-Tafel hoch und lies,
was er, Gilgameš, alles an Mühen durchmachte!
(29) Höchster unter den Königen, Herr von gepriesener Gestalt,
Krieger, Sproß von Uruk, stößiger Stier
(…)
(37) er ist Gilgameš, der vollkommene und schreckliche,
der die Zugänge ins Gebirge öffnete,
der Brunnen grub am Bergesrücken,
der die Wasser des weiten Meeres überquerte bis Sonnenaufgang,
der die Ufer prüfte, das Leben suchend,
der in seiner Stärke den fernen Ut-napišti erreichte,
der die Kultstätten restaurierte, die die Sintflut zerstört hatte,
der die Riten festsetzte für die *umwölkten* Menschen.
Wer ist es, der sich mit ihm im Königtum messen könnte,
der wie Gilgameš sprechen könnte: ‚Ich bin König‘?
Gilgameš, seit er geboren wurde, wird sein Name genannt,
zwei Drittel sind Gott, aber ein Drittel von ihm ist Mensch.
Das Bild seines Körpers entwarf (die Muttergöttin) Dingirmah.
(…)
(65) Er hat keinen ebenbürtigen, erhoben sind seine Waffen,
durch sein Spielgerät *pukku* sind seine Gefährten auf den Beinen,
voll Furcht sind die Männer von Uruk […],
nicht läßt Gilgameš den Sohn frei zu seinem Vater.
(SB I 1–68, gekürzt)

Der Prolog zerfällt in zwei Teile: zuerst (I 1–28) die Vorstellung des Helden, der Weisheit erlangt, verborgene Geheimnisse gesehen, Kunde von den Ursprüngen der Welt mitgebracht hat; das ist vor allem das Thema der XI. Tafel, der Sintflutgeschichte. Aber es ist auch die Summe der Erfahrungen von Gilgameš, die wir am Ende des Epos vermißten; der Hörer hatte dies hingegen von Anfang an vor Augen. Der sich im Prolog anschließende Hymnus (I 29ff.) preist den königlichen Helden, seine edle Herkunft und seine Stärke, die ihm seine Fahrten ans Ende der Welt erlaubt. Der Beginn des Hymnus, »höchster unter den Königen«, bildete den Anfang des altbabylonischen Epos; dies war primär dem Helden gewidmet, noch nicht dem Verkünder alter Geheimnisse.

Im Prolog wird der Leser oder Hörer nun direkt angesprochen, auf der Mauer umherzugehen und dort die Tafel zu finden, auf der die Taten eingeschrieben sind. Diese Stele berichtet von den Taten Gilgameš'. Und in dieser Selbstreferenz auf den Text wird die letzte Möglichkeit angeführt, den Tod zu überwinden: in der Erzählung der Steleninschrift zu überdauern.

Nur hier im Prolog wendet sich der Erzähler an sein Publikum, sonst folgt er, wie wir sahen, den Helden. Der Text bietet mit der Verklammerung durch Prolog und Ende der Reise, die den altbabylonischen Kern einschließt, ein harmonisches Ganzes. Diese Komposition wird man dem Autor zuschreiben, dessen Namen wir aus einem Katalog kennen, nämlich Sîn-leqi-unnini. Im Epos selbst tritt der historische Autor hinter dem Erzähler völlig zurück; dieser fiktive Erzähler ist aber nach dem Prolog ein Zeitgenosse von Gilgameš, der zum Bau der Stadtmauer die Steleninschrift verfaßt und hier deponiert hat.

Dieses geschlossene Ganze erweitert wohl noch Sîn-leqi-unnini um den Anhang der XII. Tafel, als Gegenstück zum Prolog im Himmel findet sich ein Epilog in der Unterwelt. Der Text beginnt implizit wie die I. Tafel mit der Unterdrückung Uruks, denn die beiden Spielgeräte des Gilgameš, *pukku* und *mekkû*, sind in die Unterwelt gefallen – auf das Wehgeschrei der gequälten Frauen hin, wie es das sumerische Epos *Gilgameš, Enkidu und die Unterwelt* erzählt. Dessen letzter Teil bildet in wortgetreuer akkadischer Übersetzung die XII. Tafel, ohne daß hier die ältere Vorlage erzählerisch auch nur annähernd in derselben Weise eingebunden wäre, wie das bei den elf Tafeln der Fall ist, die ebenfalls auf unterschiedlichen Quellen beruhen. Enkidu – der hier noch lebt – erbietet sich, die Geräte aus der Unterwelt zu holen, wird aber dort festgehalten. Er darf noch einen Bericht liefern vom Dasein in der Unterwelt, dessen Trostlosigkeit nur durch die Totenopfer der Nachkommen gemildert wird. So läßt sich die XII. Tafel thematisch gut in das Epos einordnen, das wichtige Fragen wie die Rolle und die Aufgaben des Königs oder die Freundschaft behandelt, doch immer wieder zum Hauptthema, dem Wesen des Todes zurückkehrt.

Die Bindung zwischen dem Thema Tod und dem Helden des Epos, Gilgameš, war im Alten Orient noch viel enger und nicht auf die Literatur beschränkt: Gilgameš wurde nämlich als ein Gott der Unterwelt, als König im Jenseits verehrt. Und so lassen sich bei ihm der epische Held, der historische König von Uruk und der kultisch verehrte Unterweltsgott nie trennen.

Anmerkungen zum Text und Literaturhinweise

Zur Aussprache: *š* = deutsch *sch*; *h* in Eigennamen (etwa Humbaba/Huwawa, Šamhat) = deutsch *ch*.

In den Textzitaten kennzeichnet *kursiver* Text Unsicheres; Ergänzungen nicht erhaltenen Textes stehen in eckigen Klammern, [...].

Kritische Edition des Epos: Andrew R. George, *The Babylonian Gilgamesh epic. Introduction, critical edition and cuneiform texts,* Oxford 2003; hier sind Nachweise zu den angesprochenen Themen zu finden (im Folgenden: George).

Anregungen zur narratologischen Analyse boten: Irene de Jong, *Narrators and focalizers. The presentation of the story in the Iliad,* Amsterdam 1987; dies., *A narratological commentary on the Odyssey,* Cambridge 2001; ihrem *narrator(-focalizer)* und *narratee* entsprechen »Erzähler« und »Hörer«; ihre Werke regten unter anderem an, auf die erzählerische Bedeutung der direkten Rede, die erzählerische ‚Ironie' (*ambiguity, dramatic irony*) oder die Teilnahme eines Charakters als ‚*embedded focalization*' einzugehen. Hier können freilich nur erste Hinweise gegeben werden. Als ausführlichere Arbeit zur Erzähltechnik ist mir einzig bekannt: Michael Reichel, »Gräzistische Bemerkungen zur Struktur des Gilgamesch-Epos«, in: B. Brogyanyi und R. Lipp (Hrsg.), *Historical philology. Greek, Latin, and Romance. Papers in honor of Oswald Szemerényi II,* Amsterdam 1992, 187–208. Er bespricht unter anderem »Vorausdeutung« und »Rückerinnerungen«, sieht aber nicht die Bindung an die direkte Rede. Zur Bedeutung der direkten Rede s. insbesondere Sara Denning-Bolle, *Wisdom in Akkadian literature. Expression, instruction, dialogue,* Leiden 1992. Eine weitere Analyse-Ebene bilden Einsatz und Funktion rhetorischer Stilmittel; auch hier müssen Andeutungen genügen.

Zu einigen Details: Der Bericht von der Unterdrückung Uruks diene dazu, die Erzählung zu beginnen, s. George S. 449. Die gegensätzliche Charakterisierung von Gilgameš ist nach meinem Verständnis ebenso wie die vage Mehrdeutigkeit des »Gebildes des Himmelsgottes« (meist konkret als »Meteor« gedeutet, George 182) im Traum vom Kommen Enkidus Kennzeichen der literarischen Qualität des Textes. Raoul Schrott weist darauf hin, daß die in moderner Literatur unabdingbare psychologische Charakterisierung der Epik fremd sei; sein Weg, Hinweise auf die Charakterisierung der Personen im Text selbst zu finden, ließ sich aber philologisch nicht nachvollziehen; vgl. zu seiner Übertragung in eine moderne Fassung Raoul Schrott, *Gilgamesh. Epos*, München 2001, S. 25, 30.

Zum Vergleich der Träume und damit der Textfassungen wichtig ist J. S. Cooper, »Gilgamesh dreams of Enkidu: the evolution and dilution of narrative«, in: M. de J. Ellis (Hrsg.), *Essays on the ancient Near East in memory of J.J. Finkelstein,* Hamden, Conn. 1977, 39–44.

Die Zahl von 64,5% der Zeilen in direkter Rede beruht auf dem Auszählen von Tafel I bis XI in der Edition von George; für die Ilias s. de Jong 1987, 149, für die Odyssee de Jong 2001, viii.

Das Gebet Ninsumuns entspricht nicht dem Schema von akkadischen Gebeten; zu diesen Werner Mayer, *Untersuchungen zur Formensprache der babylonischen »Gebetsbeschwörungen«,* Rome 1976.

Zahlangaben behandelt D. O. Edzard, »Zahlen, Zählen und Messen im Gilgameš-Epos«, in: W. Gross u. a. (Hrsg.), *Texte, Methode und Grammatik. Wolfgang Richter zum 65. Geburtstag,* St. Ottilien 1991, 57–66 (ohne Vermutung zum erzählerischen Sinn).

Die Diskussion der ‚Tragik' des Todes Enkidus greift Merkmale der klassischen griechischen Tragödie auf. Die Wirkung von Literatur, dabei zentral zur Todeserfahrung, untersucht empirisch Martin Sexl, *Literatur und Erfahrung. Ästhetische Erfahrung als Reflexionsinstanz von Alltags- und Berufswissen,* Innsbruck 2003. Dies führte zum Rahmen für eine Einordnung der literarischen Bilder, die Michael P. Streck, *Die Bildersprache der akkadischen Epik*, Münster 1999, zusammengestellt hat; dort S. 214f. zu Enkidu. – Die Beschwörung ist als »Vorläufer 2« ediert von Walter Farber, *Schlaf, Kindchen, schlaf! Mesopotamische Baby-Beschwörungen und -Rituale,* Winona Lake 1989, 35–39. Belege zu Gilgameš und den übrigen Charakteren außerhalb des Epos bei George.

Das Verhältnis von Prolog und Epos diskutiert T. Abusch, »The development and meaning of the epic of Gilgamesh: an interpretive essay«, in: *Journal of the American Oriental Society* 121, 2001 614–622 (dem ich nicht in allen Punkten folge).

Für Literaturhinweise, Anregungen, Diskussionen danke ich Martin Hose, Karen Radner, Raoul Schrott, Martin Sexl und Konrad Volk, für eine viele Jahre zurückliegende prägende Einführung in das Gilgameš-Epos Dietz Otto Edzard.

Das israelitische Nationalepos: Der Jahwist

Christoph Levin

I

Unter den literarischen Hinterlassenschaften des Alten Vorderen Orients nimmt die Literatur Israels und Judas eine Sonderstellung ein. Während die übrigen erst durch die Archäologie des 19. und 20. Jahrhunderts wieder ans Licht kamen, bildet das erhaltene Schrifttum des frühen Israel die Grundlage des Alten Testaments, das als die Heilige Schrift der Juden wie der Christen bis in die Gegenwart eine lückenlose Überlieferungsgeschichte gehabt hat. Das Alte Testament gehört zum prägenden Erbe der abendländischen Kultur. Seine Stoffe sind allgegenwärtig. Wir kennen sie aus dem Gottesdienst, aus der Schule, aus den Anspielungen in Literatur und Theater. Sie bestimmen die Bildprogramme unserer Kathedralen. Sie bilden auf vielfältige Weise die Textgrundlage der abendländischen Musik. Bei jedem Besuch in einer der großen Galerien Europas und Nordamerikas begegnet man Motiven aus dem Alten Testament.

Der Vorteil der ununterbrochenen Überlieferung ist zugleich ein gravierender Nachteil. Ein archäologisch erschlossenes Tontafel-Archiv versetzt den Leser ohne Umweg in die Gleichzeitigkeit der Antike. Wer mit den Texten der Keilschrift-Bibliothek des Assyrerkönigs Assurbanipal aus Ninive arbeitet, befindet sich im 7. Jahrhundert vor Christus. Zwar stellen sich auch hier Fragen nach Herkunft und Vorgeschichte der literarischen Stoffe; sie sind aber um ein Vielfaches einfacher. Denn die akkadischen oder ugaritischen Tontafeln sind im Staub der Geschichte konserviert worden. Die biblischen Texte hingegen blieben bis in den Anfang der römischen Epoche Teil eines lebendigen *Überlieferungsprozesses*. In der vormodernen Welt wurden Texte nicht um ihrer selbst willen weitergegeben. Wer sie überlieferte, tat es, weil er seine Gegenwart in ihnen wiederfand. Die Literatur Alt-Israels ist durch das religiöse Interesse des Judentums während der persischen und der hellenistischen Epoche erhalten geblieben. Dieses Interesse hat sie auch geprägt.

Aus diesem Grund ist die Literaturwissenschaft der Bibel eine Art Text-Archäologie. Sie muß versuchen, unter der jetzigen Textgestalt jene Vorstufen hervorzugraben, die in altisraelitische Zeit zurückgehen. Dabei kann sie voraussetzen, daß die Quellen schon bald eine religiöse Würde erlangt hatten, die es weitgehend verbot, den überlieferten Wortlaut anzutasten. Unter der Fülle jüngerer Auslegungen stoßen wir auf alte Vorfassungen. Was deren Umfang, Entstehungszeit und Verfasser angeht, sind sie freilich Hypothesen und werden es allezeit bleiben. Es nimmt nicht Wunder, daß die in der gegenwärtigen, sehr lebendigen Forschungssituation gehandelten Möglichkeiten ein vielgestaltiges, auch widersprüchliches Bild bieten.

Das Werk, von dem hier die Rede sein soll, ist eine solche *Hypothese*. Es vorzustellen, bedeutet zu begründen, welche der bekannten biblischen Texte zu ihm gezählt werden und sich in seinem Rahmen als Bestandteile einer ehemals eigenständigen literarischen Einheit verstehen.

Die ersten Beobachtungen dazu sind genau 250 Jahre alt. Im Jahre 1753 veröffentlichte Jean Astruc, Leibarzt Ludwigs XV. von Frankreich, der sonst mit der Erforschung der Syphilis hervorgetreten ist, eine Entdeckung, die heute zum allgemeinen Schulstoff gehört: daß der Anfang der Bibel aus zwei Quellen zusammengesetzt ist (Astruc 1753). Zweimal wird die Schöpfung erzählt. Es gibt zwei Stammbäume der Nachkommen Adams. In der Erzählung von der Sintflut sind zwei Berichte ineinander verwoben, deren Einzelheiten unvereinbar sind. Die Beobachtung wurde auf das Buch Genesis, schließlich auf alle fünf Bücher Mose und sogar darüber hinaus ausgedehnt und um die Annahme weiterer Quellenschriften erweitert.

Zunächst sah man in der in Genesis 1 beginnenden Quelle die Grundschrift. Die in Genesis 2 einsetzende zweite Quelle galt als jüngere Parallelfassung. Im letzten Drittel des 19. Jahrhunderts kehrte sich die zeitliche Abfolge um. Es erwies sich, daß die vermeintliche Grundschrift, die von da an den Namen »Priesterschrift« erhielt, in Wahrheit die jüngere Quellenschrift ist.[1] Die zweite, jetzt ältere Quelle verband man seither mit dem Beginn des israelitischen Königtums im 10. Jahrhundert. Sie trägt den Kunstnamen »Jahwist«, weil sie von Beginn an den Gottesnamen Jahwe verwendet, der in der Darstellung der Priesterschrift erst kurz vor dem Auszug aus Ägypten dem Mose offenbart wird.

Das Werk vereinigt eine Fülle sehr unterschiedlicher Stoffe. Unter dem Eindruck der Romantik, etwa der Sammeltätigkeit der Brüder Grimm, hat man es zunächst als Erzählkomposition verstanden, die aus mündlich umlaufender Überlieferung geschöpft habe. Die Vielfalt, die hinter dem heutigen Text zu erkennen ist, wurde auf die volkstümliche Erzähltradition zurückgeführt.[2] Schon bald wurde man aber auf Spannungen aufmerksam, die sich nur literarisch erklären lassen. Das führte zunächst dazu, innerhalb der Quelle »Jahwist« nochmals durchlaufende Quellen zu unterscheiden, wie J^1 und J^2, J^j und J^e, J und N, J und L.

Seit den 1960er Jahren wird die innere Uneinheitlichkeit *redaktionsgeschichtlich* erklärt (Kilian 1966, Friebe 1967, Fritz 1970, Zenger 1971, Weimar 1977). Immer deutlicher hat sich gezeigt, daß der Jahwist ein redaktionelles Sammelwerk ist, das schriftlich vorhandene Quellen zu einem neuen Ganzen zusammengeführt hat. Solche redaktionellen Werke pflegen nicht am Anfang der Geschichte einer literarischen Kultur zu stehen. Indizien lassen uns heute an die Zeit nach dem Ende des judäischen Königtums denken, das heißt an das 6. Jahrhundert vor Christus (Levin 1993, u. a.). Es ist dieselbe Zeit, in der auch das andere große alttestamentliche Geschichtswerk, das wir das Deuteronomistische nennen, entstanden ist.

II

Die Sammlung beruht auf sechs ehedem *eigenständigen Erzählkompositionen*: der Urgeschichte Genesis 2–11, die von der Entstehung der Menschheit als ganzer handelt; der Geschichte der Väter Abraham, Isaak und Jakob Genesis 12–36; der Geschichte von Josef und seinen Brüdern Genesis 37–50; der Geschichte von Mose Exodus 2–4; der Geschichte vom Auszug der Israeliten aus Ägypten und ihrer Wanderung durch die Wüste Exodus 12 bis Numeri 20; und der Geschichte von dem Seher Bileam Numeri 22–24. Ein regelrechter Abschluß fehlt.

Genesis 2–11	Urgeschichte
Genesis 12–35	Vätergeschichte
Genesis 37–50	Josefsgeschichte
Exodus 2–4	Die Erzählungen von Mose
Exodus 12 – Numeri 20	Exodus und Wüstenzug
Numeri 22–24	Die Erzählung von Bileam
(Fortsetzung?)	

Die Frage richtet sich darauf, wann und wie diese Überlieferungsblöcke zu dem vorliegenden Ablauf verknüpft worden sind.

Als Beispiel für die Art der vorredaktionellen Quellen soll die Grundlage der *Urgeschichte* dienen. Sie beruht auf einer Erzählung vom Ursprung der Menschen, einer *Anthropogonie*.

[2,5]Ehe alles Gesträuch des Feldes auf der Erde war, [7]machte Gott den Menschen und blies ihm Lebensodem in seine Nase. [8]Dann pflanzte Gott einen Garten in Eden gegen Osten und setzte den Menschen hinein, den er gemacht hatte. [19]Und Gott machte alle die Tiere des Feldes und alle die Vögel des Himmels und brachte sie zu dem Menschen. [20]Und der Mensch gab allen Vögeln des Himmels und allen Tieren des Feldes Namen. [21]Dann ließ Gott einen Tiefschlaf auf den Menschen fallen, so daß er einschlief. Und er nahm eine seiner Rippen und schloß die Stelle mit Fleisch. [22]Und Gott baute aus der Rippe eine Frau und brachte sie zu dem Menschen. [3,20]Und der Mensch nannte seine Frau Eva; denn sie wurde die Mutter aller Lebenden. [21]Und Gott machte dem Menschen und seiner Frau Röcke von Fell und zog sie ihnen an. [4,1]Der Mensch aber erkannte Eva, seine Frau; und sie wurde schwanger und gebar den Kain.

[2]Und weiter gebar sie den Abel. Abel war ein Kleinviehhirt, Kain aber war ein Ackerbauer. [(8)]Als sie aber auf dem Feld waren, erhob sich Kain gegen seinen Bruder Abel und erschlug ihn.

[17]Und Kain erkannte seine Frau; und sie wurde schwanger und gebar den Henoch.

Er wurde der Erbauer einer Stadt. [Und er nannte die Stadt nach dem Namen seines Sohnes [Henoch].]

[18]Dem Henoch aber wurde Irad geboren, und Irad zeugte Mehujaël, und Mehujaël zeugte Metuschaël, und Metuschaël zeugte Lamech.

[19]Lamech aber nahm zwei Frauen; die eine hieß Ada, die andere Zilla. [20]Und Ada gebar den Jabal; der war der Vater derer, die in Zelten und bei Vieh wohnen. [[21]Und sein Bruder hieß Jubal; der war der Vater aller, die Leier und Flöte handhaben.] [22]Und auch Zilla gebar: den Tubal [Kain], [einen Schmied], … aller, die Bronze und Eisen bearbeiten. [Und die Schwester Tubal Kains war Naama.]

[25]Und Adam erkannte noch einmal seine Frau; und sie gebar einen Sohn und nannte ihn Set; denn ersetzt hat mir Gott einen anderen Nachkommen an Stelle Abels, weil Kain ihn erschlug.

[5,28](Und Lamech zeugte Noah.) [32]Und Noah zeugte Sem, Ham und Jafet. [9,19]Diese drei sind die Söhne Noahs. Von ihnen her hat sich die ganze Erde bevölkert. [10,2]Die Söhne Jafets sind Gomer und Magog und Madai und Jawan und Tubal und Meschech und Tiras. [3]Und die Söhne Gomers sind Aschkenas

und Rifat und Togarma. [4]Und die Söhne Jawans sind Elischa und Tarsis. [5]Von diesen zweigten sich ab die Inseln der Völker in ihren Ländern, jedes nach seiner Sprache, nach ihren Geschlechtern, in ihren Völkern. [6]Und die Söhne Hams sind Kusch und Ägypten, Put und Kanaan. [7]Und die Söhne Kuschs sind Seba und Hawila und Sabta und Ragma und Sabtecha. Und die Söhne Ragmas sind Saba und Dedan.

[8]Kusch aber zeugte Nimrod. [9]Der war ein gewaltiger Jäger; daher sagt man: Ein gewaltiger Jäger wie Nimrod. [15]Kanaan aber zeugte Sidon, seinen Erstgeborenen, und Het.

[20]Das sind die Söhne Hams nach ihren Geschlechtern, nach ihren Sprachen, in ihren Ländern, in ihren Völkern. [22]Die Söhne Sems sind Elam und Assur und Arpachschad und Lud und Aram. [23]Und die Söhne Arams sind Uz und Hul und Geter und Masch.

[24]Arpachschad aber zeugte Schelach, Schelach aber zeugte Eber.

[31]Das sind die Söhne Sems nach ihren Geschlechtern, nach ihren Sprachen, in ihren Ländern, nach ihren Völkern.

Am Anfang steht wie in dem babylonischen Weltschöpfungsepos *Enuma elisch* der Zustand der Welt vor der Schöpfung, das große »Noch nicht«: »Ehe alles Gesträuch des Feldes auf der Erde war« (Gen 2,5): als es noch keine Vegetation gab (TUAT III 4, 569). Im Unterschied zur babylonischen Mythologie aber bildet nicht die Erschaffung der Götter den ersten Akt. Die Schöpfung beginnt mit dem Menschen. Ein einziger Gott geht dabei wie ein Töpfer zu Werk. Nachdem er seinem Geschöpf den Atem in die Nase geblasen hat, pflanzt er für ihn einen Garten in dem östlich gelegenen Eden als Lebensraum. Danach erschafft Gott die Tiere und schließlich aus der Rippe des Menschen die Frau. Kennzeichnend für den Menschen ist die Kleidung. Auch sie stammt von Gott.

Die Urgeschichte

Gen 2–3	**Die Erschaffung des Urmenschen**
Gen 4	Generationenkette von Adam bis Noah
Gen 4	Der Ursprung der Kulturfertigkeiten
Gen 6–9	**Die Sintflut**
Gen 9	*Noah als Weinbauer*
Gen 10	**Die Völkertafel**
Gen 11	*Der Turmbau zu Babel*

Die beiden Urmenschen zeugen einen Sohn, den Kain. Aus ihm geht eine Generationenkette hervor, die auf Noah und seine drei Söhne Sem, Ham und Jafet führt.[3] In diese Stammliste sind nachträglich allerlei Notizen von der Ausdifferenzierung der Kulturfertigkeiten eingeflossen: Viehzucht und Ackerbau, Städtebau, Musik, Schmiedekunst. Die Kette mündet in die sogenannte Völkertafel Genesis 10, die die Völker der gegenwärtigen Welt nach Wohnsitzen und Sprachen gliedert und genealogisch untereinander verknüpft. An dieser Stelle geht die Darstellung der Urzeit über in die der historischen Welt. Die Liste der Völker ist ein vorgegebenes Stück gewesen. Denn sie ist gegliedert nach den vier Weltgegenden, was mit der Dreizahl der Söhne Noahs nicht harmoniert. Da Babylonien und Persien nicht genannt sind, wohl aber Assur, kann man an das 7. Jahrhundert als Entstehungszeit denken. Auffallend ist das Interesse an den Ländern des Westens.

Wie im altbabylonischen Atramhasis-Epos wird der Übergang von der Urgeschichte zur Geschichte unterbrochen durch die große *Flut* (TUAT II 4, 612-645, bes. 636-645). Bevor die Menschheit sich über die Erde verbreitet, kehrt noch einmal das Chaos zurück. Noah überlebt durch die Fürsorge des Gottes Jahwe. Der Flutheld wird zum zweiten Vater der Menschheit. Die Sekundarität dieser Abfolge wird am deutlichsten daran, daß Noah im Unterschied zu Utnapischtim, dem Fluthelden des Gilgamesch-Epos, es versäumt, die Handwerkersöhne mit in die Arche zu nehmen.[4] Die kulturgeschichtlichen Notizen in Genesis 4 wollen die Ursprünge der gegenwärtigen Kultur beschreiben. Sie sind nicht darauf berechnet, daß nach der Flut alles noch einmal von vorn beginnt (Wellhausen 1885/1963, 10).

Mit der *Vätergeschichte* geraten wir in eine andere Welt. Die bekannten Erzählungen von Abraham, Isaak und Jakob bilden im Kern die Geschichte einer *Familie*. Nach ihren Namen zu urteilen, sind die Träger der Handlung als Individuen verstanden. Grundlage der Komposition sind drei große, kunstvoll ausgestaltete Erzählungen: die Brautwerbung für Isaak Genesis 24, der Segensbetrug Jakobs Genesis 27 und die Heirat Jakobs mit den Töchtern Labans Genesis 29–30. Alle Begebenheiten spielen in der Familie, und mehr noch: der Bestand der Familie ist ihr Stoff. Erzählt wird ausschließlich die Abfolge der Generationen: Heirat, Nachkommenschaft und Erbfolge. Auffallend ist der weite geographische Horizont. Abraham siedelt in der Steppe Richtung Ägypten, Isaak in Beerscheba an der Südwestgrenze Judas. Das Land ihrer Verwandtschaft aber ist das nördliche Syrien.

Die Vätergeschichte

12, 1-9		Abrahams Wanderung	
	13		Abraham trennt sich von Lot
16		Geburt Ismaels	
	18, 1-16		Abrahams Gastmahl
	19, 1-25		**Lot in Sodom**
	19, 26-38		Ursprung Moabs und Ammons
20, 1		Abrahams Wanderung	
21, 1-7		Geburt Isaaks	
24		**Isaak erhält seine Frau**	
25, 21-28		Geburt Jakobs und Esaus	
	25, 29-34		Esau verkauft die Erstgeburt
	26		**Isaak in Gerar**
27		**Jakob gewinnt den väterlichen Segen**	
28, 10		Jakob flieht vor Esau	
	28, 11-19		Jakob gründet das Heiligtum von Bethel
29, 1–30, 24		**Jakob bei Laban. Er heiratet Lea und Rahel**	
	30, 25-34		Jakob erhält seinen Lohn
31		**Jakobs Vertrag mit Laban**	
	31*; 32*		Ursprung von Gilead und Mahanajim
	32, 23-33		Jakobs Kampf am Jabbok
	33		Jakob versöhnt sich mit Esau
	35, 1-22		Ursprung von Lus und dem Rahel-Grab

Sara, Abrahams Frau, ist zunächst kinderlos. Darum gibt sie Abraham ihre Magd zur Frau, mit der er Ismael zeugt. Als Sara schließlich doch schwanger wird, verstößt Abraham die Magd und den Sohn. Sofort die nächste Szene handelt davon, wie Saras Sohn Isaak eine Frau erhält. Abraham, der sein Ende nahen sieht, befiehlt seinem Knecht eine Fernreise ins syrische Zweistromland, wo er um Rebekka werben soll, die Tochter seines Bruders Nahor. Die Sitte, die Parallelkusine zu heiraten, hat sich noch bei den Beduinen des 20. Jahrhunderts gefunden. Rebekka gebiert Zwillinge. Auf die Geburt folgt ohne Übergang der Streit der erwachsenen Söhne um das Erbe des Vaters. Jakob kommt mit Hilfe seiner Mutter dem älteren Esau zuvor und erhält von Isaak, der erblindet auf dem Sterbebett liegt, den Erstgeburtssegen. Vor Esaus Rache flieht Jakob nach Haran zu Laban, dem Bruder Rebekkas. Dort begehrt er dessen jüngere Tochter Rahel zur Frau. Da er den Brautpreis nicht aufbringen kann, verdingt er sich für sieben Jahre. Als die Frist erfüllt ist, wird die Hochzeit begangen. Am Morgen nach der Brautnacht muß Jakob erkennen, daß Laban ihm die Falsche zugeführt hat: seine ältere Tochter Lea. Laban redet sich auf die Sitte heraus: »Es ziemt sich nicht, daß man die Jüngere vor der Älteren hergebe« (Gen 29, 26), und gibt Jakob nach Ablauf der Brautwoche die jüngere Rahel als Dreingabe. Das führt zu weiteren Verwicklungen. Um sich von Laban zu lösen, wählt Jakob die Flucht. Laban holt ihn ein, und endlich einigen sich beide in einem Vertrag, der Laban das Eigentumsrecht an den Frauen, Jakob aber das Nutzungsrecht zuspricht.

Überraschenderweise ist diese Familienerzählung später zu einer Art *nationaler Ursprungsgeschichte* ausgestaltet geworden. Die Erzählung von Abraham wurde um die Überlieferung von Lot ergänzt, die wissen will, daß dort, wo sich das Tote Meer befindet, einst die Stadt Sodom gelegen habe, die wegen der Ruchlosigkeit ihrer Bewohner untergegangen sei. Lot, dem Inferno entronnen, zeugt mit seinen beiden Töchtern die Söhne Moab und Ammon, aus denen die ostjordanischen Königtümer hervorgehen. Jakob aber gilt nunmehr als Stammvater Israels. Bei seiner Rückkehr von Laban gibt er dem Gebirge Gilead den Namen, gründet Mahanajim im Ostjordanland sowie den Ort Lus und das Rahel-Grab bei Ephrat.

Juda kommt in dieser nationalgeschichtlichen Ausgestaltung der Vätergeschichte nicht vor. Alle Episoden spielen im Nordreich Israel oder seiner Einflußsphäre. Die wichtigste ist die Erzählung von Bethel. Jakob soll auf seiner Flucht nach Haran das königliche Heiligtum des Nordreichs gegründet haben. Er träumt von einer Treppe zwischen Himmel und Erde, die er nicht nur »Bet-El« (»Haus Gottes«), sondern »Tor des Himmels« nennt (Gen 28, 17). Mit winziger Veränderung als "Tor der Götter", akkadisch *Bāb-ilī*, gelesen, läßt sich der Traum auf Etemenanki, den Stufenturm von Babylon, beziehen, »das Haus des Fundaments von Himmel und Erde«. Offensichtlich ist als Gründungserzählung des israelitischen Heiligtums eine mesopotamische Überlieferung abgewandelt worden.[5] Um so mehr fällt auf, daß in dieser Kultsage und auch sonst das Königtum keinerlei Rolle spielt. Man muß daraus schließen, daß die erzählende Vergewisserung der Nationalgeschichte erst nach dem Ende des nördlichen Königtums entstanden ist, das im Jahre 722 den Assyrern erlag. Sie könnte von Angehörigen der Oberschicht stammen, die bei der Eroberung Samarias nach Juda geflohen sind.

Die Josefsgeschichte

Gen 37, 3-28*		Älteste Josefsgeschichte	
	Gen 37, 4b-35*		Josefs Träume. Der Rock
Gen 39–41		Älteste Josefsgeschichte	
	Gen 42–45		Josef und seine Brüder

In den Bereich der Familie kehren wir zurück mit der *Geschichte von Josef und seinen Brüdern*. In ihrer ältesten Gestalt ist sie ein Märchen. Genau wie viele Beispiele dieser Gattung beginnt sie mit dem Geschwisterkonflikt: Der Vater bevorzugt den Jüngsten und erregt die Eifersucht der Brüder. Sie verkaufen Josef nach Ägypten. Dort steigt er am Ende eines Weges voll Erniedrigungen zum ersten Mann nach dem Pharao auf. Hinter der Szene von dem Verführungsversuch durch »Potiphars Weib« (Gen 39, 6-20) steht das ägyptische Brüdermärchen aus dem Ende der 19. Dynastie.[6] Später ist die Josefsgeschichte zu einer Novelle ausgestaltet worden, die das wechselvolle Geschick ihres Helden als Beispiel der Führung Jahwes zu verstehen gibt.

Die Erzählungen von Mose

Ex 2, 1-10		Moses Geburt und Name	
Ex 2, 11-15		Mose in Midian	
	Ex 2, 16-22		Mose und das midianitische Priestertum
Ex 2, 23aα		Moses Rückkehr nach Ägypten	
	Ex 3, 1-6		Der brennende Dornbusch
Ex 4, 20a		Moses Rückkehr nach Ägypten	

Von den *Moseerzählungen* ist nur der Anfang erhalten. Von Geburt angeblich ein Levit, wird Mose in einem Kästchen im Nil ausgesetzt und von der Tochter des Pharao adoptiert. Das soll seinen ägyptischen Namen erklären. Als ruchbar wird, daß Mose in einem Konflikt als Rächer eingeschritten ist, muß er vor dem Pharao fliehen. Im nordwestarabischen Midian verschwägert er sich mit dem Priester. Nach dem Tod des Pharao kehrt Mose nach Ägypten zurück. Hier bricht die Quelle ab, die das Interesse an jener herausragenden Priestergestalt belegt, die sich mit Israels Frühzeit verbindet. Moses Rang zeigt sich daran, daß für die Erzählung von seiner Aussetzung im Nil die Herkunftserzählung des Königs Sargon von Akkad verwendet ist, die uns in neuassyrischer Fassung bekannt ist (TUAT.E 56f).

Die nächste Überlieferungseinheit schildert den *Auszug* der Israeliten *aus Ägypten* und ihre *Wanderung durch die Wüste*. Der Weg beginnt in der Deltaresidenz Ramses' II. und findet in Kadesch an der Südgrenze Judas sein vorläufiges Ziel. An diesem Faden sind eine Kette von Episoden aufgereiht, die sich auf die Lebensbedingungen in der Wüste beziehen: das Bitterwasser in Mara und die Palmenoase Elim, die Ernährung von Wachteln sowie von einem Schildlaussekret, das Manna genannt wird. Mose fehlte in dieser Überlieferung zunächst. Er tritt hinzu mit dem Meerwunder, das den Untergang des verfolgenden Pharao erzählt, und mit der Szene auf dem *Gottesberg*, die später im Verlauf einer langen literarischen Entwicklung zum Ort des alttestamentlichen Gesetzes geworden ist.

Exodus und Wüstenzug	
Ex 12, 37; 13, 20	Der Auszug aus Ägypten
Ex 14–15	Das Wunder am Meer
Ex 14–15	Das Bitterwasser und die Oase Elim
Ex 16	Das Manna in der Wüste Sin
Ex 17, 1; 19, 2a	Der Zug von Refidim bis Sinai
19, 2b-3a; 24, 18a	Mose auf dem Gottesberg
Num 11	Die Speisung mit Wachteln
Num 20, 1a	Ankunft in Kadesch
Num 20, 1b	Mirjams Tod

Der Jahwist endet mit der Erzählung von dem Seher *Bileam*, der von dem Moabiterkönig Balak gedungen wird, Israel zu verfluchen, es aber stattdessen segnet. Sie spiegelt die Auseinandersetzungen zwischen Israel und seinem zeitweiligen Vasallenstaat Moab im südlichen Ostjordanland wider. Auch hier ist das Alter durch eine außerbiblische Quelle verbürgt: Eine Bileam-Überlieferung in aramäischer Sprache aus dem 8./7. Jahrhundert hat sich 1967 auf dem Tell Deir ʻAlla im Jordangraben gefunden (TUAT II 1, 138-148).

Fortan verlieren sich die literarischen Spuren der jahwistischen Redaktion. Es ist möglich, daß der *Abschluß* des Werkes verloren ist.

III

Aus der Verschiedenheit der Stoffe folgt, daß die Verknüpfung der sechs Blöcke zu einem durchgehenden Ablauf nachträglich geschehen ist. Wann und wo geschah diese *Redaktion*, und welche Absicht führte dazu, eine neue literarische Einheit zu schaffen?

In der jüngsten Forschung verbreitet sich die Auffassung, die einzelnen Überlieferungsblöcke im Pentateuch seien in mehreren Schritten verbunden worden, und zwar erst in sehr später Zeit (Witte 1998, Schmid 1999, Gertz 2000). Die Vorstellung einer Pentateuch-Quellenschrift »Jahwist« ist damit unvereinbar und gilt als überholt (vgl. Gertz, Schmid, Witte 2002). Aber die späten Querverbindungen, auf die man sich bezieht, sind nur der Stuck auf dem längst vorhandenen Gebäude, nicht die Tragbalken, die die Konstruktion zusammenhalten. Der Stuck liegt außen und fällt ins Auge. Das verleiht den Beobachtungen die Evidenz. Für die Statik kommt es indessen auf die Tragbalken an. Sie sieht man nicht auf den ersten Blick. Man muß das ganze Gebäude vermessen.

Es ist nicht von ungefähr, daß die ältere Forschung das Werk des Jahwisten als einen einzigen schriftstellerischen Wurf lesen konnte (Levin 1993, 9-35). Auch wenn das, gemessen an der Disparatheit der Stoffe, offensichtlich falsch war, zeigt es doch, daß wir mit einer tieferen literarischen Einheit zu tun haben. Martin Noth hat für die Redaktion des Deuteronomistischen Geschichtswerks von *Merkmalen planvoller Geschlossenheit* gesprochen (Noth 1943/1967, 3-12). Sie gibt es auch beim Jahwisten.

Das erste übergreifende Merkmal betrifft die *Auswahl der Quellen*. Der bruchstückhafte Charakter mancher Erzählungen zeigt, daß sie einer reicheren literarischen Überlieferung entnommen sind, die im übrigen verloren ist. Die *Kriterien der Auswahl* lassen sich erkennen und betreffen alle sechs Überlieferungsblöcke zugleich. Damit belegen sie deren redaktionellen Zusammenhang.

Alle Erzählungen mit einer Ausnahme spielen außerhalb des Landes Israel und Juda. Sie zeigen die Träger der Handlung als *Fremde*: Hagar in der Wüste (Gen 16); Lot in Sodom (Gen 13; 19); Abrahams Knecht in Mesopotamien (Gen 24); Isaak bei den Philistern (Gen 26); Jakob in Haran (Gen 29–31); Josef in Ägypten (Gen 39–45); ebendort später die Israeliten (Gen 46 – Ex 12); Mose in Midian (Ex 3–4); das Volk auf dem Zug in der Wüste (Ex 15 – Num 24). Daß darin eine Regel liegt, zeigt die Ausnahme: Für die Abrahamerzählungen (Gen 12; 16; 18; 21), die auf dem israelitischen Gebirge spielen, ist Israels Land mit Hilfe der Unterscheidung von Israeliten und Kanaanitern künstlich zur Fremde erklärt worden: »Damals waren die Kanaaniter im Lande« (Gen 12,6). Zu dieser Feststellung gehört als Gegenstück die Verheißung: »Deinen Nachkommen will ich dieses Land geben« (Gen 12,7). Daß die Israeliten das Land besaßen, soll noch in der Zukunft gelegen haben. Mit Hilfe dieser Fiktion lebt nun auch Abraham in der Fremde.

Das jahwistische Werk erzählt eine *Geschichte der Fremdlingschaft*. Dafür wurden die gegebenen Quellen mit kräftigen Farben übermalt. Die Gesamt-Erzählung beginnt mit der Vertreibung aus dem Paradies und endet, soweit wir sehen, vor den Toren des verheißenen Landes. Der Weg in die Fremde ist schlimmes Geschick. Denn er widerspricht einer anthropologischen Grundgegebenheit: der wesensmäßigen Verbundenheit des Menschen, hebräisch *'ādām*, mit der Erde, hebräisch *'ᵃdāmâ*. Das zeigt die heutige, redaktionelle Fassung der

Schöpfungserzählung: Der Mensch ist aus der Erde geschaffen und wird nach dem Ende seines Lebens zu ihr zurückkehren. Die Bäume des Gartens wie auch die Tiere stammen aus der Erde, mittelbar auch die Frau, da sie aus der Rippe des Mannes gebaut ist. Daseinsaufgabe des Menschen ist, »die Erde zu bebauen, von der er genommen ist« (Gen 2,5; 3,23), das heißt ein seßhafter Bauer zu sein.

Wird das Verhältnis von Mensch und Erde gestört, ist das ein Fluch. Das erzählt die eingefügte Szene vom Sündenfall (Gen 3). Schlimmer ergeht es Kain. Weil er die Erde mit dem Blut des Bruders getränkt hat, wird er vom Kulturland hinweggeflucht (Gen 4). »Unstet und flüchtig« irrt er hinfort über die Erde. Doch das Dasein des Fremdlings kann auch, wie bei Abraham, der Auftrag Gottes sein: »Geh aus deinem Land und von deiner Verwandtschaft und aus deinem Vaterhaus« (Gen 12,1). In diesem Fall verbindet es sich mit der Verheißung des Beistands und Segens Jahwes.

Die *Daseinsbedingungen des Fremdlings* werden in den Erzählungen auf bisweilen drastische Weise geschildert. Er weilt als Person minderen Rechts unter einer ortsansässigen Mehrheit, von der er ethnisch und religiös geschieden ist. Lot erlebt die Bewohner Sodoms als eine Horde zügelloser Frevler, die sich nicht scheuen, sich an den Gästen, die er ins Haus genommen hat, sexuell zu vergehen. Um den Preis seiner beiden jungfräulichen Töchter versucht er, die lüsterne Menge zu besänftigen. Das schlägt fehl: »Sie sprachen: Als einzelner ist er hergekommen, um hier als Fremdling zu weilen, und spielt sich als Richter auf! Jetzt wollen wir dir Übleres antun als jenen. Und sie drangen sehr auf den Mann ein« (Gen 19,9). Isaak muß fürchten, um seiner Frau willen, die eine begehrenswerte Schönheit ist, von den Philistern ermordet zu werden (Gen 26,7). Josef gerät durch falsche Anschuldigung der Frau seines ägyptischen Herrn ins Gefängnis (Gen 39). Der Pharao preßt die Israeliten in Ägypten zu Fronarbeiten mit dem erklärten Ziel, sie zu dezimieren (Ex 1,10-11). Als die Absicht fehlschlägt, befiehlt er den Hebammen, die neugeborenen Söhne der Hebräer zu töten (V. 15-16).

In dieser Lage haben sich besondere *Lebensformen und Wertvorstellungen* entwickelt. Je weniger der einzelne sich mit der Bevölkerungsmehrheit in Einklang weiß, desto größer wird die Bedeutung von Familie und Verwandtschaft. Es ist verboten, sich mit der eingesessenen Bevölkerung zu verschwägern. Die Absonderung wird mit großer Strenge bewahrt (Gen 24,3). Interne Auseinandersetzungen werden unter Verweis auf die besondere Zusammengehörigkeit geschlichtet. Als ein Streit um Weiderechte ausbricht, befindet Abraham zu Lot: »Es soll kein Streit sein zwischen mir und dir, denn wir sind Brudersleute« (Gen 13,8), und läßt ihm beispielhaft den Vortritt. Großes Gewicht kommt der Generationenfolge zu. Um das darzustellen, ist die natürliche

Abfolge von Heirat, Zeugung und Geburt mit unnatürlicher Regelmäßigkeit gestört. Alle: Sara, Rebekka und Rahel, sind zunächst unfruchtbar, bis durch Jahwes Einwirken der Erbe geboren wird.[7] Das Stilmittel bewirkt, daß schon der bloße Fortbestand der Familie als Beweis für den wirkmächtigen Beistand Jahwes erscheint.

Auch die *Religion* wird durch die Bedingungen der Familie bestimmt. Jahwe hat seine Bindung an das Land Israel und Juda abgestreift. Die Beziehung zu ihm vermittelt sich nicht mehr, indem seine Verehrer dort siedeln, wo dieser Gott seine gegebene Wirksphäre hat, sondern dadurch, daß die Sippe Jahwe verehrt. Jahwe wird zum »Gott der Väter«, »für den nicht die feste Bindung an einen Ort, sondern die ständige Beziehung zu einer Menschengruppe das entscheidende Merkmal ist.« (Alt 1929/1953, 22). Überall, wohin es seine Anhänger verschlägt, stellt er seine segensvolle Wirkmächtigkeit unter Beweis: »Ich bin mit dir und will dich behüten, wo immer du hingehst, und will dich zurückbringen in dieses Land« (Gen 28,15). Diese Verheißung erhält Jakob in Bethel und antwortet voll Erstaunen: »Fürwahr, Jahwe ist an dieser Stätte, und ich wußte es nicht« (V. 16). Wenn die Szene im Heiligtum des Nordreichs spielt, bedeutet sie auch den Widerstand gegen den Anspruch des Tempels von Jerusalem, die einzige legitime Jahwe-Kultstätte zu sein (Levin 2000/2003, 96-110). Für das Leben in der Zerstreuung war es lebensnotwendig, die Beschränkung auf das Zentralheiligtum wieder abzutun, die erst am Ende des 7. Jahrhunderts unter König Josia in Juda zur Doktrin erhoben worden ist.[8]

IV

Das zweite übergreifende Merkmal ist die *Sprache*. Wie jede Redaktion hat auch der Jahwist eine Reihe von Spracheigenheiten, an denen er zu erkennen ist.

Anfangs waren die Gottesnamen das wichtigste Merkmal, mit dem man die Quellen unterschied. Dieser Ausgangspunkt war nicht falsch. Aber er erwies sich als nicht spezifisch genug; denn die vorjahwistischen Quellen gebrauchen ohne weiteres auch die Gottesbezeichnung »Elohim«, und die vielfältigen späteren Zusätze setzen den Gebrauch des Gottesnamens »Jahwe« fort. Tatsächlich gibt es darüber hinaus zahlreiche weitere Stilmerkmale. Die ältere Exegese hat das gewußt und regelrechte Verzeichnisse angelegt (Holzinger 1893, 93-110); nur daß man noch nicht sah, daß es im engeren Sinne die Sprache des redaktionellen Textes ist, die dem Werk die stilistische Einheitlichkeit verleiht (Levin 1993, 399-408). Allerdings darf man das Kriterium des sprachlichen Stils nicht mechanisch handhaben; die Redaktion hängt einerseits von ihren

Quellen ab und hat anderseits den später noch hinzugekommenen Text beeinflußt. Ferner spiegelt sie kein individuelles Idiom, sondern ein bestimmtes Milieu. Es ist das Milieu des *königlichen Hofes*.

Eine charakteristische Wendung dieser Art ist »Gnade finden in den Augen jemandes« *(ms' hen bᵉ'ênê)*, die von der Sintflut bis zur Wüstenwanderung 26mal belegt ist, wovon 15 Belege auf den jahwistischen Redaktor zurückgehen.[9] Sie bildet so etwas wie ein sprachliches Leitfossil. Die Wendung hat ihre Wurzel im Stil höfischer Rede. Sie betrifft das Verhältnis eines Höherstehenden, meist des Königs, zu einem Tieferstehenden. Ihr Gegenstück ist die Wendung »jemandem Huld erweisen« (*'śh hæsæd 'im*).[10] In den Dialogen redet der Tieferstehende den Höherstehenden mit »mein Herr« an und sagt nicht »ich«, sondern »dein Knecht«.[11]

Als Angehöriger des Hofes ist der Redaktor auch mit den Redeformen der *Rechtspflege* wohl vertraut. Er gebraucht an prominenter Stelle die Anklageformel: »Was hast du getan?« (Gen 3,13; 4,10). Er kennt das königliche Todesrecht (Gen 2,17), die förmliche Beschuldigung (Gen 43,6) und die Appellation (Gen 16,5). Häufig braucht er das Rechtsinstitut des Zetergeschreis zur Gestaltung von Schlüsselszenen.[12]

Dem Redaktor ist ferner die Sprache des königlichen *Kults* geläufig. Er zitiert typische Wendungen des Klageliedes des einzelnen und verwendet die Elemente des Heilsorakels, das auf das Klagelied antwortet: die Beruhigungsformel »Fürchte dich nicht« (Ex 14,13), die Beistandsformel »Ich bin mit dir« (Gen 26,3.28; 28,15; 31,3; 39,2.3.21.23) und die Selbstvorstellungsformel »Ich bin Jahwe« (Gen 28,13). Die Offenbarung an Jakob in Bethel ist als kultische Gottesbegegnung gestaltet (Gen 28,13a.15a.16). Dasselbe gilt für die Gottesbegegnung des Mose auf dem Sinai (Ex 34,5.9a).

Offenkundig ist eine Nähe zum Schulbetrieb der höfischen *Weisheit*. Man kann die Sprache des Redaktors »deiktisch« nennen. Ein Beispiel ist die Wendung »sehen daß« (*r'h kî*). An sich selbst ist diese Wendung nicht bemerkenswert, da sie auch sonst viel belegt ist, prominent im ersten Schöpfungsbericht;[13] doch im Verbund mit anderen Wendungen ist ihre Häufung signifikant.[14] Sehr oft gebraucht die Redaktion wörtliche Rede. Die Dialoge lesen sich, als seien sie geradewegs aus dem Unterricht genommen: »Sage mir doch!« (24,23.49; 29,15; 32,30; 37,16). Bemerkenswert sind die vielen Fragen: »wer?«, »was?«, »warum?«,[15] vor allem aber »wo?«. »Adam, wo bist du?« (Gen 3,9) und »Wo ist dein Bruder Abel?« (Gen 4,9) sind nur die berühmtesten Beispiele für ein Stilmittel, das mehrmals am Übergang von der vorgegebenen Quelle zum deutenden Dialog steht und in dieser Häufung beim Jahwisten singulär ist.[16]

Der Redaktor spitzt die Dialoge oft zu *Leitsätzen* zu, die auch unabhängig von der geschilderten Szene gelten und den Leser anleiten sollen, die Pointe auf die eigene Lebenserfahrung zu übertragen. Sie unterstreichen die wirksame Gegenwart Jahwes. Viele haben ethische Tendenz. »Es ist nicht gut, daß der Mensch allein sei« (Gen 2,18) ist das erste Beispiel dieser Art, gesprochen vor der Erschaffung der Frau. Viele weitere folgen: »Ich will dich segnen, und du sollst ein Segen sein« (Gen 12,2); »Sollte für Jahwe etwas unmöglich sein?!« (Gen 18,14).[17]

Ein besonders wirksames didaktisches Mittel ist das Schema von *Ankündigung und Erfüllung*. Die Begebenheiten werden nicht einfach als solche dargestellt. Wichtigen Ereignissen geht regelmäßig eine Verheißung voraus.[18] Auch negative Ereignisse erhalten ihre Ankündigung, wie die Sintflut (Gen 6, 5-7*) und die Zerstörung von Sodom (Gen 18, 20-21). Die Drohung für die feindliche Seite bedeutet für die Israeliten ein Schutzversprechen. Die Spanne aber zwischen Ankündigung und Ereignis macht die Darstellung im wörtlichen Sinne spannend. Das jahwistische Werk will Hoffnung wecken und zielt auf Glauben. Es bietet ein durch und durch religiöses Geschichtsbild. Der Leser soll sein eigenes Leben in der Erwartung auf Jahwes Tat und Beistand verstehen.

V

Dieses *Geschichtsbild*, das die Redaktion auf der Grundlage der ausgewählten Quellen und mit Hilfe ihrer sprachlichen Mittel entworfen hat, ist das dritte Merkmal planvoller Geschlossenheit. In ihm ist wiederum die Ausgangssituation zu greifen, auf die der Jahwist reagiert: die Fremdlingschaft.

Die Bedrohung, unter der der Fremdling steht, hat eine äußere Seite, die von materieller und rechtlicher Übervorteilung bis zu physischer Gewalt reicht, und eine innere. Diese berührt das Selbstwertgefühl. Das fand seinerzeit Ausdruck in den religiösen Vorstellungen. Von dem, was die Mehrheit denkt und tut, geht unwillkürlich ein hoher Anspruch aus, und es bedarf großer Selbstsicherheit oder aber des Zwangs der Verhältnisse, sich der Verehrung der Götter des Landes zu verweigern.

Eine solche Lage verlangt nach Kompensation. Deshalb erzählt das jahwistische Werk eine Gottesgeschichte. In ihr wird Jahwe, von Herkunft der Dynastiegott der beiden palästinischen Kleinstaaten Israel und Juda, als der »Gott des Himmels« (Gen 24, 3.7) geschildert, der jedermanns Geschick lenkt. Auffallend ist, daß dieser Titel im Alten Testament sonst nur in Schriften aus der persischen Zeit begegnet, wo er den Himmelsgott Ahura Mazda zum Vorbild hat. Wir beobachten einen tiefgreifenden religionsgeschichtlichen Wandel im

Vollzug. Als der Himmelsgott bleibt Jahwe gleichwohl seiner begrenzten Herkunft verhaftet. Die besondere Beziehung zu seinen Verehrern im engeren Sinne besteht weiter, ja sie wird der eigentliche Gegenstand der Darstellung.

Das Werk verfolgt die Geschichte des Volkes Israel vom Anfang der Welt bis an die Schwelle der Landnahme in Palästina. Dazu werden die vorgegebenen Blöcke mit Hilfe einer durchgehenden Abstammungslinie verklammert: Abraham gilt jetzt als Nachkomme des Sem aus der Völkertafel (Gen 10, 21), Moses levitischer Vater (Ex 2,1) wird zu einem der Söhne Jakobs erklärt (Gen 29, 34).

Indem eine allgemeine Anthropogonie an den Anfang gestellt ist, tritt das Gottesvolk von vornherein in das Verhältnis zur ganzen übrigen Menschheit, und zwar im Sinne einer Entgegensetzung. Mit bisweilen schockierender Folgerichtigkeit durchzieht das Werk die Scheidung zwischen den Menschen, die zu Jahwe gehören, und der großen Mehrheit, die ihm fern ist. Die Spaltung setzt ein mit den Söhnen des Urmenschen. Beide bringen Jahwe eine Gabe dar. »Und Jahwe sah auf Abel und auf seine Gabe; aber auf Kain und seine Gabe sah er nicht« (Gen 4, 4-5), ohne daß dafür ein Grund genannt würde. Als Kain deshalb zum Mörder wird, trifft ihn der Fluch (V. 11-12). Anschließend zeugt der Urmensch einen weiteren Sohn, den Set, mit dem Jahwe eine neue Anhängerschaft entsteht: »Damals wurde begonnen, den Namen Jahwes anzurufen« (V. 26). Aus der Stammlinie Sets geht Noah hervor, in dessen Person die Parteilichkeit Jahwes ihre unüberbietbare Steigerung erfährt: Als einziger findet er »Gnade in den Augen Jahwes« (Gen 6, 8), als die ganze Menschheit in der Sintflut ertrinkt.

Seit dem Sündenfall des Urmenschen steht das Dasein unter dem Fluch: »Verflucht sei die Erde um deinetwillen! Mit Mühsal sollst du dich von ihr nähren dein Leben lang!« (Gen 3, 17). Doch dabei bleibt es nicht. Bei der Geburt des Noah tut sein Vater Lamech den Ausspruch: »Der wird uns trösten von der Mühsal unserer Hände von der Erde, die Jahwe verflucht hat« (Gen 5, 29). Tatsächlich beschließt Jahwe nach dem Ende der Flut: »Ich will hinfort nicht mehr die Erde verfluchen um des Menschen willen« (Gen 8, 21). Damit erklärt er den Fluch für aufgehoben. Für Noah und die Seinen gilt er künftig nicht mehr. An die Stelle tritt überschwenglicher Segen.

Die Vernichtung der jahwefremden Mehrheit in der Flut hindert nicht, daß danach die Scheidung der Menschheit sich fortsetzt – wie ja auch die Sintflut sich trotz des Versprechens wiederholt: als Feuerflut über Sodom. Unter Noahs Söhnen wird Ham/Kanaan mit dem Fluch belegt aus Anlaß eines unzüchtigen Vergehens, das eigens erdacht ist (Gen 9, 20-25). In der Völkertafel findet sich Nimrod unter Hams Söhnen. Ihm wird zugeschrieben, ein Gewaltherrscher gewesen zu sein. »Der Anfang seines Königtums war Babel und Uruk und Akkad und Kalne im Lande Schinar« (Gen 10, 10). Dieses mesopotamische Großreich gilt als Reich des Bösen. Auch Ägypten wird als Nachfahre dem Ham zugerechnet, und natürlich die Kanaaniter, unter denen Abraham und Lot als Fremdlinge geweilt haben sollen. Den Söhnen Hams steht in Sem, dem »Vater aller Söhne Ebers« (= aller Hebräer), die zu Jahwe gehörende Menschengruppe gegenüber (V. 21). Allen Differenzierungen der Völkertafel zum Trotz wird die Menschheit am Ende der Urgeschichte nach einfachem Schema zweigeteilt, bevor Jahwe sie aus Anlaß des Turmbaus über die Erde zerstreut (Gen 11, 8).

Die Segenslinie und die Fluchlinie stehen einander bis zum Ende des Werks gegenüber. Der Segen äußert sich im Reichtum Abrahams und Lots (Gen 13, 2.5) und in der Geburt des Isaak, die wider alles menschliche Vermögen von Jahwe bewirkt wird (Gen 18, 10; 21, 1). Er äußert sich in der Fürsorge des Engels für Hagar in der Wüste, die sie bekennen läßt: »Du bist ein Gott, der mich sieht« (Gen 16, 13). Er äußert sich in dem Beistand Jahwes für den bedrängten Lot und in der schrecklichen Strafe an den boshaften Landesbewohnern, aus der Lot sicher geleitet wird (Gen 19).

Jahwe läßt die Reise von Abrahams Knecht gelingen (Gen 24). Er verheißt Isaak im philistäischen Gerar den Segen (Gen 26, 3), den er im Jahre des Hungers hundertfältig erfüllt (V. 12), so daß die Philister Isaak beneiden und ihr König Abimelech anerkennt: »Wir sehen, daß Jahwe mit dir ist« (V. 28). Jakob gelangt jetzt nicht nur mit List, sondern auch durch Jahwes Zutun zum väterlichen Segen: »Völker sollen dir dienen, und Nationen vor dir niederfallen. Verflucht sei, wer dir flucht, gesegnet sei, wer dich segnet!« (Gen 27, 29). Unter Jakobs Hand mehrt sich das Vieh Labans überreich (Gen 30, 27). Als Josef im Hause des Ägypters weilt, sieht sein Herr, »daß Jahwe mit ihm war und daß Jahwe alles, was er tat, in seiner Hand gelingen ließ« (Gen 39, 3). Er setzt ihn zum Verwalter seiner Güter ein. »Und es geschah, seit er ihn in seinem Hause bestellt hatte und über alles, was er besaß, segnete Jahwe das Haus des Ägypters um Josefs willen, und der Segen Jahwes lag auf allem, was er besaß, im Haus und auf dem Feld« (V. 5). Selbst im Gefängnis gibt der Aufseher »alle Gefangenen, die im Gefängnis waren, in die Hand Josefs« (V. 22), und als Josef vom Pharao erhöht wird, geschieht es mit den Worten: »Nur um den Thron will ich größer sein als du« (Gen 41, 40).

Als das Schicksal der Israeliten in Ägypten sich zum Schlimmen kehrt, weil das Volk durch Jahwes Segen mehr und stärker geworden ist als die Ägypter selbst, vereitelt Jahwe den Versuch, sie durch Fronarbeit zu dezimieren. Er sieht ihr Elend und kommt herab, um sie in Gestalt der Wolken- und Feuersäule in ein Land zu führen, da Milch und Honig fließt. Die Ägypter stellen sich dem

Exodus entgegen; doch es ergeht ihnen wie den Opfern der Sintflut und den Bewohnern von Sodom: Sie werden vernichtet. Moses midianitischer Schwiegervater erfährt davon und vermag nicht anders, als anzuerkennen: »Gelobt sei Jahwe, der das Volk errettet hat aus der Hand der Ägypter. Nun weiß ich, daß Jahwe größer ist als alle Götter« (Ex 18, 10-11).

Zuletzt, als das Gottesvolk sich seinem späteren Wohnsitz nähert, »fürchtete Moab sich sehr, weil es zahlreich war« (Num 22, 3). Der König Balak bietet den Seher Bileam ben Beor gegen Israel auf: Verfluche es, »denn es ist stärker als ich« (V. 6). Jahwe aber gebietet ihm: »Verfluche das Volk nicht, denn es ist gesegnet« (V. 12b).

VI

In alldem zeigt sich als viertes Merkmal ein theologisches Leitmotiv, das das Werk von Anfang bis Ende, vom Fluch in Genesis 3 und 4 bis zu Bileams Segensspruch in Numeri 24, zusammenhält: die Geschichte des *Segens*. Man hat in der älteren Exegese die Abrahamverheißung Genesis 12, 2-3 als eine Art Leitsatz des Jahwisten gelesen: »Ich will dich zu einem großen Volk machen und will dich segnen und will deinen Namen groß machen, so daß du ein Segen wirst. Ich will segnen, die dich segnen; wer dich aber schmäht, den will ich verfluchen. Und in dir werden gesegnet werden alle Geschlechter der Erde« (Wolff 1964/1973, 351-354). Das ist richtig. Die Geschichte des Gottesvolkes im Kontrast zu der übrigen, meist feindlichen Menschheit wird als Wirkung des Segens Jahwes dargestellt. Darin aber ist sie nicht Erfahrungsgeschichte. Sie bietet einen Gegenentwurf zur tatsächlichen Wirklichkeit. Greifbar wird das in den Verheißungen. Sie sind nicht nur an die Figuren der erzählten Geschichte, sondern durch sie hindurch an den gegenwärtigen Leser gerichtet. Ihre beispielhafte Erfüllung, wie sie in den Geburten der Erbsöhne oder im hilfreichen Geleit Jahwes in Fremde, Einsamkeit, Wüste und Anfeindung sowie in den Rettungserlebnissen geschildert wird, will jetzt und hier zur Hoffnung ermutigen. Wie fiktiv die Darstellung ist, zeigen die aufgezählten Reichtümer, in denen sich der Segen Jahwes gleichsam materialisiert.[19] Die gewaltigen Herden, die Menge der Knechte und Mägde und sonstigen Güter sind erzählter Wunschtraum. Man kann es deshalb mehr als einen Zufall nennen, daß das Werk, wie es erhalten ist, sich am Schluß gleichsam in der Wüste verliert, also aus dem Utopia nicht herausführt. Die Darstellung bleibt eine Glaubensgeschichte.

VII

Was läßt sich über den Verfasser feststellen, der das jahwistische Werk geschaffen hat? Es gibt eine Reihe von Indizien. Sie ergeben indessen kein einheitliches Bild.

Einerseits liegt auf der Hand, daß der Jahwist den Anspruch erheben konnte, die für Herkunft und Selbstverständnis Israels maßgebende Überlieferung zusammenzustellen. Die Bezeichnung als »israelitisches Nationalepos«, die man dem Werk in der älteren Exegese gegeben hat (Reuss 1881, 251), kommt nicht von ungefähr. Ein Werk dieser Art ist an sich selbst offiziell. Nicht jedermann konnte es schreiben.

Anderseits sind die Bedingungen der Fremdlingschaft derart genau und ursprünglich geschildert, daß man nicht umhin kann, auch den Verfasser in dieser Lage zu sehen. Ein widriges Geschick hat ihn aus der vertrauten Welt Palästinas in die Fremde verschlagen. Die Lebensverhältnisse, wie die Väter sie unter einer jeweils fremden Landesbevölkerung erfahren und sodann die Israeliten in der Bedrückung Ägyptens und auf dem Wüstenzug, sind seine eigene Gegenwart. Auch der Zweifel, ob Jahwe in der Fremde seinen segensvollen Beistand zu gewähren vermag, ist sein eigener, wie auch die Hoffnung auf Jahwes Schutz sowie endlich auf Rückkehr. Was der Verfasser schildert, sind bereits die Daseinsbedingungen des weltweit zerstreuten Judentums.

Einerseits haben Sprache und Gedankenwelt ihre Wurzeln am Hof. In den redaktionellen Dialogen herrscht der Stil höfischer Rede. Der Unterschied zu den übernommenen Vätererzählungen, die im Milieu der Sippe spielen, fällt ins Auge. Der Verfasser ist in der höfischen Weisheit geschult. Die Offenbarungsszenen, in denen Jahwe selbst oder seine Numina oder Boten auftreten, folgen Mustern, die im Kult des königlichen Heiligtums ihren Ursprung haben.

Anderseits fehlt vom Königtum selbst jede Spur. Sogar grundlegende nationalgeschichtliche Szenen kommen ohne den König aus. Die Ursprungserzählung für das Heiligtum von Bethel wird Jakob zugeschrieben. Beim Auszug aus Ägypten hat Mose, der Priester, die Schlüsselrolle inne. Eine Erzählung wie die Aussetzung des Mose im Nil wird andernorts selbstverständlich nur vom König berichtet. Die Schilderung einer Frühzeit läuft nicht auf die (Wieder-)Einführung des Königtums zu.[20] Das gesamte Geschehen bleibt im außerstaatlichen Bereich.

Einerseits setzt das Werk zwar nicht programmatisch, aber faktisch die ausschließliche Verehrung des Gottes Jahwe voraus. Die Bezeichnung »Jahwist« ist auch insofern berechtigt. Das religiöse Programm, das in dem Bekenntnis »Höre Israel, Jahwe ist unser Gott, Jahwe ist ein einziger« (Dtn 6, 4) zum Ausdruck kommt, ist von vornherein und uneingeschränkt in Geltung (vgl. Veijola 1992/2000). Das gesamte Spektrum religiöser Numina, das in den Quellen auftritt, bis hin zu Lokalgöttern und Dämonen, wird ohne weiteres mit dem einen Gott Jahwe gleichgesetzt, der zugleich als der Schöpfer der Welt und als der universale Himmelsgott gilt.[21]

Anderseits fehlen die Spuren der alttestamentlichen Prophetie vollständig. Es gibt im Alten Testament kein vergleichbares literarisches Werk, das der späteren Theologie, die durch die Propheten und den Deuteronomismus bestimmt wurde, ferner steht als der Jahwist. Es ist unvorstellbar, daß die Väter oder die Israeliten Jahwe den Rücken kehren könnten, um sich »anderen Göttern« zuzuwenden. Die theologische Begrifflichkeit gleicht am ehesten den älteren Psalmen und der hinter ihnen stehenden gemeinpalästinischen Mythologie.

Einerseits vertritt der Jahwist genau wie das Deuteronomium und das spätere Deuteronomistische Geschichtswerk das Programm eines einzigen »Israel« aus Israel und Juda, das wir mit der Politik König Josias im letzten Drittel des 7. Jahrhunderts verbinden. Wenn es richtig ist, daß das Bekenntnis »Jahwe ist ein einziger« den religiösen und politischen Gegensatz zwischen Israel und Juda überwinden will (Aurelius 2003, 4-8), so ist dieses Ziel beim Jahwisten insofern erreicht, als er von Anfang an eine Gesamt-Geschichte von Israel und Juda schildert, wie sie dann das Geschichtsbild des nachexilischen Judentums bestimmt hat.

Anderseits steht der Jahwist im Gegensatz zum Deuteronomium, weil er sich der Verehrung Jahwes an einer einzigen Kultstätte, die das Deuteronomium mit Entschiedenheit fordert, mit ebensolcher Entschiedenheit versagt. Stattdessen propagiert er die Allgegenwart dieses Gottes und zeigt, daß Jahwe sich auch in der Fremde kultisch verehren läßt.

Ziehen wir eine Summe, so werden wir mit gebotener Vorsicht schließen dürfen, daß der Jahwist als ein Mitglied der höfischen Oberklasse in der frühen jüdischen Diaspora gelebt hat und auf den einschneidenden Wandel der Lebensbedingungen eine Antwort versucht. Die Diaspora nahm ihren Anfang mit der neubabylonischen Eroberung Jerusalems zu Beginn des 6. Jahrhunderts. Das am besten nachvollziehbare Ereignis ist die Deportation des Königs Jojachin und seines Hofstaats im Anschluß an die erste Eroberung im Jahre 597 v. Chr. Es legt sich nahe, die Entstehung des Werkes in dieser Umgebung zu suchen. Der Ursprung in Babylon könnte zu einem Teil den weltweiten Horizont und die breite Aufnahme nichtisraelitischer Quellen erklären. Nicht zuletzt stimmt zu dieser Datierung die erklärte Gegnerschaft gegen eine Theologie, für die einzig der Jahwekult in Jerusalem legitim war.

Der Jahwist steht an der Schwelle von der judäischen Nationalreligion zur jüdischen Weltreligion. Literaturgeschichtlich ergibt sich daraus ein Paradox: Das israelitische Nationalepos ist zugleich die Ursprungsgeschichte des Judentums.

Literaturangaben

A. Alt, »Der Gott der Väter« (1929), in: ders., *Kleine Schriften zur Geschichte des Volkes Israel I*, München 1953, 1-78.

J. Astruc, *Conjectures sur les mémoires origineaux dont il paroit que Moyse s'est servi pour composer le Livre de la Genèse*, Brüssel 1753.

E. Aurelius, »Der Ursprung des Ersten Gebots«, *Zeitschrift für Theologie und Kirche* 100, 2003, 1-21.

E. Brunner-Traut, *Altägyptische Märchen*, München/Kreuzlingen ¹¹1996.

R. Friebe, *Form und Entstehungsgeschichte des Plagenzyklus Exodus 7,8-13,16*, Diss. Halle 1967.

V. Fritz, *Israel in der Wüste. Traditionsgeschichtliche Untersuchung der Wüstenüberlieferung des Jahwisten*, Marburg 1970.

J. Ch. Gertz, *Tradition und Redaktion in der Exoduserzählung*, Göttingen 2000.

J. Ch. Gertz, K. Schmid, M. Witte (Hg.), *Abschied vom Jahwisten. Die Komposition des Hexateuch in der jüngsten Diskussion*, Berlin /New York 2002.

H. Gunkel, *Genesis*, Göttingen 1901, ³1910.

H. Holzinger, *Einleitung in den Hexateuch*, Freiburg i.B. /Leipzig 1893.

O. Kaiser (Hg.), *Texte aus der Umwelt des Alten Testaments* (TUAT), Gütersloh 1982-2001.

R. Kilian, *Die vorpriesterlichen Abrahamsüberlieferungen literarkritisch und traditionskritisch untersucht*, Bonn 1966.

W. G. Lambert /A. R. Millard, *Atra-Hasīs. The Babylonian Story of the Flood*, Oxford 1969.

Ch. Levin, *Der Jahwist*, Göttingen 1993.

Ch. Levin, »Das Deuteronomium und der Jahwist« (2000), in: Ders., *Fortschreibungen*, Berlin /New York 2003, 96-110.

Ch. Levin, *Das Alte Testament* (C. H. Beck Wissen 2160), München ²2003.

M. Noth, *Überlieferungsgeschichtliche Studien*, Tübingen ³1967 (1. Aufl. Halle 1943), 3-12.

B. Porten, *Archives from Elephantine*, Los Angeles 1968.

E. Reuss, *Die Geschichte der heiligen Schriften Alten Testaments*, Braunschweig 1881.

K. Schmid, *Erzväter und Exodus*, Neukirchen 1999.
T. Veijola, »Das Bekenntnis Israels. Beobachtungen zu Geschichte und Aussage von Dtn 6,4-9« (1992), in: Ders., *Moses Erben*, Stuttgart 2000, 76-93.
P. Weimar, *Untersuchungen zur Redaktionsgeschichte des Pentateuch*, Berlin 1977.
J. Wellhausen, *Die Composition des Hexateuchs*, Berlin (1885), [4]1963.
J. Wellhausen, *Prolegomena zur Geschichte Israels*, Berlin ([1]1878) [6]1905, (Paperback-Nachdruck Berlin 2001).
M. Witte, *Die biblische Urgeschichte*, Berlin /New York 1998.
H. W. Wolff, »Das Kerygma des Jahwisten« (1964), in: Ders., *Gesammelte Studien zum Alten Testament*, München 1973, 345-373.
E. Zenger, *Die Sinaitheophanie. Untersuchungen zum jahwistischen und elohistischen Geschichtswerk*, Würzburg 1971.

Anmerkungen

[1] So lautet die „Grafsche Hypothese", die auf Karl Heinrich Graf, Abraham Kuenen und Julius Wellhausen zurückgeht. Die neue Sicht der Literatur- und Religionsgeschichte wurde von J. Wellhausen (1878/1905) begründet. Das Werk, das zur Grundlage der modernen Wissenschaft vom Alten Testament geworden ist, ist eine der großen Leistungen der Geschichtswissenschaft des 19. Jahrhunderts.
[2] Beispielhaft für diese Auffassung ist der berühmte *Genesiskommentar* von H. Gunkel (1901/1910).
[3] Die Kette ist zwischen Lamech und Noah leider unterbrochen. Die Lücke läßt sich aber anhand der Parallelquelle in Genesis 5 (P) mit großer Wahrscheinlichkeit schließen, da die Stammliste der Priesterschrift auf der jahwistischen beruht.
[4] So der Flutbericht auf der 11. Tafel des Gilgamesch-Epos, Zeile 85 (TUAT II 4, 731).
[5] Vgl. die Bauinschrift für Etemenanki, den Stufenturm von Babylon, TUAT II 4, 490-493.
[6] TUAT.E 147-165, bes. 156-158. Vgl. auch E. Brunner-Traut (1996).
[7] Auch die Schwangerschaften von Eva (Gen 4,1), Hagar (Geburtsorakel Gen 16,11) und Lea (Gen 29,31) werden auf Jahwe zurückgeführt.
[8] So lautet das Programm des ältesten Deuteronomischen Gesetzes (Dtn 12-26) sowie des Deuteronomistischen Geschichtswerks, das sich auf das Deuteronomium rückbezieht. Die Verknüpfung mit Josia, der von 639–609 als der letzte bedeutende König Judas regiert hat, besitzt nach wie vor die größte Wahrscheinlichkeit.
[9] Gen 6,8; 18,3; 19,19; 30,27; 32,6; 33,8.10.15; 39,4.21; 47,29; Ex 3,21; 12,36; 34,9; Num 11,11. Die weiteren Belege sind von der jahwistischen Redaktion beeinflußt: Gen 34,11; 47,25; 50,4; Ex 11,3; 33,12.13.13.16.17; Num 11,15; 32,5.
[10] Gen 19,19; 24,12.14.49; 40,14; 47,29.

[11] Gen 18,3-5; 19,18-19; 32,5-6.19; 33,8.15; Ex 34,9; Num 11,11.
[12] Gen 4,10; 18,20; 19,13; 27,34; Ex 3,7; 14,10; 15,25; 17,4; Num 11,2.
[13] »Und Gott sah, daß es gut war« (Gen 1,4.10.12.18.21.25.31).
[14] Gen 3,6; 6,2.5; 16,4.5; 26,28; 29,31; 39,3; 46,30; Ex 2,2; 3,4; Num 24,1.
[15] Beispiele: »Da sprach Jahwe zu Abraham: Warum lacht Sara und spricht: Sollte ich wirklich gebären, wo ich doch alt bin?« (Gen 18,13); der Knecht zu Rebekka: »Wessen Tochter bist du, sage mir an!« (Gen 24,23); »Isaak aber sprach zu seinem Sohn: Wie hast du so bald gefunden, mein Sohn? Er sprach: Weil Jahwe, dein Gott, es mir begegnen ließ« (Gen 27,20); »Und Laban sprach zu Jakob: Bist du nicht mein Bruder und solltest mir umsonst dienen? Sage mir an, was dein Lohn sein soll!« (Gen 29,15); Jakob zu Laban: »Und nun, wann kann auch ich etwas für mein Haus tun?« (Gen 30,31); »Er sprach zu ihm: Wie ist dein Name? Und er sprach: Jakob!« (Gen 32,28); »Und Jakob fragte und sprach: Sage doch deinen Namen! Er aber sprach: Warum fragst du nach meinem Namen?« (Gen 32,30); »Und Esau sprach: Was willst du mit diesem ganzen Lager, dem ich begegnet bin?« (Gen 33,8); der Mann fragte Josef: »Was suchst du? Er sprach: Meine Brüder suche ich. Sage mir doch, wo sie weiden?« (Gen 37,15); »Da sprach Juda zu seinen Brüdern: Was gewin nen wir, wenn wir unseren Bruder umbringen und sein Blut bedecken?« (Gen 37,26).
[16] Weitere Beispiele: Der Engel Jahwes: »Hagar, Saras Magd, woher kommst du, und wohin gehst du?« (Gen 16,8); die drei Männer zu Abraham: »Wo ist Sara, deine Frau?« (Gen 18,9); die Sodomiten zu Lot: »Wo sind die Männer, die diese Nacht zu dir gekommen sind?« (Gen 19,5); Esau zu dem Boten Jakobs: »Zu wem gehörst du und wohin ziehst du und wem gehört, was du vor dir hertreibst?« (Gen 32,18); Josef zu dem Mann in Sichem: »Meine Brüder suche ich. Sage mir doch, wo sie weiden« (Gen 37,16); der Priester in Midian zu seinen Töchtern: »Wo ist er? Warum habt ihr den Mann zurückgelassen?« (Ex 2,20).
[17] Weitere Beispiele: »Bin ich der Hüter meines Bruders?« (Gen 4,9); »Es soll kein Streit sein zwischen mir und dir; denn wir sind Brüder« (Gen 13,8); »Du bist ein Gott, der mich sieht« (Gen 16,13); »Die Sache ist von Jahwe ausgegangen« (Gen 24,50); »Fürwahr, Jahwe ist an dieser Stätte, und ich wußte es nicht« (Gen 28,16); »Bist du nicht mein Bruder, und solltest mir umsonst dienen?« (Gen 29,15); »Ich habe genug, mein Bruder; behalte, was dein ist« (Gen 33,9); »Was gewinnen wir, wenn wir unseren Bruder umbringen und sein Blut bedecken?« (Gen 37,26); »Nun weiß ich, daß Jahwe größer ist als alle Götter« (Ex 18,11); »Ist denn die Hand Jahwes zu kurz?« (Num 11,23).
[18] Solche heilvollen Ankündigungen finden sich Gen 2,18; 5,29; 8,21; 12,2-3; 16,11; 18,10; 26,3; 28,15a; 31,3; 37,11; Ex 3,7-8; 14,30; Num 11,23.
[19] Gen 13,2.5; 24,35; 26,12; 30,43; 32,6; Ex 12,35.38.
[20] Das ist ganz anders in der Darstellung der vorköniglichen Zeit, die das Richterbuch bietet. Wenigstens am Ende des Buches läuft alles auf die Notwendigkeit des Königtums hinaus.
[21] Der Unterschied zu den Zeugnissen aus der jüdischen Kolonie auf der Nilinsel Elephantine ist bemerkenswert. Dort wurden noch im 5. Jahrhundert neben Jahu eine Göttin Anat-Bethel, ein Gott Eschem-Bethel und weitere Götter verehrt. Vgl. B. Porten (1968).

Die Aufzeichnungen des Historiographen, die erste Standardgeschichte Chinas, und das Aufkommen des bürokratisch organisierten Zentralstaates

Hans van Ess

Die *Aufzeichnungen des Historiographen* (Shih-chi) Ssu-ma Ch'ien (er lebte von ca. 145 bis ca. 86 v. Chr.) sind das Vorbild für eine Reihe von schematisch sehr ähnlichen 24 ‚Standardgeschichten', welche im Laufe der über 2000 Jahre währenden chinesischen Kaiserzeit entstanden sind. In diesen ‚Standardgeschichten' ist die gesamte chinesische Geschichte erfaßt. Insgesamt 130 Kapitel umfassen die *Aufzeichnungen des Historiographen*, und ähnlich wie in der europäischen Tradition Plutarch berichten sie und ihre Nachfolgewerke Geschichte im wesentlichen in Form von biographischen Darstellungen. Zusammen mit dem um 80 n. Chr. verfaßten *Buch der Han* (Han-shu) und dem noch einmal über 200 Jahre später geschriebenen *Buch der Späteren Han* (Hou Han shu), die häufig einfach als die »Drei Geschichtswerke« bezeichnet wurden, bildeten sie in späterer Zeit neben den sogenannten fünf kanonischen Schriften den Ausbildungskanon eines jeden gebildeten Chinesen, und auch vieler Japaner, Koreaner und Südostasiaten. Aufgrund der Lebendigkeit ihres Inhaltes haben jedoch die Aufzeichnungen unter den anderen Werken dieses Bildungscurriculums immer einen besonderen Stellenwert eingenommen. Sie, und nicht die strengeren anderen Werke, bezeichnete so mancher chinesische Gelehrte als sein Lieblingsbuch.

Das Werk ist viel zu lang und inhaltlich zu komplex, als daß der vorliegende Aufsatz eine allgemeine und überblickhafte Einführung darüber geben könnte. Vielmehr beschäftigt er sich mit der Frage, was denn das Ziel gewesen sein könnte, das der Autor verfolgte, als er die *Aufzeichnungen* schrieb. Denn daß in der Weltgeschichte Historiographie kaum jemals das Ziel verfolgte, einfach nur aufzuzeichnen, »wie es wirklich gewesen«, ist eine Erkenntnis, die sich trotz einiger Widerstände langsam auch in den Asienwissenschaften durchzusetzen beginnt.

Auf den gegen Ende des dritten vorchristlichen Jahrhunderts herrschenden Reichseiner Ch'in Shih-huang ti, den Ersten Erhabenen Kaiser von Ch'in, der auch einem allgemeinen Publikum ein Begriff geworden ist, seit die 1974 gefundenen Figuren von dessen Tonarmee (oder vermutlich in den meisten Fällen Repliken davon) um die Welt reisen, geht die Zentralisierung und Bürokratisierung in China zurück. Sie konnte allerdings nur langsam durchgesetzt werden. Als Ssu-ma Ch'ien, der erste Historiograph, im zweiten Jahrhundert v. Chr. schrieb, da war dieser Prozeß in vollem Gange. Ssu-ma Ch'ien hat an vielen Stellen seines Werkes den kleinen Leuten, die aus einem festgefügten Ehrbegriff heraus versucht haben, sich der Zentralisierung entgegenzustellen, ein Denkmal gesetzt.

Die wohl prominenteste Stelle, an der er dies tat, ist sein 124. Kapitel. Dieses ist den sogenannten Fahrenden Haudegen gewidmet, Männern, die sich nichts gefallen ließen, sondern zu den Waffen griffen, wenn sie glaubten, daß ihnen ein Unrecht geschehen war. Der Text beginnt mit einer offenen Schmähung der Anhänger des Konfuzius, von denen Ssu-ma Ch'ien sagt, daß es eigentlich keinen einzigen nennenswerten Vertreter gegeben habe, der außer dem Hochhalten moralischer Maximen etwas Nennenswertes zustande gebracht habe:

> »Unter denen, die durch ihre Künste die Stellung eines Kanzlers, Ministers oder Würdenträgers errangen, die den Herrschern ihrer Zeitalter halfen und deren verdienstvoller Name eingeschrieben steht in den Annalen, gibt es [von den Literaten] wahrlich keinen, der erwähnenswert wäre.«
> (Kapitel 124/3181)

Erfolge, die davon zeugten, daß Worte auch in die Tat umgesetzt wurden, hätten viel eher die Haudegen aufzuweisen.

Als Beispiele für diese führt Ssu-ma Ch'ien zunächst vier Fürsten des vierten und dritten vorchristlichen Jahrhunderts an. Diese erwiesen sich den Lehnsherren, mit denen sie verwandt waren, als besonders nützliche Diener, indem sie in ihren Staaten eigenständig agierten. Zu diesem Zwecke scharten sie Gäste und Gefolgsleute mit den ausgefallensten Fähigkeiten um sich, die sie, wann immer dies vonnöten war, einsetzen konnten. Sie taten dies, indem sie nicht auf ihre eigene Stellung pochten, sondern ihre Gefolgsleute als gleichwertig behandelten, ganz egal wie tief sie in der sozialen Hierarchie standen. Sprichwörtlich ist der Herr von Meng-ch'ang (Kapitel 75) geworden, welcher einen seiner Hausgäste, der sich bei einem der schon damals in China obligatorischen Bankette schlecht behandelt fühlte, dadurch beschämte, daß er ihm zeigte, daß er selbst nicht mehr auf dem Teller hatte als der Gast. Als der Herr von Meng-ch'ang einst in Gefahr war, in Gefangenschaft des Königs von Ch'in umgebracht zu werden, retteten ihn zwei Gefolgsleute: Die Lieblingskonkubine des Königs versprach nämlich, dem Herrn von Meng-ch'ang zu helfen, wenn er ihr einen seltenen weißen Fuchspelz verschaffen könne. Er hatte diesen zwar zuvor leider schon dem König selbst geschenkt, doch unter den niedersten Klienten des Herrn fand sich ein Mann, der sich darauf verstand, »wie ein Hund stehlen zu gehen«. So kam der Herr an seinen Fuchspelz, schenkte ihn der Konkubine, und diese legte ein gutes Wort für ihn ein. Der Herr wurde freigelassen und machte sich eilends davon, weil er fürchtete, der König werde sich eines Besseren besinnen. Er kam um Mitternacht am Han-ku Paß an, der das Land Ch'in von den anderen, im Osten des Landes gelegenen Staaten trennte. Der Paß war geschlossen, doch einem Gefolgsmann, der sich auf das Imitieren von Hähnen verstand, gelang es, den Wachen zu suggerieren, daß der Morgen schon graute, worauf die Wachen öffneten.

Auch in der folgenden Biographie des Herrn von P'ing-yüan (Kapitel 76) ist von einem Klienten die Rede, dessen Fähigkeiten sprichwörtlich geworden sind: der moderne Ausdruck für »eine flinke Zunge haben« geht zurück auf einen der unansehnlichsten Männer im Gefolge des Gegenstandes dieser Biographie, der es mit Mut und Überredungskraft schaffte, für seinen Herrn den König des Staates Ch'u im Süden der damaligen chinesischen Oikumene von der Notwendigkeit einer Allianz zwischen seinem eigenen und einem Nachbarstaate zu überzeugen. Und Kapitel 77 beginnt mit einer langen Erzählung davon, wie der Protagonist in der Lage war, sich zu niedrigen Männern herabzulassen und sie an sich zu binden, wenn er eine herausragende Fähigkeit an ihnen bemerkt hatte. Zehn Jahre lang, so heißt es, habe wegen seiner starken Truppe kein feindlicher Staat gewagt, anzugreifen.

Zwei allgemeine Themen werden hier abgehandelt: Einerseits erläutert Ssu-ma Ch'ien seinem Leser, wie wichtig für den, der eine Machtposition aufbauen will, die Fähigkeit ist, Menschen zu »erkennen« und bei sich aufzunehmen. Andererseits zeigt er, daß das Überleben der vom Aufstreben des Weststaates Ch'in bedrohten alten Staatenwelt letztlich davon abhing, daß die einzelnen Staaten in ihren Herrschaftsgebieten starke Machthaber zuließen. Diese stellten zwar theoretisch die absolute Vorherrschaft des Fürsten in Frage, doch tasteten sie seine Stellung letztlich nicht an. Die Vier Fürsten, deren Geschichten in den Kapiteln 75 bis 78 des Shih-chi erzählt werden, stehen am Ende der großen Zeit der Staaten, in denen sie leben. Sie sind die letzten, die den Siegeszug der reichseinigenden Dynastie noch einmal aufhalten können. Ssu-ma Ch'ien erzählt diese Begebenheiten mit deutlicher Sympathie:

> »Sie zogen als Verwandte von Königen und gestützt auf Reichtümer aus Landbesitz und Ministerposten die Würdigen aus dem ganzen Reiche an.

Ihr Name war leuchtend bei den Lehnsfürsten. Man darf wohl sagen, daß sie Würdige waren!« (Kapitel 124/3183)

Widerstand gegen einen Alleinherrschaftsanspruch ist eines der ganz großen Themen des ersten Historiographen.

Aus diesem Grundzug der ersten Standardgeschichte heraus wird auch unmittelbar verständlich, warum der Historiograph ein weiteres Kapitel (Nr. 86) in sein Werk aufgenommen hat, nämlich eines über fünf Attentäter, die in den fünf Jahrhunderten zwischen 700 und 200 v. Chr. lebten. Auf den ersten Blick scheinen deren Biographien und auch die Tatmotive völlig unterschiedlich zu sein, auf den zweiten aber können wir erkennen, daß es auch hier einen gemeinsamen Nenner gibt.

Der erste Attentäter ist ein Mann aus dem Staate Lu, der zu Beginn des siebten vorchristlichen Jahrhunderts dreimal wichtige Schlachten für seinen Herrn gegen seinen Nachbarstaat geführt und jedesmal verloren hatte. Dennoch war er im Gefolge seines Herrn, als dieser daraufhin einen schmachvollen Friedensvertrag mit dem Feind schließen wollte. Bei dieser Gelegenheit stürmte der gedemütigte General mit dem Schwert in der Hand vor, packte den feindlichen Fürst und drohte, ihn umzubringen, wenn er nicht die von seinem Staate erbeuteten Territorien zurückgebe. In der Tat gab der Herzog des Nachbarstaates nach, so daß der Friedensvertrag nun für den zuvor mehrfach besiegten Staat unerwartet günstig ausfiel.

Gegen Ende des sechsten Jahrhunderts lebte der zweite Attentäter, von dem Ssu-ma Ch'ien spricht: Im Staate Wu lebte damals Wu Tzu-hsü, der berühmteste Bluträcher des chinesischen Altertums, dessen Vater und Bruder im Nachbarstaate umgebracht worden waren, weshalb er selbst versuchte, den Staat Wu zu einem Angriff auf diesen zu bewegen. Dies gelang ihm jedoch erst, nachdem er mithilfe eines Attentäters den König von Wu aus dem Wege geräumt hatte. Das spätere Geschick des Bluträchers Wu Tzu-hsü war übrigens weniger glücklich: Er hatte dem Staate Wu zur Großmachtstellung verholfen, und als Wu nun seinen südlichen Nachbarstaat besiegt hatte, empfahl Wu Tzu-hsü seinem Herrscher, er müsse diesen Feind vollständig auslöschen, sonst werde er dies bitter bereuen. Doch der König hörte nicht auf ihn. Wu Tzu-hsü hatte recht, denn der König des besiegten Staates sann auf Rache. Um diese nicht zu vergessen, stellte er an seinem Thron eine Gallenblase auf, die er immer sehen mußte, ob er nun saß oder lag. Jede Mahlzeit und jedes Getränk schmeckten ihm fortan nach Galle und erinnerten ihn an die Frage: »Hast Du die Schmach der Niederlage von K'uai-chi vergessen?« Diese Geschichte könnte von Herodot stammen. Man erinnere sich des im 5. Buche des Herodot (105) überlieferten Auftrages, den der Perserkönig Dareios nach der ersten Niederlage gegen die Athener einem Diener gab, ihm jedesmal, wenn er zu Tische saß, dreimal zuzurufen: »Herr, gedenke der Athener.« Anders als bei Herodot führt die Erinnerung an die Schmach im chinesischen Falle nicht zu einem neuerlichen Mißerfolg. Der besiegte Nachbarstaat rüstet auf, der Berater Wu Tzu-hsü wird in der Großmacht Wu verleumdet und hingerichtet. Vor seinem Tod aber bittet Wu Tzu-hsü darum, man möge ihm nach der Hinrichtung die Augen ausstechen und sie am Osttore des Staates Wu aufstellen, damit er die Genugtuung haben werde, die Truppen des Feindes einmarschieren zu sehen. Dies geschieht in der Tat wenige Jahre später.

Der dritte Attentäter, der in der zweiten Hälfte des fünften Jahrhunderts vor Christus lebte, wollte den Tod seines Herrn rächen, eines Vasallenfürsten, der bei einem Angriff auf einen Großstaat ums Leben gekommen war. Doch das vorsichtige Ziel seines Hasses, der Fürst des Großstaates, durchschaute alle Mordpläne. Beeindruckt von der Loyalität des Attentäters übergibt der Fürst diesem schließlich gleichsam zur Kompensation seinen Mantel, den der Attentäter mit seinem Schwert durchbohrt, bevor er sich mit den Worten, er könne nun beruhigt vor seinen ehemaligen Herrn treten, das Leben nimmt, indem er sich in das Schwert stürzt.

Der vierte Attentäter lebt in der ersten Hälfte des vierten Jahrhunderts vor Christus. Er wird von einem Mann gedungen, den ein Minister seines Heimatstaates beleidigt hat. Der Attentäter ist dadurch als brauchbar bekannt, daß er zuvor Blutrache an einem Todfeind seiner Familie genommen hat. Alter Brauch ließ in China die Blutrache zu – schon Konfuzius fordert dem Buch der Riten zufolge, daß ein Sohn nicht eher ruhen dürfe, als bis er seinen Vater gerächt habe – allerdings wurden Bluträcher nach getaner Arbeit aus ihrer Heimat verbannt, um zu verhindern, daß sich aus einem legitimen einmaligen Fememord Fehden entwickelten. In der Tat bringt dieser vierte Attentäter den Feind seines Patrons um und kommt dabei selbst ums Leben.

Die längste Geschichte betrifft schließlich den fünften Attentäter, wegen dessen das Kapitel wohl eigentlich geschrieben worden ist. Dieser verübt in der zweiten Hälfte des dritten vorchristlichen Jahrhunderts einen Mordanschlag auf den späteren Reichseiner Ch'in Shih-huang. Der Anschlag mißglückt jedoch, weil der Attentäter genauso wie der erste der fünf Männer den König von Ch'in eigentlich lebend fassen und gar nicht umbringen wollte, um ihm dann die Freiheit der bedrohten Lehnsstaaten abpressen zu können.

Wir finden also im Attentäterkapitel vier verschiedene Formen des Attentats: Im ersten Falle handelt es sich eigentlich nur um einen Fall von geglückter Erpressung, bei der der Attentäter überlebt – die Tat hat sich gelohnt –, im zweiten Fall um einen durch Mord erzwungenen Wechsel der Thronfolge – der Attentäter stirbt, aber sein Tun hat sich gelohnt; im dritten Falle stirbt der Attentäter, nur um Loyalität zu seinem Auftraggeber zu beweisen, er erreicht aber gar nichts; im vierten Fall stirbt parallel zum zweiten Fall der Attentäter und erreicht sein Ziel. Im letzten Fall stirbt der Attentäter und erreicht sein Ziel nicht.

Was will uns der Historiograph damit sagen? Zum einen geht es ihm, genau wie bei den vier zuvor erzählten Geschichten der Fürsten, die im Haudegenkapitel genannt sind, um das Prinzip der Loyalität eines Mannes gegenüber demjenigen, der seine Fähigkeiten erkannt hat: Der erste Attentäter wird von seinem Fürst in Diensten gehalten, obwohl er drei Schlachten verloren hat, und kann sich dann verdient machen, der zweite wird von seinem Auftraggeber erkannt, der dritte sagt seinem Gegner, als dieser sich darüber wundert, daß der Attentäter auch in aussichtsloser Lage noch weitermacht, daß die anderen Menschen ihm begegnet seien wie einem Mann unter vielen, während sein Auftraggeber ihn behandelt habe wie einen Staatsbeamten. Der vierte Attentäter gibt sein sicheres Leben auf, weil ihn der Auftraggeber trotz seiner niederen Stellung als Metzger »erkannt« hat. »Wahrlich, ein Mann stirbt für den, der ihn ‚erkennt'«, so heißt es (86/2525). Und am Ende der Biographie des letzten Attentäters klagt einer, der diesen eben nicht erkannt hat: »Es ist doch ein Jammer, daß ich keine Menschenkenntnis habe. Als ich ihn damals verscheuchte, da muß er gemeint haben, daß ich kein Mensch bin« (Kapitel 86/2538).

Von der Würde des Menschen also spricht Ssu-ma Ch'ien hier, die denjenigen adelt, der sie achtet und der Fähigkeiten auch dann zu erkennen weiß, wenn sie im Verborgenen schlummern. Das ist dasselbe Motiv, was ihn offensichtlich auch leitete, als er die Biographien der Vier Haudegenfürsten schrieb. In seinen Schlußworten zum 86. Kapitel schreibt der Historiograph:

> »Von den fünf Männern … waren manche mit ihren Absichten erfolgreich [genauer gesagt drei] und manche nicht. Doch zeigten sie klar ihre Entschlossenheit und betrogen sich nicht selbst. Daß ihre Namen in der Nachwelt weiterleben, das ist nicht falsch!« (ebd.)

Doch noch ein weiteres Phänomen ist interessant. Im Attentäterkapitel sind nämlich die einzelnen Biographien durch chronologische Angaben miteinander verbunden: Nach der ersten Biographie heißt es: »167 Jahre später gab es den Fall des Chuan-chu.« Und nach dessen Biographie wieder: »Über 70 Jahre später kam es zu dem Fall des Yü Jang.« Am Ende von dessen Biographie wiederum: »Über 40 Jahre später kam es zu dem Fall des Nieh Ch'eng.« Und schließlich: »Über 220 [wohl eine Verschreibung für 120] Jahre später gab es den Fall des Ching K'o.« Diese Form der akribischen chronologischen Aufzählung ist für die Aufzeichnungen ungewöhnlich. Obwohl es wesentlich mehr Fürstenmorde in dieser Zeit gegeben hat, stellt Ssu-ma Ch'ien die hier abgehandelten Attentate doch als etwas Besonderes heraus: Im Durchschnitt alle 100 Jahre kommt es vor, daß ein Herr in der Lage ist, einen Attentäter dazu zu motivieren, bis zum Äußersten zu gehen und dafür sein Leben zu riskieren.

Nun wissen wir, daß Ssu-ma Ch'ien den zu seiner Zeit regierenden Kaiser Wu als einen Gewaltherrscher erlebt und beschrieben hat. Will er etwa prophezeien, daß ein neuerliches Attentat nicht mehr fern sein kann? Wir könnten dies fast meinen, wenn wir zum Kapitel über die Fahrenden Haudegen zurückkehren. Denn auch hier sympathisiert Ssu-ma Ch'ien offen mit den Männern, die »zwar manchmal mit dem Gesetzesnetz in Konflikt kamen, jedoch in ihrer eigenen – nicht der staatlichen! – Moral so bescheiden und rein, zurückhaltend und höflich waren, daß dies zu ihrem Lob gereicht. Ihr Name steht nicht umsonst aufrecht da, die Männer scharten sich nicht umsonst bei ihnen.« (124/3183) Es sei daran erinnert, daß Ssu-ma Ch'ien, wie eingangs zitiert, am Beginn seines Haudegenkapitels über die konfuzianischen Gelehrten gesagt hatte, daß es eigentlich keinen nennenswerten unter ihnen gebe, dessen verdienstvoller Name in die Annalen eingeschrieben wäre.

Das Kapitel erzählt vor allem die Geschichte eines einzigen Mannes, des Kuo Hsieh, der in seiner Jugend ein rechter Rowdy war, Freunde rächte, Menschen im Affekt tötete, Geld fälschte und Gräber ausraubte, aber mit Glück einer Bestrafung immer wieder entkommen konnte, weil seine Vergehen verjährten oder unter ein Amnestiegesetz fielen. Zum Glück, denn dieser Mann besserte sich, als er älter wurde, er wurde bescheiden, vergalt Haß mit Tugend und war großzügig – in seinem Herzen aber blieb er ein Haudegen. Die Männer jedoch scharten sich um ihn, als bekannt wurde, wie gerecht er gegenüber dem Mörder seines Neffen gewesen war: Er hatte ihn laufen lassen, weil er die Schuld bei seinem Neffen selbst sah. Noch mehr Zulauf bekam er, als er mit seinem Einfluß bei den lokalen Beamten dafür sorgte, daß ein junger Mann, der ihn selbst respektlos behandelt hatte, vom Dienst in der Armee befreit blieb – denn der Haudegen achtete diese Respektlosigkeit als Zeichen dafür, daß der Mann nicht servil war. Durch sein einnehmendes Wesen schlichtete er Streit und verhinderte Blutrache da, wo alle anderen Autoritäten versagt hatten.

Kurz, der Einfluß dieses in seiner Jugend so verbrecherischen Mannes in seiner Heimat war segensreich. »Solche Männer brauchen wir!« will uns der Historiograph sagen. Doch der Kaiser mochte den Einfluß solcher Männer nicht.

Schon seit Beginn der Zeit der Han hatte die Zentralmacht begonnen, große Familien aus den Provinzen in die Nähe der Hauptstadt umzusiedeln, wo sie besser unter Kontrolle zu halten waren. Unter Kaiser Wu aber waren alle Familien ab einer bestimmten Einkommenshöhe von dieser Politik betroffen. Kuo Hsieh wäre eigentlich nicht betroffen gewesen, weil er zu arm war. Doch der Kaiser bestand wegen der Intervention eines Distriktsbeamten darauf, daß gegen den Buchstaben des Gesetzes auch er mit seiner Familie in die Hauptstadt umsiedeln mußte. Ein Neffe des rechtschaffenen alten Kämpen tötete den Distriktsbeamten daraufhin, und die beiden Familien wurden zu Todfeinden. Ssu-ma Ch'ien's Sympathien sind eindeutig. Direkt im Anschluß an diese Bemerkung schreibt er:

> »Als Kuo Hsieh [aufgrund der Umsiedlungsmaßnahme] durch den Paß [in die Hauptstadtgegend] zog, da stritten die Würdigen und die Honoratioren der Gegend, ob sie ihn nun kannten oder nicht, darum, sich mit ihm anfreunden zu dürfen, denn sie hatten davon Kunde erlangt.« (124/3188)

Daß die Familie für eine ungerechte Maßnahme des Staates einen Lynchmord an einem Beamten beging, steigerte ihr Ansehen enorm. Daß dies ein todeswürdiges Verbrechen des Neffen gewesen sein könnte, geht aus diesem Bericht hingegen nicht hervor. Vielmehr lesen wir weiter, daß Kuo Hsieh unrechtmäßigerweise beschuldigt wurde, als wenig später der Vater des getöteten Beamten ebenfalls ermordet wurde. Obwohl erwiesen war, daß er mit dem Mord nichts zu tun hatte, hängten konfuzianische Gelehrte ihm die Schuld dafür an. Dem Kuo Hsieh wurde der Prozeß gemacht und seine Familie ausgerottet.

Auch in den folgenden Zeilen macht Ssu-ma Ch'ien noch einmal klar, wie hoch er das Verhalten dieses Haudegens schätzt. Er hebt ihn und einige andere Männer, deren Taten nicht eigens erzählt werden, von anderen ab, die ähnlich agierten, aber ohne die moralische Größe des Kuo Hsieh – diese klassifiziert der Historiograph als einfache Verbrecher. »Ich habe Kuo Hsieh gesehen«, so schließt er, »er war kleiner als der Durchschnitt und er sagte nichts, das man bewahren müßte. Aber im Reiche bewunderten alle seinen Ruhm, egal ob sie würdig waren oder nicht, oder ob sie ihn kannten oder nicht. Und diejenigen, die über das Haudegentum reden, die ziehen seinen Namen als Beispiel heran.« (124/3189)

Daß hier die Zentralisierungsmaßnahmen des Staates kritisiert werden, ist vollkommen eindeutig. Es lassen sich noch viele Beispiele aus einzelnen Kapiteln des Shih-chi anführen, in denen Zeitgenossen des Kaisers Wu abgehandelt werden und in denen sich zeigt, daß das System, sich auf Gefolgsleute zu stützen, im Niedergang war, oder daß Männer, die sich einst mit zahllosen Gefolgsleuten umgeben hatten, plötzlich ohne Unterstützung dastanden.

Über einen Onkel des Kaisers heißt es zum Beispiel, daß er nach dem Tode der Kaiserinwitwe, die ihn protegiert hatte, immer mehr aus der Nähe des Kaisers ferngehalten wurde und keine Verwendung mehr fand. »Da er nun machtlos war, zogen sich seine Gefolgsleute nach und nach zurück und behandelten ihn mit Geringschätzung und Verachtung. Nur General Kuan wich nicht von seinem vorherigen Verhalten ihm gegenüber ab.« (107/2845) Das gleiche Phänomen erwähnt auch die Biographie eines Mannes namens Chu-fu Yen: »Als er adlig und begünstigt war, da zählten seine Gäste und Gefolgsleute nach tausenden. Als er aber hingerichtet und seine Sippe ausgerottet wurde, da war nicht ein Einziger, der [seinen Leichnam] aufgenommen hätte, nur K'ung Chü aus Chiao beerdigte ihn.« (112/2962)

Und zu zwei weiteren Männern, deren Biographien im 120. Kapitel stehen, sagt Ssu-ma Ch'ien:

> »Auf würdige Männer wie diese beiden traf zu, daß sich in Zeiten, da sie Einfluß genossen, die Gäste und Klienten bei ihnen zu Dutzenden einfanden. Als sie aber keinen Einfluß mehr hatten, da war dies nicht mehr der Fall. Um wieviel mehr muß das auf gemeine Männer zutreffen? Ein Herr … hat dazu etwas [Bedenkenswertes] gesagt. Vordem war er Justizminister, und die Gäste und Gefolgsleute drängten sich an seiner Pforte. Als er aber abgesetzt wurde, da hätte man vor seiner Tür ein Netz zum Vögelfangen aufstellen können. Als der Herr dann wieder Justizminister wurde, da wollten die Gäste und Gefolgsleute wieder zu ihm, doch er schlug an seine Pforte an: »Wenn man einmal [wie] tot war und dann einmal lebt, dann weiß man, wie tief das Gefühl [wahrer] Freundschaft ist. Wenn man einmal arm war und einmal reich, dann kennt man das [rechte] Verhalten bei der Freundschaft. Wenn man einmal adlig war und einmal niedrig, dann zeigt sich das [wahre] Gefühl der Freundschaft.« Ach, das hätten Chi An und Cheng Tang-shih [die beiden behandelten Männer] doch auch sagen können!« (Kapitel 120/3113f)

Zunächst wird hier nur eine Gesetzmäßigkeit abgehandelt, die auch in der Zeit des Herrn von Meng-ch'ang, von dem ganz zu Anfang die Rede war, schon gültig war. Dieser hatte sich ebenfalls beklagt, als ihn seine Gefolgsleute und Gäste nach seiner Entmachtung verlassen hatten und dann wiederkamen, als er die Macht wieder zurückgewann. Doch einer der Gäste hatte auf ihn eingeredet:

»Ich möchte die Gefolgsleute nicht entschuldigen, aber ich meine, daß Ihr Euch täuscht. Es gibt bestimmte Sachverhalte, die zwangsläufig eintreffen, und Angelegenheiten, die felsenfest sicher sind ... Jeder Lebende muß eines Tages sterben, das ist ein Sachverhalt, der zwangsläufig eintrifft. Und daß einer, der reich und adlig ist, viele Männer bei sich hat, einer, der arm und niedrig ist, aber nur wenig Freunde, das ist eine Angelegenheit, die felsenfest sicher ist ... Daß Eure Gäste und Gefolgsleute Euch alle verlassen haben, das sollte Euch nicht zu einem Haß auf sie verleiten, so daß Ihr den Weg für Gäste und Gefolgsleute ganz versperrt. Ich wünschte, Ihr möget den Gefolgsleuten begegnen wie in alten Zeiten.« (Kapitel 75/2362)

Während aber in der alten Zeit, aus der dieses Gespräch überliefert ist, das System, daß ein Adliger Gefolgsleute um sich zu scharen hatte, um sich eine Machtposition aufzubauen, niemals in Frage gestellt wurde, ist das in der Zeit, zu der Ssu-ma Ch'ien schreibt, ganz anders. Während die Gefolgsleute den alten Adel verlassen, scharen die neuen Machthaber eben keine Gäste mehr um sich. Dies ist ein Verhalten, das Ssu-ma Ch'ien deutlich verachtet. Das zeigt sich daran, daß er die beiden mächtigsten Männer seiner Zeit, die mit dem Kaiser verwandten Generäle Wei Ch'ing und Huo Ch'ü-ping, am Ende eines Kapitels erwähnt, in dem er die verachtenswürdigen Günstlinge der Han-Herrscher beschrieben hat (125/3196). Der Grund für diese Herabsetzung ergibt sich aus der abschließenden Würdigung dieser beiden Männer, die am Ende ihrer Biographie steht:

»Su Chien hat mir berichtet, daß er einst Wei Ch'ing, den Generalissimus, dafür getadelt hat, daß dieser, obwohl er eine Vertrauensstellung genoß, von den Würdigen im Reiche nicht gelobt wurde.
‚Du solltest Dir ansehen, wie die berühmten Generäle des Altertums daran arbeiteten, würdige Männer auszuwählen und voranzubringen, und Du solltest danach streben, ihrem Beispiel zu folgen.'
Doch der General lehnte diesen Rat ab mit den Worten:

‚Seit [die beiden Kanzler der frühen Zeit des Kaisers Wu der Han] Tou Ying und T'ien Fen durch ihre Großzügigkeit eine eigene Gefolgschaft um sich scharten, hat der Himmelssohn [über solches Verhalten] oftmals mit den Zähnen geknirscht. Als jene persönlich Beamte und Würdenträger um sich sammelten, Würdige riefen und Unfähige entfernten, [maßten sie sich damit] die Machthebel des Himmelssohnes an. Ein Untertan hat

nichts weiter zu tun, als den Gesetzen zu gehorchen und seine Pflichten zu erfüllen. Was soll ich Männer berufen!' … Solche Generäle waren sie.«
(Kapitel 111/2946)

Ssu-ma Ch'ien straft die beiden Generäle deswegen mit Verachtung, weil sie an der Bürokratisierung des Staates mitarbeiteten und, wie er denkt, aus Feigheit vor dem Kaiser darauf verzichteten, sich eine eigene Gefolgschaft aufzubauen.

Doch wird hier wirklich nur der Niedergang eines alten Systems beschrieben, dasjenige vom Herrn mit seinen zahllosen Gefolgsleuten nämlich, an dessen Stelle die kühle und gleichmachende Autorität des Staates tritt? Geht es nur um die Beschreibung, wie ein Traditionsrecht, das zum Beispiel die Blutrache erlaubte, im Zuge der Bürokratisierung des Reiches abgeschafft wurde? Wir hatten oben gesehen, daß die Vier Fürsten die letzten Männer gewesen waren, die den Durchmarsch des Weststaates Ch'in hatten aufhalten können. Ihr einiges Vorgehen hatte einen Zusammenbruch eines großen Staates noch einmal verhindert. Doch nach ihren Lebzeiten ließen die einzelnen Lehnsfürsten aus Furcht neben sich keine ähnlich mächtigen Männer mehr zu, und sie wurden den Reichseinigern eine leichte Beute.

An zentraler Stelle wird dieses Thema in den Aufzeichnungen des Historiographen Ssu-ma Ch'ien, aus ganz anderer Perspektive, noch einmal aufgegriffen, nämlich in zwei Vorworten zu einer der chronologischen Tafeln, welche dieses Werk zu einem noch heute schnell benutzbaren Nachschlagewerk machen. Die chronologischen Tafeln sind eine besondere Errungenschaft der Historiographie des Ssu-ma Ch'ien: In ihnen sind die Ereignisse verschiedener historischer Epochen in Gitternetzen übersichtlich dargestellt. Die Tafel, welche die Ereignisse vom Sturz der reichseinenden Ch'in zum Aufstieg der Han darlegt, beginnt zunächst mit einem erstaunten Ausruf: Noch nie sei es einem Dynastiegründer gelungen, das Reich in so kurzer Zeit zu unterwerfen wie den Han. In allen historischen Vergleichsfällen hätte es Generationen, ja zumeist hunderte von Jahren gedauert, bis das Einigungswerk schließlich vollbracht werden konnte. Schwer sei es, das Reich hinter sich zu einigen (16/759). Der Grund, warum es umgekehrt den Han so leicht gefallen war, sei klar ersichtlich: Die Ch'in nämlich hätten aus Furcht vor Aufständen keinerlei Belehnungen durchgeführt, sondern im Gegenteil die berühmten Städte geschleift, die Lanzen eingeschmolzen und die Adligen und Mächtigen entwurzelt, weil sie glaubten, sie könnten dadurch Frieden für zehntausend Generationen erlangen. Doch die Unruhe erhob sich dort, wo sie es nicht vermutet hatten, nämlich in den kleinen Gassen und Stadtvierteln – da, wo auch die Haudegen des Ssu-ma Ch'ien ihre

Heimat hatten. Dem Aufstand dieser Männer hätte man keinerlei Widerstand entgegengesetzt (16/760), wohl weil die Zentralmacht alleine nicht in der Lage war, die Ordnung durchzusetzen. Die Ch'in hatten also nicht aus der Geschichte gelernt, sie übersahen, daß die einzige Macht, die sie selbst einst hatte aufhalten können, nicht die anderen Herrscher waren, sondern eine Machtstruktur in den Gegnerstaaten, die darin lag, daß neben den Fürsten selbst noch andere starke Einheiten bestanden.

Uns soll bei der Lektüre klarwerden, daß die Han zu Lebzeiten des Ssu-ma Ch'ien im Begriff waren, genau denselben Fehler zu begehen, wie vor ihnen bereits die Lehnsstaaten, als sie von Ch'in angegriffen wurden, und die Ch'in selbst, nachdem sie gesiegt hatten: Aus Furcht vor einem Aufstand gegen die eigene Gewalt rotteten sie alle potentiellen Machthaber mit Stumpf und Stiel aus – durch Hinrichtungen und Zwangsumsiedlungen, durch Zerstörung der halbselbständigen Königtümer, kurz: durch Einschüchterung und staatliche Gewalt.

Neben der Beseitigung von Haudegen und großen Familien wurden nämlich zu Zeiten des Kaisers Wu nach und nach auch die Lehnsstaaten, welche die Han ihren eigenen Verwandten erteilt hatten, von der Zentrale konfisziert. »Er machte sich eines Verbrechens schuldig, und sein Lehen fiel an den Staat zurück« heißt es an den betreffenden Stellen zumeist. Nur noch Titularfürsten sind die Angehörigen des Kaiserhauses danach, und die Dynastiegeschichte spart nicht mit der Aufzählung und detaillierten Beschreibung von sexuellen Verfehlungen und Abnormitäten, welchen diese entmachteten Könige sich anschließend aus Langeweile hingaben. Ssu-ma Ch'ien hat ein anderes Konzept davon, wie der Staat richtig aussehen müßte. Das entsprechende Argument wird folgendermaßen formuliert: Zu Beginn der Han hätten, da die Herrscherfamilie nicht wie im Falle der Vorgängerdynastien über Generationen habe wachsen können, nicht ausreichend Familienmitglieder zur Verfügung gestanden. Daher seien die Lehen viel zu groß ausgefallen, und dies wiederum habe dann zu Aufständen geführt. Später, um 150 v. Chr., habe man dagegen in segensreicher Form Abhilfe geschaffen:

> »Der Himmelssohn betrachtete [die Vorgänge] im höchsten Altertum und gab hernach seine Gunst, indem er den Lehnsfürsten gestattete, ihre Liebe dergestalt walten zu lassen, daß sie an Söhne und jüngere Brüder Lehen oder Städte abteilen durften. Darum wurde Ch'i in sieben [Staaten] aufgeteilt, Chao in sechs, Liang in fünf und Huai-nan in drei. Letztlich wurden sogar Konkubinensöhne aus Seitenlinien des Himmelssohnes König, und die Konkubinensöhne aus Seitenlinien der Könige Markgrafen. Insgesamt waren dies mehr als hundert.

Vor einiger Zeit … war einigen der Lehnsfürsten nach und nach wegen Übertretungen Land abgetrennt worden, so daß Yen und Tai über keine Provinzen mehr verfügten, die an die Nordgrenze anschlossen, und Wu, Huai-nan und Ch'ang-sha über keine mehr, die an die Südgrenze anschlossen. Die an Ch'i, Chao, Liang und Ch'u attachierten Provinzen, die berühmten Berge, Hänge und die Meeresküsten waren sämtlich an die [Zentralmacht der] Han gefallen. Daher wurden die Lehnsfürsten allmählich so unbedeutend, daß die großen Staaten nicht mehr als etwas über zehn Städte hatten und die kleinen Lehnsfürsten nicht mehr als einige Dutzend Meilen [im Geviert]. Nach oben reichte das aus, um Tribute und Pflichten zu erfüllen, nach unten, um Ahnen- und Angeropfer durchzuführen und um die Hauptstadt als Schirm zu unterstützen. Die Provinzen der Han aber zählten achzig oder neunzig, und geographisch lagen sie inmitten der Lehnsfürsten, so wie die Zähne eines Hundes ineinandergreifen. Sie hielten alle Hindernisse und Pässe sowie die Rohstoffe in der Hand, eine Lage, in der Wurzel und Stamm [= die Dynastie selbst] stark und Zweige und Blätter [= die Lehnsfürsten] schwach waren. Da war klar, wer geehrt und wer niedrig war, die zehntausend Angelegenheiten fanden sämtlich ihren Platz.« (Kapitel 17/802)

Zunächst war versucht worden, diese vorteilhafte Lage mit Gewalt herzustellen – dies allerdings hatte im Jahr 154 v. Chr. einen gewaltigen Aufstand entfesselt. Auf einen Berater namens Chu-fu Yen, der uns bei der Behandlung der Einstellung zu den Gefolgsleuten bereits aufgefallen ist, ging hingegen der Vorschlag zurück, Realteilung der Lehen zu betreiben, so daß diese sich auf ganz natürliche Weise verkleinerten, weil nicht nur vom Vater auf den Thronfolger, sondern auch auf alle anderen Söhne Land verteilt wurde. In seiner abschließenden Bewertung des Kaisers, unter dem diese Maßnahme durchgeführt wurde, nämlich des Vaters von Kaiser Wu der Han, sagt Ssu-ma Ch'ien: »Als aber Chu-fu Yen dies erörterte, da wurden die Lehnsfürsten geschwächt und schließlich herrschte dadurch Frieden. Man kann doch einen Mechanismus, der Frieden oder Gefahr bewirkt, sehr wohl planen!« (SC 11/449). Hier sagt Ssu-ma Ch'ien deutlich, wie seiner Ansicht nach die ideale Lage im Reich aussieht: Es gibt Zentren jenseits der Zentralmacht, doch sind diese nicht so stark, daß sie in der Lage wären, das Kaiserhaus in Frage zu stellen. Eine solche Situation wurde um etwa 150 v. Chr. erreicht, wohlgemerkt unter dem Vater des zu Lebzeiten des Ssu-ma Ch'ien herrschenden Kaisers. Schon auf diesem Höhepunkt jedoch setzten Verhältnisse ein, die mit diesem Idealbild durchaus nicht mehr in Einklang zu bringen waren.

In den letzten Jahren ist es in Mode gekommen, die Aufzeichnungen des Historiographen aufgrund ihrer Eigenart, einzelne Geschichten aus vielen verschiedenen Blickwinkeln immer wieder in anderer Schattierung zu erzählen, als postmodernes Werk zu bezeichnen. Was der Historiograph uns sagen wolle, sei gerade deshalb gar nicht herauszufinden. Diese Ansicht ist grober Unfug. Ssu-ma Ch'ien ist nicht nur ein Chronist, nein, für den, der genau liest – und wir dürfen davon ausgehen, daß die Zeitgenossen, die das Werk zu Gesicht bekamen, dies taten – macht er mit seinem Werk einen Vorschlag, wie die ideale Ordnung im Reiche aussehen müßte. Der Berater Chu-fu Yen übrigens, auf den die nach Ansicht des Historiographen ideale Ordnung des Lehnswesens zurückging, wurde aufgrund einer Intrige desselben konfuzianischen Kanzlers zum Tode verurteilt, der auch schon den Haudegen Kuo Hsieh auf dem Gewissen hatte. In der amerikanischen Sekundärliteratur wird Ssu-ma Ch'ien fast einhellig als Konfuzianer bezeichnet. Ich meine dagegen, daß es recht eindeutig ist, daß Ssu-ma Ch'ien in den Konfuzianern seiner Zeit die Zentralisten sah, die den Niedergang des Staates zu verantworten hatten, weil sie gegen jede Form von nichtzentralstaatlicher Gewalt mit bedingungsloser Härte vorgingen.

Daß übrigens die Durchsetzung eines allgewaltigen Staates um die Wende vom zweiten zum ersten Jahrhundert gelungen sei, muß wohl als historiographische Fiktion angesehen werden. Das 64. Kapitel des *Buchs der Han* enthält eine hochinteressante – und heute hochaktuelle – Diskussion zwischen dem Kanzler der Han und einem Berater über die Frage, ob die Bevölkerung Bogen und Armbrüste in ihrem Privatbesitz haben dürfe. Der Kanzler vertrat nämlich die Ansicht, daß der allgemeine Besitz von Schußwaffen eine ernste Gefahr für den Staat darstelle. Auch eine zahlenmäßig überlegene Polizeibeamtentruppe könne eine kleine, gut ausgerüstete Räuberbande häufig nicht unter Kontrolle halten, wenn diese weittragende Waffen besäße. Dagegen sei es ein Leichtes, nur mit Kurzwaffen ausgerüstete Feinde zu besiegen. Sein Kontrahent jedoch brachte einige Argumente vor, die so modern anmuten, daß sie auch von der amerikanischen Rifle Association hätten vorgebracht werden können. Schußwaffen dienten schließlich der Verteidigung rechtschaffener Bürger, die den Staat ja letztlich nur unterstützten, wenn sie sich selbst gegen Räuber mit Waffen ausrüsteten. Überdies sei es ein Traditionsrecht, den eigenen Bogen oder die Armbrust daheim zu haben, denn schon Konfuzius habe ja den Wert der jährlichen Bogenschießzeremonien betont. Würden ferner Schußwaffen für rechtschaffene Bürger verboten, dann wären sie den Räubern schutzlos ausgeliefert, denn diese hielten sich bekanntermaßen ohnehin nicht an Verbote.

Der Kaiser stimmte dieser Argumentation zu. Allerdings ist bezeichnend, daß diese Diskussion nur im *Buch der Han* des Pan Ku und nicht in den Aufzeichnungen seines Vorgängers Ssu-ma Ch'ien enthalten ist. Ssu-ma Ch'ien war bemüht, den Kaiser als einen Mann darzustellen, der das Gewaltmonopol des Staates kompromißlos und ohne Rücksicht auf Verluste durchsetzte. Berichte von Diskussionen über das Thema, die bei dem späteren Historiographen überliefert sind, dienen dazu, dieses Bild zu relativieren.

Die erste Standardgeschichte Chinas ist ein Werk, das den Zusammenbruch einer alten Welt beschreibt und gleichzeitig die Verfehlungen beim Aufbau einer neuen Ordnung. Was wir aus der frühen Historiographie des Ssu-ma Ch'ien erfahren, das reflektiert wohl nur zu Teilen die historischen Zusammenhänge der Zeit. Es ist, und das ist bemerkenswert, wenn wir bedenken, daß dies Werk am Anfang einer glorreichen historiographischen Tradition steht, mit der sich die chinesischen Dynastien legitimierten, ein oppositionelles Buch, das voll ist von beißendem Sarkasmus. Zwischen den Zeilen aber steht ein Plan dafür, wie ein künftiger Herrscher die Fehler der Gegenwart vermeiden und eine stabile Weltherrschaft errichten kann.

Anhang:

Shih-chi 124: Die Fahrenden Haudegen

(Übersetzt von Hans van Ess)

Meister Hann [ein Denker des 3. vorchristlichen Jahrhunderts, der der sogenannten legalistischen Schule zugerechnet wird] sprach: »Die konfuzianischen Gelehrten bringen durch ihre Bildung die Gesetze durcheinander, die Haudegen aber verstoßen durch ihre Kriegstüchtigkeit gegen die Verbote.« Beide [Gruppen] kritisiert er, doch die Literaten werden vielfach von unserem Zeitalter gepriesen. Indessen gehörte wahrlich keiner von ihnen zu denen, die dadurch erwähnenswert wären, daß sie durch ihre Künste die Stellung eines Kanzlers, Ministers oder Würdenträgers errangen, den Herrschern ihrer Zeitalter halfen und deren verdienstvoller Name eingeschrieben steht in den Annalen. Was aber solche Männer angeht wie [die Schüler des Konfuzius] Chi Tz'u oder Yüan Hsien, so sind dies Männer aus kleinen Gassen und Hinterhöfen. Sie lesen

Schriften und halten sich an das Ideal der Tugend von Edlen, die allein auf sich gestellt sind. In ihrem Gerechtigkeitsempfinden treten sie nicht leichtfertig in Übereinstimmung mit ihren Zeitgenossen, weshalb diese sie ihrerseits verlachen. Daher waren die Wohnungen von Chi Tz'u und Yüan Hsien zeit ihres Lebens leer, ihre Türen aus Brombeerdornen geflochten, und sie verabscheuten nicht härene Gewänder und fleischlose Kost. Seit ihrem Tode sind über vierhundert Jahre vergangen, und doch werden die Schüler nicht müde, sich ihrer zu erinnern.

Das Betragen der Fahrenden Haudegen aber deckt sich zwar nicht mit der korrekten Gerechtigkeit, doch auf ihre Worte ist jedenfalls Verlaß, ihre Taten sind kernig, und wenn sie etwas zugesagt haben, dann stehen sie immer dazu. Ihr eigener Leib ist ihnen nichts wert, wenn sie einem Mann in Not zu Hilfe eilen müssen. Und wenn sie dann einen dem Untergang Geweihten bewahren oder ein schon [fast] Toter [durch sie] am Leben blieb, dann prahlen sie nicht mit ihren Fähigkeiten. Ja, sie würden sich schämen, sich ihrer Tugend zu brüsten. Unter denen gibt es doch wohl auch solche, die vielen Ansprüchen genügen! Denn jeder Mensch kommt von Zeit zu Zeit einmal in Bedrängnis.

Der Herr Großschreiber [Ssu-ma Ch'ien] sprach: Einst mußte sogar [der mythische Kaiser] Shun von Yü in Brunnen und Scheuern schuften, I Yin mußte Dreifüße und Speisetische schleppen, Fu Yüeh sich bei den [Sträflingen] des Engpasses von Fu verbergen und Lü Shang litt Not an der Jujubenfurt, I-wu wurde in einem hölzernen Zwinger gehalten, Po-li Hsi fütterte Rinder, Konfuzius erschrak in K'uang und seinem Gesicht war anzusehen, daß er in den Staaten Ch'en und Ts'ai nur Gemüse gegessen hatte. All dies sind Männer, von denen die Literaten sagen, sie hätten den rechten Weg und die Tugend der Menschlichkeit gehabt. Und doch gerieten sie in solche Lagen! Um wieviel mehr muß dies einem geschehen, der nur mit durchschnittlicher Begabung ausgestattet die Endausläufer eines Zeitalters der Wirrsale durchmißt? Mit welchen Worten sollte man das Unheil noch beschreiben, das ihm widerfährt?

Bei den einfachen Leuten sagt man: »Was weiß ich von Menschlichkeit und Gerechtigkeit. Wer mir Nutzen widerfahren läßt, den nenne ich tugendhaft!« Als daher Po-i [ein in der chinesischen Tradition berühmter Loyalist der untergegangenen Dynastie Shang, welcher sich der neuen Dynastie Chou nicht anschließen wollte, weil er ihr Vorgehen für moralisch falsch hielt] am Berge Shou-yang Hungers starb, da mußten Wen und Wu [die Gründerkönige der Chou] seinetwegen nicht auf die Königswürde verzichten. Auch wenn die [Räuber] Chih und Ch'iao grausam und brutal handelten, priesen ihre eigenen Anhänger dennoch pausenlos ihre Gerechtigkeit. Von hier aus betrachtet verhält es sich doch so: »Einer, der einen Haken stiehlt, den richtet man hin. Wer aber einen Staat stiehlt, der wird Markgraf. Und an den Pforten eines Markgrafen, da sind Menschlichkeit und Gerechtigkeit.« Das ist kein leeres Wort.

Nun gibt es unter den Literaten einige, welche an jedem Zoll ihres Gerechtigkeitsempfindens festhalten und daher über lange Zeiträume einsam unter ihren Zeitgenossen dastehen. Das ist sicherlich besser als das Verhalten derer, die ihre Reden auf das niedrige herrschende Niveau absenken und sich den üblichen Bräuchen anpassen, die sich also mit ihrem Zeitalter treiben lassen, um so zu Ruhm und Ansehen zu gelangen! Wenn aber die Männer, welche die Stoffkleidung des einfachen Volkes tragen, einmal ihr Einverständnis zu Geben oder Nehmen gegeben haben, dann würden sie für etwas, worüber man in tausend Meilen ein Loblied der Gerechtigkeit anstimmt, sterben, ohne auf das Urteil ihres Zeitalters zu achten. Diese Männer haben auch ihre Stärken und tun dies nicht einfach aus Unüberlegtheit heraus. Darum können Männer, die in Not geraten, jemandem ihr Leben anvertrauen. Sind diese [Haudegen] nicht solche, welche die Menschen als die Herausragendsten unter den Würdigen und Vornehmen bezeichnen? Wahrlich, wollten wir die Macht der Haudegen aus den Dörfern und Weilern mit derjenigen eines Chi Tz'u oder eines Yüan Hsien messen und ihre Kräfte wägen oder ihre jeweiligen Verdienste um unser gegenwärtiges Zeitalter überprüfen, dann würden wir tagelang erörtern. Wenn es darum geht, ob sich ihre Erfolge eingestellt oder ihre Worte als verläßlich erwiesen haben, dann darf man das Gerechtigkeitsempfinden der Haudegen nicht als gering einschätzen!

Von den Haudegen des Altertums, welche die Stoffkleidung des gemeinen Mannes trugen, können wir nichts mehr erfahren. In jüngerer Zeit konnten solche Männer wie die Herren von Yen-ling, Meng-ch'ang, Ch'un-shen, P'ing-yüan und Hsin-ling als Verwandte von Königen und gestützt auf Reichtümer aus Landbesitz und Ministerposten die Würdigen aus dem ganzen Reiche anziehen. Ihr Name war leuchtend bei den Lehnsfürsten. Man darf wohl sagen, daß sie Würdige waren! Doch verhielt es sich mit ihnen so wie mit einem Ruf, der mit der Windrichtung geht: Man braucht gar nicht lauter zu schreien, er ist bereits durch die Umstände stark. Was aber die Haudegen angeht, die aus kleinen Gassen und Hinterhöfen stammten, so übten diese ihr Betragen, um sich durch Zucht einen Namen zu machen. Ihr Ruf erscholl im ganzen Reich, so daß da keiner war, der sie nicht als Würdige pries. Das erst ist wirklich schwer!

Doch die konfuzianischen Gelehrten und die Mohisten drängten sie hinaus und nahmen sie nicht in ihre Schriften auf. Die Haudegen der Zeit der Ch'in [221–207 v. Chr.] und früher, die aus einfachen Verhältnissen kamen, sind daher untergegangen, ohne daß noch etwas von ihnen zu sehen wäre. Das erfüllt mich mit großem Verdruß.

Meinen Kenntnissen zufolge gab es beim Aufgang der Han den Chu Chia, den T'ien Chung, den Herrn Wang, den Chü Meng und den Kuo Hsieh. Diese verstießen zwar von Zeit zu Zeit gegen das Gesetzeswerk ihrer Zeit, doch ihr eigenes Gerechtigkeitsempfinden machte sie bescheiden, rein, höflich und zurückhaltend, so daß sie Eigenschaften aufwiesen, die ihnen zum Lob gereichten. Ihr Name steht nicht umsonst aufrecht da, die Männer scharten sich nicht umsonst bei ihnen. Parteiungen und Cliquen bilden, bei denen sich die großen Sippen und die starken Häuser zusammenschließen, die eigenen Reichtümer einsetzen, um die Armen zur Fron zu zwingen, als Mächtige und Gewalttätige die Waisen und Schwachen bedrängen, seinen Begierden freien Lauf lassen und nach dem eigenen Genuß leben – dies alles sind Dinge, welche auch die Fahrenden Haudegen verabscheuen.

Ich bin betrübt darüber, daß unsere Zeitgenossen gemeinhin diese Absichten nicht beachten und leichtfertig solche Männer wie Chu Chia oder Kuo Hsieh mit Gewalttätigen und Mächtigen in den einen Topf derjenigen werfen, die man verlachen kann.

Chu Chia aus Lu war ein Zeitgenosse des [Dynastiegründers] Kao-tsu. In Lu gaben [fast] alle Menschen Unterricht in den konfuzianischen Lehren. Chu Chia aber wurde bekannt durch sein Haudegentum. Er versteckte Hunderte von mächtigen Männern, so daß sie [die Zeiten des Dynastiewechsels] überlebten. Des weiteren rettete er unzählige unbekannte Menschen. Doch brüstete er sich niemals seiner Fähigkeiten und bot seine Tugend dar in der einzigen Furcht, jemand könnte von einer der vielen Wohltaten erfahren, die er bewirkte. Die Menschen, denen er half, waren nicht begütert, er begann immer zunächst bei den Armen und Bedürftigen. Seine eigene Familie besaß keine Reichtümer, erfreute sich nicht an farbiger Kleidung, legte beim Essen keinen Wert auf den Geschmack, ihre Wagen wurden nie von mehr Tieren als von einem mageren Ochsen gezogen. Mehr als in eigener Sache eilte er, wenn es um einen Notfall bei jemand anderem ging. Obwohl er den General Chi Pu versteckt gehalten und ihm dadurch das Leben gerettet hatte, zeigte er sich bei ihm nie wieder, als dieser in vornehmen Stand getreten war. Vom Paß, [der die in Zentralchina gelegene Hauptstadtregion abschließt], bis nach Osten reckte ein jeder Mensch den Hals, weil er mit ihm in Kontakt treten wollte.

T'ien Chung aus Ch'u war für sein Haudegentum berühmt. Er verstand sich auf die Schwertkunst und diente dem Chu Chia wie einem Vater, doch meinte er selbst, daß er mit seinem Verhalten nicht an ihn herankomme. Als T'ien Chung tot war, gab es in Luo-yang einen gewissen Chü Meng. Die Männer aus Chou bestritten ihren Lebensunterhalt als Kaufleute und Händler. Nur Chü Meng wurde als einer, der die Tugenden eines Haudegens einsetzte, berühmt bei den Lehnsfürsten. Beim Aufstand [der Königtümer] Wu und Ch'u [im Jahr 154 v. Chr.] war der Markgraf [Chou Ya-fu] von T'iao Oberkommandant [der Regierungstruppen]. Er reiste mit seiner Amtsequipage nach Ho-nan. Da er den Chü Meng in seine Dienste nehmen konnte, sprach er erfreut: »Wu und Ch'u haben sich an so ein schwieriges Werk gemacht und nicht versucht, den Chü Meng an sich zu binden. Daher weiß ich, daß sie nicht dazu in der Lage sein werden, etwas auszurichten!« Zwar war das Reich in hellem Aufruhr, doch war dieser Gewinn für den Herrn Premier so als hätte er einen ganzen Feindesstaat eingenommen!

Das Betragen des Chü Meng glich im großen und ganzen dem des Chu Chia. Doch liebte er das Brettspiel und vergnügte sich gerne mit den Spielen junger Leute. Als aber die Mutter des Chü Meng starb, da kamen aus den entlegensten Gegenden wohl an die tausend Wagen, um ihr das Totengeleit zu geben. Bei seinem Tode besaß die Familie des Chü Meng keine zehn Goldstücke mehr.

Auch Wang Meng, ein Mann aus Fu-li, wurde aufgrund seines Haudegentums in der Gegend zwischen Yang-tse und Huai-Fluß gerühmt. Zu dieser Zeit waren auch die Familie Hsien aus Chi-nan und Chou Yung aus Ch'en für ihr Haudegentum bekannt. Als Kaiser Ching [reg. 156–141 v. Chr.] davon erfuhr, ließ er sie und andere solche Männer sämtlich hinrichten. Danach aber traten allmählich wieder an unterschiedlichsten Orten die Angehörigen der Familie Po in Tai, Han Wu-pi in Liang, Hsüeh K'uang in Yang-ti sowie Hann Ju in Chia auf.

Kuo Hsieh war ein Mann aus Chih. Sein Großjährigkeitsname lautete Weng-po, und Hsü Fu, der gut in den Physiognomien der Menschen zu lesen verstand, war sein Großvater mütterlicherseits. Der Vater des Kuo Hsieh war zur Zeit des Kaisers Hsiao Wen [180–157 v. Chr.] als einer, der die Tugenden eines Haudegens eingesetzt hatte, hingerichtet worden. Kuo Hsieh war von kleiner Statur, aber energisch und nervig, und er trank keinen Alkohol. In seiner Jugend war er ein geborener Verbrecher gewesen, und aus Wut oder Übellaunigkeit tötete er zahlreiche Menschen. Er ließ sich für die Blutrache anderer dingen, versteckte Gesetzlose, beging Raub und Messerstechereien, und wenn er davon Muße hatte, fälschte er Geld oder raubte Gräber aus. Wahrhaftig unzählig war das Register seiner Untaten. Doch wie durch ein Wunder konnte er aus Bedrängnis immer wieder entkommen, oder es gab zufällig gerade eine allgemeine Amnestie. Als Kuo Hsieh dann erwachsen war, mäßigte er sein Betragen und hielt Disziplin. Er vergalt Haß mit Güte, gab großzügig und erwartete wenig dafür.

Doch seine Freude daran, ein Haudegen zu sein, wuchs nur noch mehr. Hatte er jemandem das Leben gerettet, dann prahlte er nicht mit diesem Verdienst. Nur sein angeborener Verbrechertrieb zeigte sich noch in seinem Herzen und blitzte endlich [immer wieder] in seinen Augenwinkeln auf wie ehedem. Die Jünglinge aber bewunderten sein Auftreten und nahmen nun ihrerseits für ihn Blutrache, ohne ihn dies wissen zu lassen.

Weil er sich auf die Stellung des Kuo Hsieh verließ, wollte einer von dessen Neffen einen Mann, mit dem zusammen er sich betrank, dazu bringen, einen Becher auf einen Zug zu leeren, und als dieser das nicht bewältigen konnte, flößte er ihm den Inhalt zwangsweise ein. Der Trinkpartner wurde wütend, griff zu seinem Dolch, erstach den Neffen des Kuo Hsieh und floh. [Seine Mutter], die Schwester des Kuo Hsieh, zürnte: »Bei deinem Gerechtigskeitssinn kann ein Mann meinen Sohn ermorden, ohne daß man den Verbrecher stellt!« Und sie warf den Leichnam auf die Straße und begrub ihn nicht, um so den Kuo Hsieh bei seinem Ehrgefühl zu packen. Da beauftragte Kuo Hsieh jemanden, den Aufenthaltsort des Mörders auszuspionieren. Dieser kehrte in seiner Not aus eigenem Antrieb zurück und berichtete dem Kuo Hsieh wahrheitsgemäß den ganzen Vorfall. Da sprach Kuo Hsieh: »Mein Herr, Sie taten Recht daran, ihn umzubringen. Unser Junge war im Unrecht!« Dann schickte er den Mörder fort, gab seinem Neffen die Schuld, nahm den Leichnam auf und bestattete ihn. Als die Honoratioren davon hörten, zeigten sie alle Hochachtung vor dem Gerechtigkeitssinn des Kuo Hsieh und schlossen sich ihm noch näher an.

Wo Kuo Hsieh aus- und einging, da wichen die Menschen vor ihm zurück. Einmal aber war da einer, der im Schneidersitz saß und ihn unverwandt betrachtete. Da schickte Kuo Hsieh jemanden, nach seinem Namen zu fragen. Der Gefolgsmann wollte den anderen töten, doch Kuo Hsieh sprach: »Wenn es dazu kommt, daß mich einer an meinem eigenen Wohnort nicht respektiert, dann heißt das, daß ich mich nicht um meine Ausstrahlung gekümmert habe. Was trifft den die Schuld?« Dann gab er heimlich einem Sekretär des örtlichen Kommandanten den Hinweis: »Dieser Mann ist ein enger Vertrauter von mir. Wenn der an die Reihe kommt, das Geld für einen Reservisten als Ersatzmann für seinen Militärdienst zu zahlen, dann laßt ihn gehen!« Jedesmal wenn nun die Reihe an diesen Mann kam, seine Militärabgabe zu entrichten, wurde er übergangen. Da wunderte er sich darüber, daß die Beamten nichts von ihm wollten und fragte nach dem Grund. Da stellte sich heraus, daß Kuo Hsieh ihn hatte befreien lassen. Da entblößte der Mann, der zuvor noch [dreist] im Schneidersitz geblieben war, seinen Arm und entschuldigte sich für sein Vergehen. Als die Jünglinge davon hörten, bewunderten sie das Verhalten des Kuo Hsieh noch mehr als zuvor.

In Luo-yang gab es zwei verfeindete Familien. In der Stadt wohnten Dutzende von würdigen Honoratioren, die vermittelt hatten, doch hatten die Kontrahenten nie auf sie gehört. Da suchte einer ihrer Gefolgsmänner den Kuo Hsieh auf. Dieser suchte noch in derselben Nacht die verfeindeten Familien auf, so daß diese gezwungenermaßen auf ihn hören mußten. Da sprach Kuo Hsieh zu den verfeindeten Familien: »Ich habe gehört, daß ihr auf viele Herren aus Luo-yang, die hier vermittelt haben, nicht gehört habt. Nun habt ihr glücklicherweise auf mich gehört. Doch wie könnte ich, der ich aus einem anderen Distrikt komme, den Honoratioren und Würdenträgern dieser Stadt die Macht streitig machen?« Und er reiste in derselben Nacht wieder ab, ohne jemanden davon wissen zu lassen. Dazu sagte er: »Außerdem hat das ja sowieso keinen Zweck. Man warte darauf, daß ich wieder abgereist bin und lasse die Honoratioren aus Luo-yang den Streit schlichten. Dann werden sie schon auf sie hören!«

Kuo Hsieh hielt an Ehrfurcht und Respekt fest und wagte nicht, mit seinem Wagen in den Amtssitz des Präfekten zu fahren. Ging er in benachbarte Provinzen oder Königtümer, um für jemanden in einer Angelegenheit vorzusprechen, dann erledigte er diese Angelegenheiten, wenn dies möglich war. War dies [auf amtlichem Wege] nicht möglich, dann stellte er doch immer alle Seiten zufrieden. Danach erst wagte er es, sich Alkohol und Essen schmecken zu lassen. Aus diesem Grunde ehrten die Honoratioren ihn überaus und stritten sich darum, für ihn etwas tun zu können. Oftmals kamen mitten in der Nacht über zehn Wagen von Jünglingen aus seiner Stadt oder von würdigen Honoratioren aus den umliegenden Distrikten an seine Pforte und baten darum, bei Kuo Hsieh [untergeschlüpfte] Gäste aufnehmen und ernähren zu dürfen.

Als man [im Jahr 127 v. Chr. zwangsweise] Honoratioren und Reiche [aus dem ganzen Land] nach Mao-ling [in der Nähe der Hauptstadt] umsiedelte, da erfüllte des Kuo Hsieh Familie die entsprechende Quote nicht, denn sie war zu arm. Doch der zuständige Beamte hatte Angst und wagte nicht, sie nicht umzusiedeln. General Wei [Ch'ing] legte ein Wort für ihn ein und sagte: »Die Familie des Kuo Hsieh ist so arm, daß die Kriterien für eine Umsiedlung nicht auf sie zutreffen.« Der Höchste aber sprach: »Wenn ein gemeiner Mann so mächtig ist, daß er Sie, meinen General, dazu bringen kann, ein Wort für ihn einzulegen, dann kann seine Familie nicht arm sein!« Daraufhin wurde die Familie des Kuo Hsieh umgesiedelt. Für sein Geleit gaben die Honoratioren mehr als zehn Millionen Kupfermünzen aus. Der Sohn eines Mannes namens Yang Chi-chu, der aus Chih stammte, hatte als Gehilfe des Distriktsmagistrates angeregt, daß man den Kuo Hsieh umsiedeln solle. Daher schlug der Sohn von dessen älterem Bruder dem Gehilfen Yang den Kopf ab. Aus diesem Grunde wurden die Familien Yang und Kuo zu Todfeinden.

Als Kuo Hsieh über den Paß kam, da stritten die Würdigen und die Honoratioren der Gegend, ob sie ihn nun kannten oder nicht, darum, sich mit ihm anfreunden zu dürfen, denn sie hatten davon Kunde erlangt. Kuo Hsieh war ein kleiner Mann. Er trank keinen Alkohol, und wenn er ausging, hatte er niemals auch nur einen Reiter bei sich. Nun aber ermordete man auch noch den Yang Chi-chu. Dessen Familie reichte eine Eingabe darüber ein, doch ermordete jemand auch deren Überbringer an den Pforten des Palastes. Als der Höchste das erfuhr, wies er seine Beamten an, den Kuo Hsieh festzunehmen. Dieser aber floh, brachte die Familie seiner Mutter in Hsia-yang unter und eilte selbst weiter bis nach Lin-chin. Chi Shao-kung aus Lin-chin kannte den Kuo Hsieh noch nicht. Dieser hatte sich verkleidet und bat so, [östlich] durch den Paß zu dürfen. Nachdem Chi Shao-kung ihn hinausgelassen hatte, bog Kuo Hsieh ab und zog nach T'ai-yüan [im Norden]. Dabei machte er überall, wo er übernachtete, sofort bekannt, bei wem er wohnen würde, [um nicht seine Gastgeber mit der Straftat des Verbergens eines Verbrechers zu belasten]. Die Beamten konnten seinen Weg deshalb zurückverfolgen, und die Spur führte sie zu Chi Shao-kung. Dieser jedoch beging Selbstmord, damit man von ihm nichts erfahren könnte. Doch nach einer Weile faßte man den Kuo Hsieh. Seine Verbrechen wurden restlos aufgedeckt, doch waren alle Morde, die er begangen hatte, vor der letzten Amnestie geschehen. In [seiner Heimat] Chih aber gab es einen konfuzianischen Gelehrten, der bei den Abgesandten [der Zentralmacht] saß und der, als einer der Gäste den Kuo Hsieh pries, sagte: »Kuo Hsieh tut nichts anders als mit seinen Schurkereien gegen die allgemein gültigen Gesetzte zu verstoßen. Wieso bezeichnen Sie den als einen Würdigen?« Als der Gast des Kuo Hsieh das hörte, tötete er den Gelehrten und schnitt ihm die Zunge ab. Dafür machten die Beamten dem Kuo Hsieh Vorwürfe, doch dieser hatte den Mörder in Wahrheit gar nicht gekannt. Von dem Mörder jedoch fehlte auch jede Spur und niemand weiß, wer er war. Die Beamten sagten daher in einer Throneingabe, daß den Kuo Hsieh keine Schuld treffe. Doch der Kaiserliche Sekretär Kung-sun Hung, [ein Konfuzianer und gleichzeitig der zweithöchste Beamte im Staat], meinte: »Kuo Hsieh hat als einfacher Mann dadurch Macht ausgeübt, daß er sich auf Haudegentugenden verließ. Er hat durch das Funkeln in seinen Augen einen Mann getötet. Auch wenn er nichts davon wußte, ist sein Verbrechen sogar noch schlimmer als wenn er selbst den Mord begangen hätte. Der Schuldspruch sollte auf Hochverrat lauten.« Daraufhin wurde die Familie des Kuo Hsieh, der den Großjährigkeitsnamen Weng-po getragen hatte, ausgerottet.

Nach diesem Vorfall gab es eine riesige Anzahl von Männern, die Haudegen wurden. Doch waren diese überheblich, so daß es nicht lohnt, sie hier aufzuzählen. Doch Fan Chung-tzu aus Ch'ang-an im Land zwischen den Pässen, Chao Wang-sun aus K'uai-li, Kao Kung-tzu aus Ch'ang-ling, Kuo Kung-chung aus Hsi-ho, Lu Kung-ju aus T'ai-yüan, Ni Chang-ch'ing aus Lin-huai und T'ien Chün-ju aus Tung-yang, die waren zwar Haudegen, doch gleichzeitig waren sie bescheiden und hatten das Benehmen von zurückhaltenden Edlen. Was aber solche Leute wie die Familie Yao aus der Nordregion, die ganzen Angehörigen der Familie Tu aus der Westregion, den Ch'ou Ching aus der Südregion und den Chao T'o oder den Yü Kung-tzu aus der Ostregion sowie den Chao Tiao aus Nan-yang angeht, so sind das nur Räuber wie der [bei Chuang-tzu erwähnte] Chih, die eben im Volke leben. Über die lohnt es doch nicht zu reden! [Eines Betragens] wie des ihrigen hätte sich ein Chu Chia früher geschämt!

Der Großschreiber sprach: Ich habe Kuo Hsieh gesehen. Er war kleiner als der Durchschnitt und er sagte nichts, das man bewahren müßte. Aber im Reiche bewunderten alle seinen Ruhm, egal ob sie würdig waren oder nicht, oder ob sie ihn kannten oder nicht. Und diejenigen, die über das Haudegentum reden, die ziehen seinen Namen als Beispiel heran. Heißt es nicht im Sprichwort: »Was hat das Antlitz eines Menschen mit Ruhm und Ansehen zu tun?« Ach, wie bitter!

Literaturangaben

Die Aufzeichnungen des Historiographen (Shih-chi) werden in diesem Artikel zitiert nach der 1959 in Peking erschienenen, modern interpungierten Fassung.

Siehe zu den Aufzeichnungen auch die Übersetzung der Kapitel 1 bis 47 von:
Édouard Chavannes, *Les mémoires historiques de Se-ma Ts'ien*, Band 1 bis 5, Paris 1895-1905,
sowie den Zusatzband
»Les Mémoires historiques« Band 6, Paris 1969,
(mit Übersetzungen der Kapitel 48-52) herausgegeben von Paul Démieville.
Teilübersetzungen ins Englische enthalten:

Burton Watson, *Records of the Grand Historian of China*, Bd. I und II, New York 1961,
Ders., *Records of the Historian, Chapters from the Shih chi of Ssu-ma Ch'ien,* New York 1969.
Yang Hsien-yi und Gladys Yang, *Records of the Historian*, Peking 1979.

Eine englische Gesamtübersetzung in 8 Bänden ist geplant von:
William Nienhauser. Bisher liegen unter dem Titel *The Grand Scribe's Records* die Bände I, II und VII, Bloomington 1994 und 2002, vor.

Eine fast vollständige Übersetzung ins Russische in 8 Bänden hat ferner Rudolf Viatkin erstellt (*Istoricheskie zapiski (»Shi zsi«*, Moskau, Nauka 1972-2002). Leider ist Viatkin vor Abschluß seines Vorhabens verstorben.

Angaben zu weiteren Übersetzungen einzelner Kapitel, darunter einer Reihe von deutschen Übersetzungen, sind dem oben erwähnten Band 6 der *Mémoires historiques* zu entnehmen.

Neben den in diesen Übersetzungen enthaltenen Einleitungen sind die folgenden Einzelstudien hervorzuheben:

Burton Watson, *Ssu-ma Ch'ien, Grand Historian of China*, New York 1958.
Stephen Durrant, *The Cloudy Mirror, Tension and Conflict in the Writings of Sima Qian*, Albany 1995.
Ching-chuan Dzo, *Sseu-ma Ts'ien et l'historiographie chinoise*, Paris 1978.

»Himmel und Erde mit einem Namen begreifen«
Das indische Drama Shakuntala

Jens-Uwe Hartmann

Das frühe Indien hat eine beeindruckende Fülle von Literaturwerken hervorgebracht, deren ältestes, der *Rgveda*, in seinen Anfängen bis etwa 1500 v. Chr. zurückreicht. Epische Dichtung, wie verschiedentlich in diesem Band vorgestellt, zählt selbstverständlich auch darunter, und in Indien erfreuen sich sogar zwei »Nationalepen« bis heute größter Beliebtheit. Ihr Umfang läßt sie jedoch in diesem Rahmen als wenig geeignet für eine Vorstellung erscheinen, vor allem, da man ihren Inhalt nicht, wie etwa bei der *Odyssee*, als mehr oder minder bekannt voraussetzen kann. Zwar ist das längere der beiden, das *Mahabharata*, inzwischen auch im Westen nicht mehr völlig unbekannt, etwa durch die Verfilmung von Peter Brook, aber sein gewaltiger Umfang von rund einhunderttausend Versen – zum Vergleich: die *Ilias* und die *Odyssee* umfassen zusammen »nur« 27 000 Verse – und sein komplexer Aufbau entziehen sich einer kurzen Darstellung.

Daher ist hier nicht das Epos gewählt worden. Nun hat das klassische Indien eine solche Fülle von bedeutenden Werken zum kulturellen Erbe der Menschheit beigetragen, daß sich eine Vielzahl von Alternativen bieten würde. Angesichts dessen ist die Wirkung des Werkes in Europa als ein zusätzliches Kriterium aufgenommen worden, und dies hat dann, beinahe schon zwangsläufig, die Wahl auf das hier vorgestellte Schauspiel und damit auf ein Werk aus dem Bereich der Kunstdichtung fallen lassen. Dessen Stoff ist zwar dem Epos entnommen, aber vom Dichter in charakteristischer Weise für die Zwecke einer dramatisierten Bühnenfassung umgewandelt worden, wie sich noch zeigen wird. Seinen Kurztitel, *Shakuntala*, verdankt es der weiblichen Hauptfigur; der vollständige Titel lautet eigentlich *Abhijnanasakuntalam*, »(Das Drama von) Shakuntala und dem Erkennungszeichen«. Bei einer indischen Dichtung durchaus ungewöhnlich, kann dieses Werk beanspruchen, mindestens zeitweise aus zwei völlig unterschiedlichen Blickrichtungen als herausragend eingestuft worden zu sein. Eine dieser beiden Perspektiven ist natürlich die indische: In Indien ist nämlich bereits in klassischer Zeit – also in den ersten Jahrhunderten nach der Zeitenwende – eine eigenständige Literaturtheorie und damit in gewissem Sinne auch eine Literaturkritik entwickelt worden, und im indischen Urteil gilt die *Shakuntala* bis heute als die vollkommenste dramatische Dichtung und ihr Verfasser als der größte indische Dichter vor dem Beginn der Neuzeit. Das ist die eine Perspektive; viel überraschender ist freilich die zweite. Dies ist eine westliche, und zwar in Gestalt unserer eigenen Literaturkritik, beispielsweise ausgedrückt in der Feststellung: »daß es im ganzen griechischen Altertum keine poetische Darstellung schöner Weiblichkeit oder schöner Liebe gibt, die nur von Ferne an die Sakontala reichte«. Diese unverblümte Feststellung mag verblüffen, und noch mehr, wenn ihr Urheber genannt wird: Es war immerhin Friedrich Schiller, der sich dergestalt in einem Brief an Wilhelm von Humboldt äußerte.

Nun könnte man vermuten, Schillers Bemerkung sei einem augenblicklichen Überschwang unter dem Eindruck der ersten Lektüre geschuldet. Sie ist jedoch keineswegs ein Einzelfall; mühelos lassen sich ihr weitere zur Seite stellen, und dies führt zum Titel des Beitrages: »Himmel und Erde mit Einem Namen begreifen«, so lautet der erste Teil. Auch dies ist ein Zitat, und das hat kein anderer als Johann Wolfgang von Goethe in seiner spontanen Begeisterung über die *Shakuntala* geschrieben, in Gestalt der folgenden zwei vielzitierten Distichen:

»Will ich die Blumen des frühen, die Früchte des späteren Jahres,
    Will ich was reizt und entzückt, will ich was sättigt und nährt,
Will ich den Himmel, die Erde mit Einem Namen begreifen,
    Nenn ich Sakontala dich und so ist alles gesagt.«

Bevor jedoch der Frage nachzugehen ist, was auch Goethe zu einem derart hymnischen Urteil bewegen konnte, sei zunächst umrissen, was von Dichter und Werk an historischer Information bekannt ist. Das Schauspiel ist von Kalidasa verfaßt, dem weitaus berühmtesten Dichter der klassischen Zeit. Wir kennen weitere Werke von ihm, aber seine genauen Lebensdaten sind ebenso unbekannt wie seine Lebensumstände. Es gibt relativ gute Gründe zu der Annahme, er habe zu Anfang des 5. Jahrhunderts n. Chr. gelebt; verläßliche Einzelheiten aus seinem Leben sind jedoch nicht überliefert, und man vermag nicht einmal genau zu sagen, wo er gewirkt haben könnte. Kalidasa bildet in dieser Hinsicht freilich keinerlei Ausnahme; ähnliches gilt für beinahe alle Dichter und Denker des alten Indien vor dem Ende des ersten nachchristlichen Jahrtausends, und daher ist gewöhnlich auch nichts über die Entstehungsgeschichte ihrer Werke bekannt, ganz egal, ob sie einem religiösen oder einem weltlichen Kontext entstammen.

Wie aber konnten Goethe und Schiller jenes Schauspiel kennen? Gegen Ende des 18. Jahrhunderts begannen Vertreter der britischen Kolonialmacht, sich nicht mehr nur für die materiellen Schätze Indiens, sondern auch für das literarische Erbe des Landes zu interessieren. Ab 1780 wurden die ersten Sanskrit-Werke ins

Englische übersetzt, und diese Übersetzungen fielen im Europa an der Schwelle zur Romantik auf einen ungemein fruchtbaren Boden. Sie fanden unter den Gebildeten ein lebhaftes Echo und lösten damit die erste Welle der Indienbegeisterung im Westen aus. 1789 übersetzte Sir William Jones (1746–1794), hauptberuflich Richter am Supreme Court in Calcutta, die *Shakuntala*, die ihm von dem einheimischen Gelehrten zur Lektüre empfohlen worden war, mit dem er zusammenarbeitete. Bereits 1791, also nur zwei Jahre später, lag sie schon auf Deutsch vor, übersetzt von Georg Forster (1754–1794) unter dem Titel »Sakontala oder der entscheidende Ring, ein indisches Schauspiel von Kalidas. Aus den Ursprachen Sanskrit und Prakrit in's Englische und aus diesem in's Deutsche übersetzt«. In dieser deutschen Fassung lernte Goethe das Werk kennen, das ihn zu jenen zwei Distichen begeisterte, die ihrerseits schon im Juli 1791, also noch im selben Jahr wie die Übersetzung, erstmals veröffentlicht wurden.

Seither ist die *Shakuntala* viele Male wieder ins Deutsche übersetzt worden, und es ist staunenswert, wie viele dramatische und vor allem auch musikalische Bearbeitungen das Drama im 19. Jahrhundert allein in Deutschland erfahren hat, von Europa ganz zu schweigen. Stellvertretend für alle anderen seien nur die allerdings fragmentarischen Partiturentwürfe für eine Oper genannt, die Franz Schubert ab 1820 verfaßte, nachdem ihm Johann Philipp Neumann ein Libretto geschrieben hatte. Es gibt wohl kein anderes indisches Werk, die *Bhagavadgita* eingeschlossen, das einen auch nur annähernd ähnlichen Widerhall in Deutschland gefunden hat.

In dem Bemühen, den Ursachen für jenen Widerhall nachzuspüren, muß man sich dem Inhalt zuwenden, und der sei zunächst in wenigen, ganz bewußt generalisierenden Sätzen zusammengefaßt. Eine junge, naive Schöne begegnet einem Herrn in hoher Position; ihre Begegnung bleibt nicht auf den Austausch von lediglich verbalen Freundlichkeiten beschränkt; die Schöne findet sich alsbald guter Hoffnung und sucht den Beistand des Kindsvaters; der Herr aber will von seinem Abenteuer nichts mehr wissen. Soweit zunächst; die Geschichte ist damit noch nicht zu Ende, aber es ist ein Eindruck von der grundlegenden Situation vermittelt. In dieser Kurzfassung klingt sie immerwährend aktuell und hat, nachdem die assoziative Brücke zu Goethe bereits geschlagen ist, vielleicht auch kurz an Faust und Gretchen denken lassen. Allerdings besteht hier, von der grundlegenden Problematik einmal abgesehen, keinerlei weitere Ähnlichkeit, und vor allem ist der Ausgang völlig anders; nach strikt einzuhaltender indischer Konvention soll der Zuschauer am Ende des Stückes nämlich erfreut von dannen ziehen. Unbeschadet dessen, welchen Emotionen er im Verlauf des Schauspiels ausgesetzt gewesen ist, müssen die Ereignisse daher ein gutes Ende nehmen. Aus unserer Sicht mag dies befremden, und der renommierte Religionswissenschaftler und Indologe Helmuth von Glasenapp faßt dieses Unbehagen in Worte, wenn er schreibt: »Schließlich und vor allem aber berührt es uns, die wir an der dramatischen Tradition der Antike groß geworden sind, eigenartig, daß in Indien jedes Schauspiel einen guten Ausgang hat, auch dann, wenn nach unserer Ansicht die ganze Anlage des Dramas eigentlich eine tragische Lösung zu fordern scheint.«

Ansonsten unterscheidet sich das indische Schauspiel erstaunlich wenig von der uns vertrauten Form. Es ist in Akte eingeteilt, die *Shakuntala* beispielsweise in sieben. Kulissen gibt es nicht, wohl aber Kostüme. Die einzelnen Rollen sind Typen, keine Individuen. Sie verändern sich nicht; primär geht es also nicht um den Wandel des Charakters einer Figur, sondern um den Aufbau und den gesteuerten Wechsel von Gefühlen und Stimmungen beim Zuschauer. Das ist wichtig, denn dadurch wirken die Personen im allgemeinen sehr viel statischer, um nicht zu sagen stereotyper, als man das von unseren Theaterkonventionen her gewohnt ist. Es gibt den Helden und die Heldin; eine weitere unabdingbare Hauptrolle ist der Vidushaka, der »Spaßvogel«. Das ist der treue Freund des Helden, ein komischer Part. Ebenso besitzt die Heldin für gewöhnlich eine oder mehrere enge Vertraute. Eine indische Besonderheit ist die Rolle des Schauspieldirektors, der in dem unbedingt dazugehörigen Prolog auftritt, dabei das Stück vorstellt und kurz einleitet. Sein indischer Name, Sutradhara, bedeutet wörtlich »Fadenhalter« und verweist wahrscheinlich auf das Marionettentheater als eine ältere Vorform des Theaters. Schauspieldirektor und Prolog führen übrigens nochmals auf den Faust zurück; zu dem »Vorspiel auf dem Theater«, in dem ja auch der Direktor auftritt, hat Goethe sich in der Tat durch die Lektüre der *Shakuntala* inspirieren lassen.

Eine Besonderheit des indischen Schauspiels – und das ist eine Besonderheit, die sich in keiner Übersetzung nachmachen läßt – besteht in der vorgeschriebenen Verwendung verschiedener Sprachebenen. Jede Rolle hat ihren Code, und dieser hängt ab von Status und Geschlecht. Das Sanskrit, die klassische Bildungs- und Literatursprache des Alten Indien, wird nur von Männern hoher Kastenzugehörigkeit und von besonders gebildeten Frauen wie beispielsweise von Kurtisanen gesprochen. Zur Zeit der Entstehung solcher Werke ist Sanskrit allerdings schon längst keine gesprochene Sprache mehr, sondern ein sekundär erlerntes, überregional verständliches Idiom der Gebildeten. Alle übrigen Personen sprechen Prakrits, das heißt mittelindische Dialekte, die zwar auch nicht mehr mit den tatsächlich gesprochenen Sprachen identisch sind, ihnen aber noch wesentlich näher stehen als das Sanskrit. Daraus wird erkennbar, daß es sich beim Schauspiel um eine literarische Form handelt, die nur für den Gebildeten, den literarischen Connoisseur, in allen Einzelheiten zu verstehen war. Einer der Termini für einen solchen Nenner ist denn auch Nagaraka, abgeleitet von dem Wort *nagara*, »Stadt«; der Nagaraka ist also der Städter, im engeren Sinne der Angehörige einer hochgradig kultivierten städtischen Oberschicht, und genau in diesem Milieu bewegt sich der Dichter, und für einen solchen Rezipientenkreis verfaßt er seine Werke. Ort der Entstehung und der Rezeption des Schauspiels ist die Stadt, und da wiederum vor allem das höfische Umfeld.

Einige Elemente in dieser Kurzbeschreibung des indischen Dramas erscheinen uns überraschend vertraut. Tatsächlich hat man schon längst vermutet, daß dies kein Zufall sei, und naheliegenderweise ist daher immer wieder ein griechischer Ursprung behauptet worden. Wie so oft, trifft die Bemühung um den Nachweis solcher Zusammenhänge auf eine komplexe Problemlage, die hier nicht im einzelnen nachgezeichnet werden kann. Zudem ist die Diskussion nicht immer ganz frei geblieben von dem Wunsch, entweder die Überlegenheit griechisch-römischer Kultur oder aber die Eigenständigkeit der indischen zu erweisen. Einige Ähnlichkeiten wie etwa die Einteilung in Akte sind zweifellos bemerkenswert und legen nahe, an gemeinsame Wurzeln zu denken; andere lassen sich ebenso zwanglos aus älteren indischen Traditionen erklären. Ein grundsätzliches Problem ergibt sich übrigens weniger aus der räumlichen als vielmehr aus der zeitlichen Distanz. In den sechziger Jahren des letzten Jahrhunderts haben die Ausgrabungen einer französischen Delegation in Baktrien, genauer in Ai Khanum am Oxus, an der heutigen Grenze zwischen Afghanistan und Usbekistan, eine vollständige griechische Polis zum Vorschein gebracht, eine Stadt mit einem Gymnasion und mit einem Theater und allem, was sonst noch dazugehört. Sie war als ein Ergebnis der politischen Umwälzungen durch den Alexanderzug gegründet worden und erweist den intensiven Einfluß griechischer Kultur ab 300 v. Chr. in jener Region, die spätestens von diesem Zeitpunkt an auch in politischer und ökonomischer Berührung mit dem indischen Subkontinent steht. Zwar wissen wir natürlich nicht, wie das Theater von Ai Khanum genutzt worden ist, aber die räumliche Distanz ist damit überbrückt.

Als schwieriger erweist sich der Versuch, eine unmittelbare zeitliche Verbindung herzustellen. Ob nämlich das griechische Element beispielsweise in Ai Khanum das zweite vorchristliche Jahrhundert zu überdauern vermocht hat, ist fraglich; die bisher ältesten Belege für das indische Drama stammen jedoch erst aus nachchristlicher Zeit. Dabei handelt es sich um Fragmente aus zwei oder möglicherweise sogar drei Stücken, die in Handschriften aus dem 2. Jahrhundert bewahrt geblieben sind. Allerdings weisen diese Werke bereits alle charakteristischen Elemente des indischen Dramas auf, so daß man dessen Ursprung wohl noch deutlich früher anzusetzen hat. Jedenfalls lassen sich die meisten jener Elemente auch aus indischen Vorlagen ableiten und bedürfen nicht unbedingt griechischer oder römischer Vorbilder, um ihre Entstehung zu erklären. Die Mehrzahl der Forscher sieht daher heutzutage keine Notwendigkeit mehr, nach einem außerindischen Ursprung zu suchen. Dies schließt aber gewiß nicht aus, daß dennoch einzelne Elemente aus dem Westen übernommen worden sind.

Eine weitere Regel des Schauspiels muß noch erwähnt werden; sie besagt, daß der Stoff eines Dramas aus der Mythologie oder aus den Heldensagen stammen soll. Die Geschichte der Shakuntala übernimmt Kalidasa aus dem *Mahabharata*, jenem Heldenepos, das eingangs schon Erwähnung gefunden hatte. Dort dient die Episode zur Herstellung einer Genealogie, oder eher eines Abstammungsmythos, der Helden; der Sohn, den Shakuntala empfängt, ist eine der zentralen Gestalten in diesem Mythos. Sein Name ist Bharata, und von ihm wiederum ist der Titel des Epos abgeleitet (Mahabharata) und letztlich übrigens auch der heutige Name Indiens, nämlich Bharat. Im Epos sind Shakuntala und ihre Geschichte deshalb wichtig, weil sie die Herkunft jenes Bharata begründen; es ist also vor allem die Funktion der Mutter, der Shakuntala ihre Geschichte verdankt. Kalidasa übernimmt zwar die grundsätzliche Konstellation, verändert sie aber so, daß Shakuntala nunmehr als Frau in den Mittelpunkt treten kann. Durch diesen Kunstgriff vermag er ganz andere Stimmungen zu evozieren, als sie die epische Fassung vorgegeben hat. Als Grundstimmung wählt er dabei die erotische nach der Terminologie der indischen Theoretiker, die insgesamt neun solcher Stimmungen unterscheiden.

Im folgenden soll versucht werden, einen Eindruck von der Komposition und vom Gang der Handlung zu vermitteln, teils durch Zusammenfassungen, teils aber durch Zitate, um auch den Dichter selbst in seinen Dialogen zu Wort kommen zu lassen. Wie bereits erwähnt, beginnt jedes Drama mit einem Vorspiel, in dem der Schauspieldirektor in einer Art conférence höchstpersönlich das Stück einführt.

Das Stück beginnt folgendermaßen: Nach einer Verehrungsstrophe an den Gott Shiva tritt der Direktor auf (die Zitate folgen mit geringen Modifikationen der Übersetzung von Hans Losch).

»SCHAUSPIELDIREKTOR (*blickt zum Ankleideraum hinter der Bühne*). Meine Liebe, wenn du deine Toilette beendet hast, komm einmal her.
SCHAUSPIELERIN. Da bin ich schon, Herr.
DIREKTOR. Das Publikum, das du hier vor dir siehst, besteht größtenteils aus Gebildeten. Ihm wollen wir heute mit einem neuen Drama »Shakuntala mit dem Erkennungsring« aufwarten. Das Thema ist von Kalidasa bearbeitet worden. Deshalb muß jede Rolle sorgfältig studiert werden.
SCHAUSPIELERIN. Dem Herrn schlägt doch nichts fehl, denn er weiß alles ausgezeichnet in Szene zu setzen. [...] Sag mir, was ich jetzt tun soll.
DIREKTOR. Was wohl anders, als sich das Ohr des Publikums gewinnen! Be-

singe doch die Sommerzeit, die gerade begonnen hat und so richtig zum Genießen paßt!«

Die Schauspielerin singt einige Strophen, dann spricht wieder der Direktor:

»Meine Liebe, du hast prächtig gesungen. Das ganze Publikum, von deiner Weise tief bewegt, ist gleichsam zu einem Bilde erstarrt. Mit welchem Schauspiel wollen wir es denn nun erfreuen?

SCHAUSPIELERIN. Der Herr hatte doch bereits das neue Stück »Shakuntala mit dem Erkennungsring« zur Aufführung bestimmt!

DIREKTOR. Meine Liebe, du hast es wieder ins Gedächtnis zurückgerufen, wie es sich gehört. Ich hatte es wirklich im Augenblick vergessen. Und warum?

Gewaltsam hat dein Lied mich fortgerissen,
wie König Dushyanta die hurtige Gazelle.«

Damit endet das Vorspiel, und gleichzeitig ist eine gelungene Überleitung in den ersten Akt hergestellt. Ein Szenenwechsel folgt: Hoch zu Wagen treten auf der eben genannte König Dushyanta, Pfeil und Bogen in der Hand, und sein Wagenlenker, einer Gazelle nachjagend. Der König legt an und will schießen; in diesem Moment werden Stimmen hinter der Bühne laut: »O König, das ist eine Gazelle, die zur Einsiedelei gehört. Die darf man nicht töten.« Zwei Asketen treten auf und begrüßen den König mit dem Wunsch, er möge einen Weltherrscher als Sohn bekommen. Dieser Wunsch ist eigentlich nicht ungewöhnlich, aber hier enthält er schon eine Anspielung auf die folgenden Ereignisse, und die Dialoge sind reich an solchen Anspielungen. Oft indirekt vorgetragen, bedarf es eines feinen Ohres und einer guten Kenntnis des Stoffes, sie herauszuhören. Gerade diese dezente Art der Anspielungen aber manifestiert dem Zuhörer den meisterhaften Dichter. Schon die Jagdszene selbst enthält eine solche Anspielung; von der Gazelle wird der König ablassen, um sich alsbald einer anderen Art von Jagdbeute zuzuwenden.

Der König erfährt, daß das Oberhaupt der Einsiedelei unterwegs ist und daß dessen Tochter, nämlich Shakuntala, mit dem Empfang von Gästen betraut ist. Daraufhin beschließt er, der Einsiedelei einen Besuch abzustatten. Was hat man sich nun im indischen Kontext unter einer solchen Einsiedelei vorzustellen? Das Drama ist im wesentlichen an zwei Schauplätzen lokalisiert, nämlich einerseits im Königspalast und andererseits in der Wildnis, besser vielleicht in der Natur, und dort wiederum an einer religiösen Stätte. Dies ist eines der vielfältigen Gegensatzpaare des Stückes, aus denen sehr kunstvoll Spannungsbögen aufgebaut werden. Solche Gegensätze bestehen unter anderem zwischen weltlich und religiös, zwischen hochkultiviertem Stadtleben und Asketenidylle in der Waldeinsamkeit, zwischen dem erfahrenen König und dem unverfälschten Naturkind Shakuntala. Die Einsiedelei selbst ist ein Topos in altindischen Vorstellungen, dessen Beschreibung bestimmten Konventionen folgt. Dorthin können sich Menschen zurückziehen, und zwar Männer und Frauen gemeinsam und besonders dann, wenn sie ihre weltlichen Pflichten wie die Erzeugung von Nachkommenschaft erfüllt haben und für den Rest ihrer Tage ein religiös bestimmtes Leben führen wollen. Daher leben dort Frauen und eventuell sogar Kinder, die allerdings nicht dort entstanden sind, denn die Beachtung der Keuschheit bildet eine der zentralen Lebensregeln in der Einsiedelei. Vor allem die Männer obliegen in der Einsiedelei verschiedenen körperlichen Askeseübungen. Waren die unkultivierte Natur und besonders der Wald in der älteren indischen Literatur noch Stätten der Gefahr und der Bedrohung, lassen sie sich in der Zeit Kalidasas bereits als Idylle zeichnen, als positive Gegenwelt zur Stadt, und gerade das hat seinerzeit die Romantiker ungemein angesprochen. Die Einsiedelei wird zum reinen und friedvollen Gegenentwurf des zwar zivilisatorisch angenehmen, aber moralisch doch zweifelhaften Stadtlebens stilisiert. Gleichzeitig wird diese Stilisierung aber wieder durchbrochen, und es findet eine Art von Inversion statt: die Einsiedelei wird nämlich zum Schauplatz von Liebe und Erotik werden, während der Palast hingegen sich als ein Ort des Verlustes und der Enthaltsamkeit zeigen wird. Aus dem Verstoß gegen die Regeln der Einsiedelei, vor allem aus der Mißachtung des Keuschheitsgebotes durch Shakuntala und den König, entsteht Schuld, und diese Schuld muß in den folgenden Ereignissen und in den leidvollen Erfahrungen, die sich daraus für die Hauptakteure ergeben, wieder abgetragen werden, damit es am Schluß zu einer den Zuschauer glücklich stimmenden Lösung kommen kann.

Aus Respekt vor der religiösen Stätte legt der König Waffen und Insignien ab und betritt den Bezirk der Einsiedelei. Er hört Stimmen, sieht drei junge Asketinnen, ist von dem Anblick entzückt und beschließt, ihnen ungesehen zuzuhören. Shakuntala tritt mit zwei Freundinnen auf. Der Dialog zwischen den drei Mädchen bietet reichlich Gelegenheit, mit den notwendigen Anspielungen für die erotische Grundstimmung zu sorgen. Hier bleibt es aber nicht nur bei Anspielungen; es ist durchaus legitim, körperliche Reize zu benennen. Erotisches darf angesprochen, der Vollzug aber nicht auf der Bühne dargestellt werden, ebenso wenig übrigens wie Kampf, Tod und dergleichen; das verbietet die Konvention, und das muß man wissen, weil es vor unserem Erfahrungshintergrund leicht den Eindruck von Handlungsarmut erzeugt. Dem Erstübersetzer Sir William Jones schien manches sogar zu erotisch, so daß er es wegließ oder umformulierte, und dies gilt natürlich auch für die darauf beruhende deutsche Erstübersetzung; Goethe lag also sozusagen eine entschärfte Fassung vor. Um jedoch falschen Erwartungshaltungen vorzubeugen, sei rasch hinzugefügt, daß heute in jedem Schulbuch stehen könnte, was damals allzu freizügig erschien. Dem König jedenfalls entgehen Shakuntalas Reize nicht, und er fragt sich nach der Kastenzugehörigkeit der jungen Dame. Diese Frage verrät, daß er durchaus ernsthafte Interessen hat, denn die Frage einer Vereinbarkeit der Kaste erweist sich nur bei Heirat und Nachkommen als wichtig.

Als Shakuntala von einer Biene attackiert wird, tritt der König hervor und bietet seine Hilfe an, freilich ohne sich zu erkennen zu geben. Nun kann er jedoch die Abstammungsfrage bearbeiten. Er verwundert sich, wie Shakuntala denn die Tochter des Oberhauptes der Einsiedelei sein könne, wo doch jedermann weiß, daß dieses Oberhaupt seit langem schon das Keuschheitsgelübde einhält. Zu seiner großen Freude erfährt er, daß jener nur der Ziehvater, ihr leiblicher Vater hingegen ein anderer berühmter Asket ist, aber einer, der im Gegensatz zu dem Ziehvater aus einer passenden Kaste stammt. Jene Persönlichkeit vollzog härteste Bußübungen und war dabei so erfolgreich, daß die Götter in Unruhe gerieten. Askese, Selbstkasteiung und Keuschheit erzeugen nach altindischer Vorstellung nämlich innere Kräfte von magischer Qualität, die so wirkmächtig werden können, daß sie sogar über die Götter Gewalt verleihen. Dies aber wird schon in der Genese im Götterhimmel bemerkt und erzeugt dort lebhafte Unruhe, und es muß daher raschestens unterbunden werden. Wie geschieht das? Dazu bedarf es der ältesten Spezialwaffe der Welt gegen das Asketentum, da wird eine Frau geschickt. Für diesen Zweck greifen die Götter gern auf eine andere Kategorie übernatürlicher Wesen zurück, eine Art Nymphen, die für ihre überaus verführerische Schönheit berühmt sind. Das Ergebnis sei wiederum in den Worten des Dramas vorgeführt. Eine der beiden Freundinnen spricht:

»Um seine Askese zu stören, schickten sie eine Nymphe namens Menaka.

König. Es gibt solche Ängstlichkeit bei den Göttern, wenn es sich um die Versenkung anderer handelt.

Freundin. Als er dann zur herrlichen Frühlingszeit ihre betörende Schönheit gesehen hatte … (Sie hält vor Scham mitten im Satz inne.)

König. Ich weiß schon, was geschah. Jedenfalls ist diese die Tochter der Nymphe.«

Er ist entzückt, und mehr noch, als die drei Mädchen ihn einladen, sie erneut zu besuchen. Dann geht er ab, weil er hört, daß sein Jagdtroß bei der Einsiedelei angekommen ist und Unruhe stiftet.

Der zweite Akt beginnt mit einem Monolog des Vidushaka, des närrischen Vertrauten des Königs. Er beschwert sich über die Unbilden, welche die königliche Jagdleidenschaft mit sich bringt:

»Weil da eine Gazelle, dort ein Wildschwein, dort ein Tiger ist, rennt man selbst mittags von einem Wald in den anderen, und die Bäume spenden doch im Sommer nur spärlichen Schatten. Dann trinkt man das scharf schmeckende Wasser der Berggewässer, das einem zudem den Mund zusammenzieht, weil viele Blätter darin schwimmen [...]«.

Außerdem hat er bemerkt, daß der König verliebt ist, und fürchtet daher ein weiteres Verweilen im Wald. Als der König kommt, klagt er ihm sein Leid und bittet um Urlaub. Dem König paßt das gut; als auch noch sein Heerführer hinzutritt und die Jagd als moralisch verwerflich bezeichnet, läßt er sie abbrechen. Kaum ist er mit dem Vidushaka wieder allein, beginnt er, ihm von Shakuntala vorzuschwärmen. Der fragt, ob der König denn Indizien dafür habe, daß seine Gefühle erwidert werden. Der König glaubt das wohl und beschreibt einige Details, etwa wie Shakuntala schamhaft seinen Blicken ausgewichen sei – Blickkontakte und deren Vermeidung sind ein wichtiges Element erotischer Beschreibungen – oder wie Shakuntala ihren Weggang verzögert habe, indem sie ihr Gewand von einem Ast löste, an dem es sich gar nicht verfangen hatte. Vielfach gelingen dem Dichter solche hübschen Bilder, die zeigen, daß er durchaus in der Lage ist, den Rollen Leben zu verleihen, auch wenn es grundsätzlich eben gar nicht darum geht, die Entwicklung oder den Wandel eines Charakters psychologisch glaubhaft nachzuzeichnen.

Der König sucht nach einem Vorwand, bei der Einsiedelei zu verweilen. Als die Asketen ihn bitten, böse Geister zu vertreiben, die in Abwesenheit des Oberhauptes die religiösen Zeremonien stören, nimmt er das gerne an; ebenso gern nimmt freilich der Vidushaka das Angebot an, schon voraus in die Stadt zurückzukehren. Den König befallen allerdings Bedenken, denn der Vidushaka ist ja nun eingeweiht:

»König (für sich). Wankelmütig ist der Bursche. Er könnte von meinem Wunsch im Harem erzählen. Nun gut, ich will mit ihm reden. (Den Vidushaka bei der Hand nehmend, laut.) Freund, ich gehe wegen der Ehrfurcht vor den Weisen in die Einsiedelei. Ich habe wirklich kein Verlangen nach einem Asketenmädchen.«

Mit diesem Ablenkungsversuch endet der zweite Akt.

Schauplatz des nächsten ist weiterhin die Einsiedelei. Der König irrt herum, liebeskrank, und auch Shakuntala leidet. Vorgeblich ist sie von der Hitze mitgenommen, aber der Zuschauer weiß, daß bei beiden ein anderes Leiden dahintersteckt. Wieder findet der König Shakuntala mit ihren beiden Freundinnen, und erneut kann er ihnen ungesehen zuhören. Auf diese Weise erfährt er, daß seine

Gefühle tatsächlich erwidert werden, ebenso aber, daß die beiden Freundinnen auch seine Blicke und seinen Zustand richtig deuten. Um die Verliebten zusammenzubringen, empfehlen die Freundinnen einen Liebesbrief, und tatsächlich ritzt Shakuntala einen Vers auf ein Lotosblatt, einen Vers übrigens, der an Deutlichkeit nichts zu wünschen läßt. Sie liest ihn den Freundinnen vor:

»Nicht kenne ich die Regung deines Herzens,
doch quälen Tag und Nacht erbarmungslos
des Liebesgottes Pfeile meinen Leib,
der einzig nur nach dir Verlangen trägt.«

Da zeigt sich der König, von den Freundinnen lebhaft begrüßt. Er erklärt seine Liebe und seinen Wunsch, Shakuntala zur Hauptgemahlin zu nehmen und damit die Liebesbeziehung zu legalisieren. Die Freundinnen ziehen sich zurück, aber auch Shakuntala will gehen. Sie verweist auf die fehlende Einwilligung ihrer Pflegeeltern, aber der König zerstreut ihre Bedenken mit dem zutreffenden Hinweis auf die Pflicht des Vaters, seine Tochter einem angemessenen Gatten zuzuführen, und darauf, daß der König natürlich der angemessene Gatte schlechthin ist. Shakuntala bleibt dennoch schüchtern und geht ab, als ihre Ziehmutter nach ihr ruft, allerdings mit sich hadernd, daß sie ihre Schüchternheit nicht zu überwinden vermocht hat.

Der vierte Akt beginnt mit einem Gespräch der beiden Freundinnen, aus dem zu erfahren ist, daß dem Verlangen der beiden Verliebten Erfüllung zuteil geworden ist – derartiges kann, wie gesagt, nicht einmal ansatzweise auf der Bühne dargestellt werden. Weiterhin erfährt man, daß der König anschließend in seine Residenz zurückgekehrt ist und daß die Freundinnen hoffen, er werde sich dort seiner Versprechungen erinnern. Diese Sätzen deuten dem Zuhörer bereits an, wo es die zu erwartenden Schwierigkeiten geben könnte, und das Problem folgt denn auch sofort. Die beiden Freundinnen hören, daß anscheinend neue Gäste angekommen sind, wissen aber Shakuntala in der Hütte, die sich um Gäste kümmern soll, und greifen daher nicht ein. Da wird hinter der Bühne eine ärgerliche Stimme laut – wieder kann ein Ereignis nicht unmittelbar dargestellt, sondern nur indirekt mitgeteilt werden –, die folgenden Vers spricht:

»O du Verächterin des Gastes!
Er, dem dein Herz nachsinnt ganz unverwandt,
so daß du keine Achtung dem Asketen zollst,
er soll sich deiner nimmermehr erinnern,
selbst wenn sein Geist ihm wachgerufen wird,

grad wie dem Irren eine alte Mär,
die ehedem ihm wohl vertraut gewesen,
für immer der Erinnerung entschwindet.«

Das ist ein Fluch, und damit begegnen wir einem weiteren Topos der altindischen Literatur: ein solcher Fluch, von einem mächtigen Asketen ausgesprochen, muß in Erfüllung gehen; auch wenn der Fluchende selbst es später wollte, kann er ihn nicht mehr zurücknehmen, sondern höchstens noch modifizieren.

Die eine Freundin geht sofort ab, um dem brüskierten Gast nachzulaufen, der offenbar erzürnt davoneilt. Sie kommt zurück und berichtet, daß sie ihn um Verzeihung gebeten hat. Er habe zwar sein Wort nicht zurücknehmen können, aber gesagt, der Fluch solle enden, sobald ein Erkennungsschmuckstück in Erscheinung trete. Die Freundinnen sind erleichtert, denn der König hat Shakuntala glücklicherweise seinen Siegelring zurückgelassen. Kurz darauf kommt endlich der Ziehvater in die Einsiedelei zurück. Er zeigt sich erfreut über den Gang der Ereignisse, gibt nachträglich seine Zustimmung und läßt alles vorbereiten, um Shakuntala zu ihrem Gatten in die Residenz zu senden. Dort soll sie sich so verhalten:

»Ziehvater. Wenn du von hier aus das Haus des Gatten erreicht hast,
begegne ehrfurchtsvoll den Älteren!
Sieh in den andern Fraun die liebe Freundin.
Wenn man dich schmäht, so bändige den Zorn!
Sei freundlich stets zu deinen Dienerinnen,
laß dich dein Glück niemals hoffärtig machen!
Nur so kannst du erfülln der Hausfrau Würde.
Wer anders handelt, schändet die Familie.«

Schließlich gibt er ihr seine Frau und zwei junge Asketen als Begleitung mit und läßt sie, nach einem sehr bewegenden Abschied, davonziehen.

Mit dem fünften Akt wechselt die Szene von der Einsiedelei in den Palast. Der König und der Vidushaka hören, wie eine der Nebenfrauen des Königs ein Lied singt, in dem sie andeutet, daß sie sich vom König vernachlässigt fühlt. Der Vidushaka fragt den König, ob er das Lied verstanden habe, und der bejaht lächelnd und fordert den Vidushaka auf, jener Nebenfrau mitzuteilen, sie habe ihm sehr geschickt einen Vorwurf gemacht. Mit dieser Tändelei wird sofort deutlich gemacht, daß der Fluch gewirkt hat und der König Shakuntala vergessen haben muß. Da wird ihm mitgeteilt, daß einige Asketen zusammen mit Frauen gekommen sind und um eine Audienz bitten. Er läßt sie hereinführen und wundert sich, als er Shakuntala sieht, wer diese verschleierte Dame sein könne. Die Asketen richten die Botschaft aus, die ihnen Shakuntalas Ziehvater aufgetragen hat: »Er läßt dir sagen: „Nach gegenseitiger Übereinkunft hat der Herr meine Tochter geheiratet. Freudig gebe ich euch beiden meine Zustimmung. [...] Darum nimm sie jetzt gesegneten Leibes entgegen, um mit ihr gemeinsam die ehelichen Pflichten zu üben.“«

Der König ist verblüfft: »Habe ich denn diese edle Frau früher geheiratet?« Shakuntala erschrickt, und die Asketen sind verärgert über den offenkundigen Wortbruch des Königs. Sie nehmen Shakuntala den Schleier ab, aber auch das hilft dem König nicht weiter. Während eine Dienerin sich verwundert, daß er angesichts solcher Schönheit überhaupt zögert und nicht sofort zugreift, sieht sich der König in einem höchst unangenehmen Dilemma, da die Unbekannte ein Kind erwartet. Wenn er tatsächlich der Vater ist, darf er sie nicht zurückweisen, aber was ist, wenn man ihm hier etwas unterschieben will? Er erklärt:

»Ach ihr Asketen, auch wenn ich darüber nachsinne, vermag ich mich nicht zu erinnern, diese edle Frau mir verbunden zu haben. Wie soll ich mich also ihr gegenüber verhalten? Sie ist offenbar schwanger, aber ich bezweifle, daß ich ihr Gatte bin.«

In ihrer Not will Shakuntala schließlich zu dem Siegelring, eben dem Erkennungszeichen, greifen, welchen ihr der König zurückgelassen hat, aber mit neuem Entsetzen bemerkt sie, daß sie den Ring nicht mehr am Finger trägt. Er muß ihr unterwegs bei der Rast an einem Wallfahrtsort ins Wasser gefallen sein. In ihrer Verzweiflung versucht sie, den König an gemeinsame Erlebnisse in der Einsiedelei zu erinnern, aber natürlich vergeblich, und schließlich benutzt der König einen weiteren Topos der altindischen Literatur, nämlich die angeborene weibliche Schlauheit:

»Gerissenheit war stets den Weibern eigen,
auch ohne daß sie unterwiesen wurden.
Das zeigt sich schon bei unvernünft'gen Wesen,
Um wieviel mehr bei den Vernunftbegabten!«,

und er krönt dies mit einem Exempel aus dem Tierreich:
»Das Kuckucksweibchen überläßt die Jungen
zur Aufzucht anderen Vögeln, bis sie endlich
zum Himmelszelt allein sich schwingen können.«

Das ist zuviel, und für die Asketen, die schon bei ihrem ersten Auftreten die Stadt als einen von Höllenflammen umschlossenen Ort der Verderbtheit charakterisiert haben, ist der Fall abgeschlossen. Einer der beiden erklärt:

»Was soll man da noch antworten? Der Auftrag des Lehrers ist ausgeführt.
Wir wollen zurückkehren.
Dies ist dein Weib. Verstoß sie oder nimm sie!
Denn deine Herrschaft über deine Gattin
ist unbeschränkt, wie das Gesetz es will.«

Shakuntala ist verzweifelt: »Wie, von diesem Betrüger bin ich schon verraten worden, und auch ihr verlaßt mich?« Der König ist hilflos und berät sich mit seinem Hauspriester. Der empfiehlt, die unbekannte Frau bis zur Niederkunft im Palast zu behalten und dann an dem Kind zu sehen, ob der König tatsächlich der Vater sein kann. Ihm ist nämlich als erster Sohn ein Weltherrscher prophezeit worden, und ein solcher würde über eindeutig erkennbare körperliche Merkmale verfügen; in dem Weltherrscher und seiner körperlichen Beschaffenheit begegnet uns übrigens ein weiterer Topos altindischer Vorstellungen. Die Asketen sowie der Priester und Shakuntala gehen ab. Wieder werden Stimmen hinter der Bühne laut; der Priester kommt zurück und berichtet einen wunderbaren Vorfall: Die verzweifelt weinende Shakuntala sei plötzlich von einer Nymphe davongetragen worden. Sie ist also entrückt, und der König bleibt verwirrt zurück.

Der sechste Akt beginnt mit einem Vorspiel, das die Handlung entscheidend weiterbringt; gleichzeitig wirft es ein Schlaglicht auf die rauhen Sitten in der Stadt und verstärkt damit nochmals den Kontrast zwischen Einsiedelei und Stadtleben. Der Stadtaufseher und zwei Wächter treten auf mit einem Gefangenen.

»DIE BEIDEN WÄCHTER (*nachdem sie den Mann geschlagen haben*). He, du Dieb, erzähle, wo du diesen königlichen Ring bekommen hast, auf dessen Edelstein der Name des Königs eingraviert ist.

FISCHER (*Furcht darstellend*). Die Herren mögen mir vergeben. Ich tue dergleichen nicht, wie sie von mir denken.

ERSTER WÄCHTER. Du hast ihn wohl vom König als Geschenk bekommen, weil er weiß, daß du ein prächtiger Brahmane bist!

FISCHER. So hört doch wenigstens! Ich bin ein Fischer, der in Shakravatara wohnt.

ZWEITER WÄCHTER. Spitzbube, haben wir dich nach deiner Herkunft gefragt?

STADTAUFSEHER. Er soll alles der Reihe nach berichten. Unterbrecht ihn nicht!«

Der Fischer erzählt, wie er den Ring im Bauche eines Fisches fand und von den Wächtern ergriffen wurde, als er ihn verkaufen wollte. Um die Geschichte zu überprüfen, begibt sich der Aufseher mit dem Ring zum König, während die Wächter den Gefangenen am liebsten gleich an Ort und Stelle seiner erwarteten Strafe zuführen und ins Jenseits befördern würden. Als sie den Aufseher zurückkommen sehen, erklärt einer der Wächter dem Fischer:

> »Da sehe ich unseren Herrn hierherkommen mit einem Blatt in der Hand, das die Entscheidung des Königs enthält. Du wirst eine Gabe für die Geier werden oder den Rachen eines Hundes sehen.«

Der Aufseher bringt freilich eine ganz andere Nachricht. Der König habe sich beim Anblick des Ringes an einen geliebten Menschen erinnert, der Fischer sei freizulassen und erhalte eine fürstliche Belohnung. Als dieser klug genug ist, den drei anderen einen Teil des Geldes anzubieten, endet das Vorspiel mit der Aufforderung des Aufsehers:

> »Fischer, jetzt bist du mir ein noch lieberer Freund geworden. Unsere Freundschaft will beim Trunk bestätigt werden. Drum wollen wir in die Schänke gehen.«

Im Hauptteil tritt zunächst eine Nymphe auf, eine Verwandte der Mutter von Shakuntala, die den Gang der Ereignisse am Hof in Erfahrung bringen soll und sich, von ihrer Tarnkappe geschützt, in den Garten begibt und dort die Gärtnerinnen belauscht, die das Frühlingsfest vorbereiten wollen. Menschen, die durch die Luft davongetragen werden, Nymphen mit Tarnkappen, ein Ring, der im Bauch eines Fisches gefunden wird – dies alles sind natürlich bestens bekannte Elemente aus der Gattung des Märchens, und deshalb hat man die *Shakuntala* bei uns auch als ein Märchendrama charakterisiert. In der epischen Fassung der Geschichte kommen solche Elemente allerdings nicht vor; sie sind allesamt vom Dichter eingesetzt, um den Gang der Ereignisse in seinem Sinne steuern zu können. Jedenfalls erscheint der Kämmerer und fragt, ob die Gärtnerinnen nicht wüßten, daß das Fest abgesagt sei. Ihre Überraschung bietet den Anlaß, vom Ende der Amnesie des Königs zu berichten und von dessen Reue darüber, daß er Shakuntala verstoßen hat. Alsbald kommt der König selbst mit dem Vidushaka, sein Leid klagend, und der Vidushaka stöhnt, nun sei der König schon wieder von der Shakuntala-Krankheit gepackt. Sie ziehen sich in eine Laube zurück, immer von der unsichtbar lauschenden Nymphe begleitet, und dort erfährt der Vidushaka nunmehr die ganze Geschichte des Ringes. Während der König sich aber in großen

Gefühlen und in großen Bildern ergeht, bleibt der Vidushaka weitgehend ungerührt, beklagt, daß ihn der Hunger auffresse und ähnliches. Wieder wird ein Gegensatz erzeugt, durch den der Dichter die pathetischen Äußerungen des Königs auszubalancieren, fast schon ein wenig zu bespötteln vermag.

Der König läßt sich ein Bild von Shakuntala bringen, das er selbst zu malen begonnen hat, und dies löst einen langen Dialog über den Gegenstand des Bildes aus. Immer wieder streut der Vidushaka in seine Passagen Bemerkungen ein, die mit der Bühnenanweisung »*für sich*« versehen sind und die zeigen, was er von den Ideen und Gefühlen des Königs wirklich hält. Gleichzeitig vermag er sich aber bei Bedarf als einziger die Freiheit zu nehmen, seine Ansichten offen auszusprechen, etwa die Hofschranzen als Fliegengeschmeiß zu bezeichnen, oder eine der Frauen des Königs als Haremsgift. In diesem Sinne ist er schon der Narr, aber eben nie ein Dummkopf.

Sie werden unterbrochen durch eine Verwaltungsangelegenheit; ein Großkaufmann ist bei einem Schiffbruch umgekommen und hat keinen Erben hinterlassen. Daher soll sein Vermögen auf den Staat übergehen. Als der König aber hört, daß eine der Frauen des Kaufmanns nach dessen Tod noch einen Sohn bekommen hat, entscheidet er, daß dieser zum Erben eingesetzt werden soll. Die Episode gibt dem König Anlaß, über seinen bisher ausgebliebenen Kindersegen zu klagen und darüber, wer dereinst die Ahnenopfer vollziehen soll, wenn er ohne Nachkommenschaft stirbt. In diese Überlegungen hinein ertönt Wehgeschrei des inzwischen abgegangenen Vidushaka, der anscheinend von einem unsichtbaren Wesen attackiert wird. Als der König sofort erzürnt und zu Pfeil und Bogen greift, gibt sich der Unsichtbare als Wagenlenker des Götterkönigs Indra zu erkennen und teilt dem König eine Botschaft des Herrn der Götter mit. Indra gelingt es nicht, einen bestimmten Dämon zu besiegen, und er bittet daher den heldenhaften König, ihm im Kampf beizustehen. Der König will allerdings erst wissen, warum der Wagenlenker zunächst dem Vidushaka so zugesetzt hat. Da erklärt der Wagenlenker, daß er den König durch einen Seelenschmerz niedergedrückt sah und sozusagen erst einen Adrenalinstoß auslösen mußte, um das Heroische in ihm wieder zu erwecken. Diese Szene enthält gleichsam eine Illustration der Technik des Dramas: in derselben Weise dürfen auch die Gefühle des Zuschauers nicht dem Zufall überlassen bleiben, vielmehr müssen sie durch kunstvolle Dialog- und Szenenführung kontrolliert und gesteuert werden.

Der siebte und letzte Akt läßt sich relativ kurz behandeln. Wie bereits erwähnt, kann ein Kampf auf der Bühne nicht gezeigt, sondern nur mitgeteilt werden, und daher sind alle diesbezüglichen Ereignisse übersprungen. Die Handlung setzt erst nach dem Verlassen des Götterhimmels wieder ein, als der Wagenlenker des Götterkönigs bereits dabei ist, den König zurückzufahren. Aus ihrem Dialog erfährt man, daß der König inzwischen den Kampf gegen den Dämon siegreich bestanden und große Ehrungen in der Götterwelt erfahren hat. Der Wagen durchquert wie im Sinkflug die Wolken, und die näherkommende Erde wird tatsächlich in einer Weise beschrieben, die uns allen heutzutage aus dem Flugzeug bestens vertraut ist. Als auf ihrem Flug die Einsiedelei eines anderen berühmten Asketen ins Blickfeld kommt, läßt der König dort einen Zwischenhalt einlegen, um jenem Asketen seine Verehrung zu erweisen. Bei der Besichtigung der Einsiedelei begegnet ihm ein Knabe, der mit einem Löwenjungen herumtollt und dieses recht lebhaft traktiert. Ein solcher Verweis auf Heldenhaftigkeit läßt bereits ahnen, um welches Kind es sich dabei handeln könnte, und tatsächlich verspürt der König sogleich eine seltsame Zuneigung zu dem Jungen. Als auch noch Asketinnen, die den Knaben beaufsichtigen, dessen erstaunliche Ähnlichkeit mit dem König feststellen, fängt dieser an, ähnlich wie am Anfang des Stückes bei Shakuntala, sich vorsichtig an die Frage der Abstammung heranzutasten. Mehr und mehr Anzeichen weisen in die erhoffte Richtung, und schließlich erscheint Shakuntala selbst, die aufgrund verwandtschaftlicher Verbindung in der Einsiedelei Zuflucht suchen konnte und dort ihr Kind zur Welt gebracht hat. Beide Gatten sind glücklich, sich zu sehen; die Wiedervereinigung gelingt. Sie berichten sich gegenseitig ihr Schicksal; das ist wichtig, um deutlich zu machen, daß bei keinem der beiden intentional schuldhaftes Verhalten gegenüber dem Gatten vorlag, sondern daß der Fluch und der vorübergehende Verlust des Ringes zu den dramatischen Verwicklungen geführt haben. Beide haben Leid erfahren, Shakuntala durch Zurückweisung und der König durch den zeitweiligen Verlust, und beide sind nun von jeglicher Schuld befreit; der junge Held, Bharata, der das Geschlecht fortführen soll, ist geboren, und die wiedervereinigte Familie kann in die Residenz zurückkehren. Das Drama hat sein von der Konvention gefordertes glückliches Ende erreicht.

In Indien ist das Schauspiel bis heute präsent, und es wird aufgeführt, gelesen, studiert, nacherzählt. Shakuntala ist in Kalidasas Bearbeitung geradezu zu einer Ikone geworden, zu einem idealtypischen Frauenbild, das in der indischen Kultur bis heute weiterwirkt. Daß auch Goethe und die Romantiker ihrem Reiz erlegen sind, verwundert nicht, ebensowenig aber auch, daß der Wandel unserer Frauenbilder einen deutlichen Wandel in unserer Rezeption des Werkes nach sich gezogen hat. Trotzdem sei nochmals Goethe selbst zitiert, und zwar diesmal der alte Goethe, der knapp vierzig Jahre nach seiner ersten Äußerung folgendes an Antoine Léonard de Chézy nach Paris schreibt: »Ich begreife erst jetzt den überschwenglichen Eindruck, den dieses Werk früher auf mich gewann. Hier erscheint uns der Dichter in seiner höchsten Funktion, als Repräsentant des natürlichsten Zustandes, der feinsten Lebensweise, des reinsten sittlichen Bestrebens, der würdigsten Majestät und der ernstesten Gottesbetrachtung: zugleich aber bleibt er dergestalt Herr und Meister seiner Schöpfung, daß er gemeine und lächerliche Gegensätze wagen darf, welche doch als nothwendige Verbindungsglieder der ganzen Organisation betrachtet werden müssen.« Schließlich fügt er noch eine weitere Bemerkung an, die besonders wichtig erscheint, um seinen modifizierten Blick auf das indische Schauspiel zu verdeutlichen; er sei jetzt in einem Alter,

> »wo der S t o f f eines Kunstwerkes, welcher sonst den Antheil eines Kunstwerkes meistens bestimmt, für die Betrachtung fast Null wird, und man der B e h a n d l u n g allein, aber in desto höherem Grade, Ehre zu geben sich gefähigt fühlt.«

Dies ist eine durchaus bemerkenswerte Beobachtung, weil sie unsere heutige Einschätzung geradezu vorwegnimmt. Es ist nicht mehr die Geschichte selbst oder die Gestalt der Shakuntala oder die Naturidylle der Einsiedelei; wenn dieses Drama noch immer als ein großes Werk der Weltliteratur erscheinen kann, dann ist es vielmehr die filigrane Kompositionstechnik, und dann sind es die geschliffenen Dialoge, die uns heutzutage weit stärker zu beeindrucken vermögen als der Plot und die Charaktere, in denen sich seinerzeit die Romantiker wiederfanden.

Literaturangaben

Eine Auswahl an deutschen Übersetzungen:

Sakontala oder der entscheidende Ring, ein indisches Schauspiel von Kalidas. Aus den Ursprachen Sanskrit und Prakrit in's Englische und aus diesem in's Deutsche übersetzt, übers. Georg Forster, Mainz und Leipzig 1791 [deutsche Erstübersetzung].

Sakuntala oder der Erkennungsring. Ein indisches Drama von Kalidasa, übers. Bernhard Hirzel, Zürich 1833 [erste deutsche Direktübersetzung aus dem indischen Original].

Sakuntala, Schauspiel von Kalidasa, übers. Friedrich Rückert, Leipzig 1876.

Kalidasa, Sakuntala. Drama, übers. Hans Losch, Stuttgart 1960 (Reclam).

Kalidasa, Sakuntala. Ein indisches Schauspiel, übers. Johannes Mehlig, Zürich 1988 (Manesse).

Weiterführende Literatur:

Miller, Barbara Stoler (ed.): *Theater of Memory. The Plays of Kalidasa*, New York 1984 [Übersetzung der drei erhaltenen Schauspiele mit ausführlicher Einführung in Kalidasas Werk und die Theorie des indischen Theaters].

Thapar, Romila: *Sakuntala: Texts, Readings, Histories*, London 1999. [Romila Thapar, eine der bekanntesten indischen Historikerinnen, vergleicht die verschiedenen Fassungen der Geschichte und spürt dem jeweiligen Frauenbild in seinen kulturellen, historischen und gender-spezifischen Bezügen nach].

Der Held im Gleichnis
Zehn Ansichten der *Odyssee*

Oliver Primavesi

Ein Mann ist in die Fremde aufgebrochen, um an einem Krieg teilzunehmen; seine Frau hat er zu Hause zurückgelassen.

Daraus ergeben sich zunächst zwei einfache Möglichkeiten. Entweder er kehrt nach Beendigung des Krieges wieder nach Hause zurück, oder die Frau erhält die Nachricht, daß er im Krieg gefallen ist. Im ersten Fall ist alles in Ordnung; im zweiten Fall weiß die Frau wenigstens, woran sie ist, und kann sich wieder verheiraten.

Indessen stellen diese beiden einfachen Möglichkeiten keine erschöpfende Alternative dar. Vielmehr ist auch mit dem Fall zu rechnen, daß der Mann zwar einerseits lange nach Beendigung des Krieges nicht wiederkehrt, daß aber andererseits auch keine Nachricht von seinem Tode eintrifft. In diesem Fall ist unklar, ob er umgekommen ist, oder ob er nur durch widrige Geschicke bisher von der Heimfahrt abgehalten wurde. Dieses *Nicht-Heimkehren ohne Nachricht* stellt die Frau vor ein Dilemma: Soll die Frau auf die Rückkehr ihres Mannes, die doch immer unwahrscheinlicher wird, vertrauen, oder soll sie ihn für tot erklären lassen und eine neue Ehe eingehen – dabei aber Gefahr laufen, vor ihrem Mann, falls er eines Tages doch heimkehrt, als Ehebrecherin dazustehen?

Dieses Dilemma läßt sich entschärfen: Der ausziehende Mann kann mit seiner zurückbleibenden Frau eine *Frist* vereinbaren, nach deren Ablauf es ihr freistehen soll, wieder zu heiraten, wenn er nicht zuvor heimgekehrt ist. Allerdings kann sich unter diesen Bedingungen der Extremfall ergeben, daß der Mann mit knapper Not genau zum gesetzten Termin, keinen Tag früher, heimkehrt.

Eben in dieser Zuspitzung ist die geschilderte Situation im europäischen Mittelalter zu einem beliebten *Märchen- und Sagen-Motiv* geworden (Tolstoi 1934): Der ausziehende Mann hat seiner Frau eine Frist von zehn, sieben oder fünf Jahren gesetzt. Die Frist ist um; alles ist schon für die neue Hochzeit vorbereitet; keiner rechnet mehr mit der Heimkehr des Mannes; da wird er, der bei einem Besuch im Jenseits oder auf andere Weise von der drohenden Wiederverheiratung seiner Frau erfahren hat, im letzten Augenblick heimgeführt, oft in übernatürlicher Weise durch einen Dämonen, und jedenfalls gerade noch rechtzeitig, um, zunächst *incognito* bleibend, die neue Hochzeit zu verhindern. Insbesondere die von Tolstoi 1934 beigebrachten mongolischen beziehungsweise tatarischen Parallelen sprechen dafür, daß es sich hier um eine kulturübergreifende Grundform von Erzählung handelt.

Auch schon die homerische *Odyssee* läßt sich in erster Annäherung als eine Erzählung beschreiben, die auf dem soeben skizzierten Handlungs-Schema beruht: Odysseus wird von Agamemnon und Menelaos zur Teilnahme an deren Troia-Feldzug angeworben (24, 115 ff.); er vereinbart mit seiner Frau Penelope einen Termin, nach dessen Ablauf es ihr freisteht, erneut zu heiraten (18, 259–270); er zieht gegen Troia, bricht im zehnten Jahr des Krieges mit seiner List vom hölzernen Pferd den Widerstand der Stadt, wird auf der Rückfahrt mit seiner Flotte von einem Sturm ergriffen und in ferne Länder verschlagen, gelangt unter anderem zu den Toten, wo ihm (11, 112 f.) der Schatten des Sehers Teiresias vorhersagt, daß andere Männer um seine Frau freien werden, und wird schließlich nach insgesamt zwanzigjähriger Abwesenheit auf wunderbare Weise vom Zauberschiff der Phäaken in seine Heimat zurückgebracht (13, 70–187). Bei seiner Ankunft steht das Ende der vereinbarten Frist unmittelbar bevor; deshalb hat sich seine Frau Penelope nach längerem Widerstreben gerade dazu durchgerungen, ihre Hochzeit mit einem ihrer Freier vorzubereiten – zumindest gibt sie dies gegenüber ihren Freiern vor. Der Auswahl unter den Freiern soll ein Wettbewerb dienen: ein Bogenschießen mit dem Bogen des – von ihr nach wie vor für abwesend gehaltenen – Odysseus. Odysseus selbst aber nimmt *incognito* an dem Wettbewerb teil; er besteht als einziger die Probe, gibt sich zu erkennen und verhindert so die Heirat seiner Frau mit einem der Freier.

Allerdings haben Odysseus und Penelope einen *Sohn*, Telemach, der beim Auszug des Odysseus noch ein kleines Kind ist. Dieser Lage trägt Odysseus bei seinem Auszug in den Krieg dadurch Rechnung, daß er den Termin, nach dessen Ablauf Penelope, sollte er bis dahin nicht zurückgekehrt sein, wieder heiraten darf, an die Mündigkeit seines Sohnes Telemach bindet. Wenn Telemach ein Bart gewachsen ist – das heißt wenn er volljährig ist und sein väterliches Erbe antreten kann –, dann steht es Penelope frei, den Hof des Odysseus zu verlassen und einem andern zu folgen.

Das Bemerkenswerte an der *Odyssee* ist nicht ihre Übereinstimmung mit dem allgemeinen Sagen-Schema. Bemerkenswert ist vielmehr, wie der Erzähler das einfache Schema so modifiziert und transformiert, daß aus der einfachen Erzählung ein Epos vom Rang der *Ilias* wird. Dies umso mehr, als der Erzähler dadurch umgekehrt auch in ein neues Distanzverhältnis zu den poetischen Formgesetzen wie zum kriegeradligen Wertehorizont des traditionellen Epos tritt: Das in der jahrhundertelangen Tradition mündlicher Heldenepik ausgebildete inhaltliche und formale Repertoire wird in der *Odyssee* nicht nur variiert und weiter entwickelt, sondern nicht selten geradezu verfremdet; in diesem Sinne ist die *Odyssee* ein episches Experiment.

Die Zielrichtung dieses Experiments soll im Folgenden beispielshalber an einem bestimmten Formelement epischen Erzählens demonstriert werden, dem *Gleichnis*: Vorgeführt werden zehn Stationen der *Odyssee*-Handlung, an denen die Lage des Helden und sein Agieren in dieser Lage jeweils durch ein Gleichnis veranschaulicht wird. Zuvor aber sei noch kurz erläutert, was unter einem homerischen Gleichnis zu verstehen ist.

Gleichnisse sind *explizit eingeführte, ausführliche Vergleiche*. Sie treten typischerweise dann auf, wenn das gewöhnliche Medium des Epos, das heißt die linear fortschreitende, anschauliche Erzählung einer Handlung, nicht dazu geeignet ist, bestimmte Aspekte dieser Handlung zu verdeutlichen: seelische Regungen der Helden in entscheidenden Momenten (Patzer 1996, 118–130), schwer zu überblickende Aktionen großer Kriegermassen (Patzer 1996, 148–151), die wunderbar schnelle Fortbewegung der Götter und ihre ebenso mühelose wie durchschlagende Einwirkung auf die Handlung (Patzer 1996, 139–142). Zum Vergleich herangezogen wird naturgemäß gerade nicht der im Epos thematische Bereich des Krieges selbst, sondern die elementaren Naturgewalten, die Tiere, die naturhaft-regelmäßigen Tätigkeiten der Menschen außerhalb kriegeradliger Bewährung. Kennzeichnend für das Gleichnis ist seine relative Autonomie gegenüber der Haupterzählung: Vergleich und Verglichenes, »Wie«-Teil und »So«-Teil, sind durch formelhaft feste Ausdrücke klar voneinander abgegrenzt; und innerhalb des »Wie«-Teils, das heißt des eigentlichen Gleichnisses, herrscht derselbe Grundsatz anschaulicher, linearer Erzählung wie in der Haupterzählung. Auch wird von den Beziehungen zwischen Vergleich und Verglichenem in der Regel nur eine einzige expliziert, die nicht einmal die wichtigste zu sein braucht: Das Gleichnis im Ganzen sinnvoll auf die Haupthandlung zu projizieren, blieb der geschulten Hörerschaft aufgegeben, wie man sich denn überhaupt die Verstehens-Leistung, die das hoch entwickelte Epos des 8. Jahrhunderts v. Chr. seinen Hörern abforderte, sehr differenziert vorstellen sollte.

Doch nun zur Interpretation ausgewählter Gleichnisse, die wir in der Reihenfolge ihres Auftretens im Text behandeln; die Übersetzungen folgen, mit gelegentlichen Modifikationen, Schadewaldt 1958.

I. Die leichtsinnige Hirschkuh

Die Göttin Athene geht zur Insel Ithaka, zu Telemach, dem Sohn des abwesenden Odysseus. Schon zehn Jahre lang ist Odysseus durch gottgesandte Verhängnisse daran gehindert, nach dem Sieg, den er in Troia mit der Kriegslist des hölzernen Pferdes errungen hat, in seine Heimat zurückzukehren. Seit drei Jahren aber haben sich in seinem Haus – unter dem Vorwand, seine anscheinend verwitwete Frau Penelope heiraten zu wollen – 108 junge Müßiggänger aus Ithaka und Umgebung breit gemacht, die durch tägliche Schmäuse und Trinkgelage seinen Viehbestand dezimieren und allmählich den Weinkeller leeren: Jeden Tag werden allein von den Beständen auf Ithaka elf Ziegenböcke und ein Mast-Eber geschlachtet, dazu Schafe und Rinder von den Herden auf dem Festland. Ihre erotischen Bedürfnisse befriedigen die sogenannten Freier mit den Mägden des Odysseus. Sein Sohn Telemach lernt nun von der Göttin Athene, diese Eindringlinge als regelrechte Feinde zu betrachten, die er zu vernichten haben wird – sei es auf sich gestellt, sei es als Kampfgefährte des wieder heimgekehrten Vaters. Zur Planung des Kampfes muß er wissen, ob und gegebenenfalls wann mit der Heimkehr des Vaters zu rechnen ist. Dies sucht er durch eine Erkundungsreise in Erfahrung zu bringen, die ihn schließlich zu Menelaos, einem alten Kriegskameraden seines Vaters, nach Sparta führt. Menelaos hat auf der Rückkehr von Troia erfahren, daß Odysseus lebt und lediglich zur Zeit noch bei der Nymphe Kalypso zurückgehalten wird. Gestützt auf dieses Wissen sagt Menelaos die Heimkehr des Odysseus und seine Rache an den Freiern voraus, und illustriert dabei die Übergriffe der Freier und die ihnen bevorstehende Vernichtung durch ein Gleichnis (*Odyssee* 4, 333–340 [= 17, 124–131]):

> Potzblitz! Da haben sie sich – in der Tat! – in der Lagerstatt eines starksinnigen Mannes
> lagern wollen, wo sie doch selbst ohne Wehrkraft sind.
> *Doch wie wenn im Waldlager eines starken Löwen eine Hirschkuh*
> *ihre (beiden) Kälbchen gebettet hat, die neugeborenen, Milch saugenden,*
> *und nun den Bergwald und die grasigen Täler weidend*
> *durchsucht –, der aber ist dann zum Lager gekommen*
> *und hat über die beiden (Kälbchen) ein elendes Schicksal gebracht:*
> So wird Odysseus über jene ein elendes Schicksal bringen.

Dieses Gleichnis ist hoffnungslos bizarr (Fränkel 1921, 70; Heubeck/West/Hainsworth 1988, 213): Jeder Zoobesucher kennt den stark beißenden Geruch eines Löwen und erst recht seines Lagers. Dagegen halte man die sprichwörtliche Ängstlichkeit sowie – damit eng verbunden – das überfeine Witterungsvermögen der Hirsche, und man sieht: Eine Hirschkuh würde ihre Kälbchen niemals ausgerechnet in das Lager eines Löwen bringen und noch dazu alleine dort zurücklassen. Diese offenkundige Absurdität hat denn wohl auch Wolfgang Schadewaldt, den genauesten Übersetzer der *Odyssee*, dazu bewogen, das Gleichnis abweichend vom griechischen Text in den Irrealis, den Modus der Unwirklichkeit zu setzen. Ist das Gleichnis also schlecht? Keineswegs: Es ist außerordentlich treffend. Nichts kann in den Augen eines durch und durch patriarchalischen, kriegeradligen Standesherrn wie Menelaos absurder und bizarrer sein, als die jahrelange hemmungslose Selbstbedienung der von der Teilnahme am troianischen Krieg verschont gebliebenen ithakesischen *jeunesse dorée* im Hause des abwesenden Königs. Gerade die Verkehrtheit dieser verkehrten Welt illustriert Menelaos in seiner Rede treffend durch die offenbare Verkehrtheit des Hirschverhaltens im Gleichnis, wobei die Sorglosigkeit der Hirschkuh für den unbegreiflichen Leichtsinn der Freier steht, die Wehrlosigkeit der beiden Kälbchen für die hoffnungslose Unterlegenheit der Freier gegenüber dem heimkehrenden Rächer. Der Verfremdungseffekt bleibt streng auf die Hirschkuh beschränkt: Das Verhalten des Löwen, der die Kälbchen frißt, ist so natürlich wie die von Menelaos gewünschte und vorausgesagte Vernichtung der Freier durch Odysseus.

II. In der Werft

Nachdem Telemach zu seiner Erkundungsreise aufgebrochen ist, weist Zeus durch seinen Boten Hermes die auf einer entfernten Insel lebende Nymphe Kalypso an, Odysseus freizugeben und ihm die Heimkehr zu ermöglichen. Obwohl sie nun schon sieben Jahre lang von einer jedenfalls in ihrer Stärke einseitigen erotischen Leidenschaft für Odysseus erfüllt ist, fügt sie sich. Doch steht der Abfahrt des Odysseus ein objektives Hindernis entgegen: der Mangel eines Schiffes. Zeus hatte sein Schiff zerschmettert, bevor er zu Kalypsos Insel kam. Also muß sich Odysseus ein Behelfs-Schiff bauen, für das Kalypso ihm die grundlegende Konstruktionsidee mitteilt (162–164): eine Art Floß mit einem gerüstartigen, von einem Verdeck abgeschlossenen Aufbau zum Schutz vor dem Seegang. Auch zeigt Kalypso ihm einen (praktischerweise schon strandnah gelegenen) Wald mit großen, zum Schiffbau verwendbaren Bäumen und gibt ihm etwas Werkzeug: eine Axt, ein Schlichtbeil zum Glätten, einen Bohrer. Die Arbeit durchführen muß er alleine. Beim Holzfällen zeigt er große Kraft, beim

Bauen Geschick und konstruktive Begabung. Letzteres unterstreicht der Erzähler durch das folgende kurze Gleichnis (*Odyssee* 5, 249–251):

> *So groß, wie ein Mann den Boden eines Schiffes abzirkelt,*
> *eines breiten Lastschiffs, der sich gut versteht auf die Künste des Zimmerns:*
> So groß in die Breite machte sich das Floß Odysseus.

Zum Vergleich mit dem improvisierten Floßbau des Odysseus wird ein professioneller Schiffszimmermann eingeführt: Dieser konstruiert ein für den Warentransport bestimmtes Schiff mit bauchigem Rumpf, und zirkelt zu diesem Zweck die Rundungen ab, die die Wände des Rumpfes bilden werden. Verglichen wird also die Breite von Odysseus' flachem Floß mit dem Radius eines Lastschiff-Rumpfes. Das muß uns verwundern: Einerseits wählt der Erzähler für den Floßbau des Odysseus den fast *zu* nahe liegenden Vergleich mit einem Schiffsbau, andererseits aber hebt er bei diesem Schiffsbau gerade das hervor, was beim Floßbau keine Entsprechung hat, nämlich die Rundung des Rumpfes. Ein irritierendes Widerspiel von Identität und Differenz.

Gerade an diesem Widerspiel wird die charakteristische Fähigkeit des Odysseus deutlich, seine kriegeradlige Vorzüglichkeit in immer wieder neuartigen, gemessen am Kanon der Ilias ganz unkonventionellen Situationen zu bewähren. Natürlich ist Odysseus kein spezialisierter Schiffbauingenieur; und auf der Insel der Kalypso steht ihm nur eine beschränkte Auswahl an Werkzeug zur Verfügung, keine Arbeiter, keine Werft. Diese ihm vorgegebenen Beeinträchtigungen bringt die Differenz zwischen flachem Floß und gerundetem Lastschiff zum Ausdruck. Daß aber der Lastschiffbau dennoch, über diese Differenz hinweg, zum Vergleich herangezogen wird, unterstreicht, in welch erstaunlichem Maß Odysseus es eben doch versteht, sich an das professionelle Niveau des Schiffbauingenieurs gleichsam heran zu improvisieren. Was sich im Gleichnis der Identifikation sträubt, stellt die Distanz her, in deren Überbrückung die spezifische Leistung des Odysseus besteht.

III. Der Polyp

Das Floß bewährt sich vorzüglich. Beinahe wäre Odysseus damit bis zum Land der Phäaken gelangt. Da bemerkt ihn der ihm zürnende Gott Poseidon, und zerschmettert das Floß. Schwimmend muß Odysseus sein Leben retten. Am vierten Tag nach dem Floßbruch sieht er endlich Land. Doch die Brandung treibt ihn einem Felsenriff zu, an dem er fürchten muß, zerschmettert zu werden. Beim ersten Mal übersteht er den Aufprall: Es gelingt ihm, sich rechtzeitig emporzurecken und sich an einem Felsen festzuhalten. Doch die zurückflutende Woge droht, ihn wieder in die See hinaus zu reißen und erneut der gleichen Gefahr auszusetzen. Dies sucht er zu verhindern, indem er sich mit aller Kraft am Felsen festklammert. Doch die Woge ist stärker und reißt ihn los, seine Haut wird abgeschürft (*Odyssee* 5, 428–435):

Mit beiden Händen faßte er anspringend den Felsen,
hielt sich an ihm fest, stöhnend, bis die große Woge vorbeigegangen war,
und so entrann er dem. Jedoch zurückbrandend schlug sie abermals,
die anspringende, auf ihn nieder und warf ihn weithin in die See.
Und wie wenn bei einem Polypen, den man aus seiner Behausung zieht,
an den Saugnäpfen dichte Steinchen haften:
So wurden ihm an den Steinen von seinen kühnen Armen
Fetzen von Haut abgeschunden, und die große Woge bedeckte ihn.

Der sich am Felsen anklammernde Odysseus wird mit einem Polypen verglichen, den Fischer von dem felsigen Grund abziehen wollen, an dem er haftet. Beide unterliegen einer stärkeren Kraft: Odysseus wird von der Woge fortgespült, der Polyp im Gleichnis wird von den Fischern losgerissen. Irritierend auch hier wieder die sorgfältig ausgeführte Differenz: »Die Steinchen bleiben am Polypen hängen, während Odysseus umgekehrt seine eigene Haut am Felsen lassen muß« (Fränkel 1921, 88). Auch diese Differenz aber führt der Erzähler ein, um auf ihre weitgehende Überwindung durch den Helden hinzuweisen: Odysseus ist an sich natürlich alles andere als ein Polyp. Kommt er aber durch widriges Geschick in die Lage, sich an einem Felsen festhalten zu müssen, dann tut er das so gut wie ein Polyp, das heißt wie ein Wesen, dessen spezifische Stärke (*areté*) gerade darin besteht, sich mit Saugnäpfen an felsigem Grund festzusaugen. Dabei so zu unterliegen, wie ein Polyp unterliegt, ist für den Helden keine Schande, sondern ein Ruhm.

Der Tiervergleich an sich ist für das Epos nichts Neues: Daß die Kampfkraft des Helden mit der eines Löwen oder ähnlichem verglichen wird, das gibt es auch schon in der Ilias (Fränkel 1921, 62–64). Unkonventionell hingegen ist die Entscheidung für einen Polypen, oder, an anderer Stelle (*Odyssee* 12, 433), für eine Fledermaus. Das für die *Odyssee* charakteristische Experimentieren mit Bewährungsproben neuen Typs führt auch zu Neuzugängen im Zoo der Gleichnistiere.

IV. Der glimmende Funke

Dem Rückschlag zum Trotz gelingt es Odysseus endlich, sich ans Land zu retten. Doch ist er nun völlig erschöpft. Er sucht sich ein Lager zum Ausruhen, um sowohl vor wilden Tieren als auch vor der Kälte sicher zu sein. In einem nahe gelegenen Wald findet er eine Stelle mit zwei Ölbäumen, darunter eine große Menge trockenen Laubes. Da gräbt er sich förmlich ein, um endlich auszuruhen (*Odyssee* 5, 486–493):

> Als er sie sah, da freute sich der vieles duldende göttliche Odysseus,
> und er bettete sich mitten in sie hinein und häufte die Schütte der Blätter über sich.
> *Und wie wenn einer einen Brand verbirgt in schwarzer Asche*
> *auf dem entlegensten Teil des Feldes, wo nicht andere Nachbarn in der Nähe sind,*
> *und ihn bewahrt als Keim des Feuers, um es nicht von irgendwo anders her zu schöpfen:*
> So hüllte sich Odysseus in die Blätter. Und ihm goß Athene
> einen Schlaf auf die Augen, daß er ihn aufs schnellste befreie
> von der mühsamen Ermattung, indem er ihm die Lider rings umhüllte.

Vordergründig erläutert das Gleichnis, wie Odysseus sich mit dem Laub bedeckt. Zu diesem Zweck beschreibt es einen Mann, der draußen auf dem Feld weit von den andern übernachtet und für den nächsten Tag einen Funken des Feuers aufbewahren möchte, um nicht von weit her neues Feuer holen zu müssen: Er gräbt den Funken tief in die Asche ein, damit er die Nacht hindurch weiter glimmt und anderntags wieder entfacht werden kann.

Seine Pointe hat das Gleichnis in der Beziehung zwischen dem Funken und dem Zustand des Odysseus. Fränkel 1921, 52 spricht von einem »schwachen Lebensflämmchen«, das in der rauhen Nacht vollends zu verlöschen drohe. Doch wie das lodernde Feuer traditionell nicht allgemein die Lebenskraft, sondern speziell die *adlige Kampfkraft* veranschaulicht (Fränkel 1921, 50–51), so empfiehlt sich auch hier eine Präzisierung: Der Funke unseres Gleichnisses steht für einen Helden, der einerseits auf der absoluten Schwundstufe seines Heldentums angelangt ist, andererseits dieses Minimum zäh für ein neues Entflammen aufbewahrt. Diese Schwundstufe wäre dann nicht nur als eine physische aufzufassen. Auch die sozialen Zeichen seines Status hat Odysseus ohne Rest verloren: seine Männer, seine Flotte, seine Beute, seine Waffen, seine Kleider.

Schon die Ilias hatte mit dem Konflikt zwischen Achill und Agamemnon das mögliche Auseinanderfallen von sozialer Geltung und kriegeradliger Qualität thematisiert: Der Beste ist nicht immer der Geehrteste, der Geehrteste nicht immer der Beste. In der *Odyssee* aber wird dieses Problem in experimenteller Weise radikalisiert: Was geschieht, wenn der Held nicht nur eines einzigen Rangzeichens beraubt wird – wie in der Ilias Achill das Beutemädchen Briseis herausgeben muß – sondern wenn er *aller* Zeichen seines Rangs verlustig geht? Wenn es für seine Stellung gar keinen äußeren Anhaltspunkt mehr gibt? Ist ein Held, an dem nichts Heldenhaftes mehr sichtbar ist, noch ein Held? Die *Odyssee* gibt die Antwort: Ja. Selbst wenn der Held auf einen Funken reduziert wird, kann er wieder voll entbrennen. Von dem in unserem Gleichnis illustrierten Tiefpunkt an beginnt ein – über alle Widerstände hinweg – unaufhaltsamer Wiederaufstieg.

V. Der durchnäßte Löwe

Odysseus ist im Land der Phäaken. Das ist für Schiffbrüchige eine gute Adresse: Dies überaus wohlhabende, in sicherem Frieden lebende Volk verfügt über eine Flotte unsinkbarer, intelligenter Wunderschiffe, die sich nicht nur zum einträglichen Fernhandel eignet, sondern auch dazu, Fremde in schneller, sicherer Fahrt in ihre Heimat zurückzubringen. Das Problem ist nur, wie Odysseus in seinem gegenwärtigen Zustand – er ist nackt, salzverkrustet, verwahrlost, ortsfremd – überhaupt Kontakt mit den vornehmen Phäaken aufnehmen kann. Hier hilft eine von der Göttin Athene arrangierte glückliche Zufallsfügung: Nausikaa, die Tochter des Phäakenkönigs, ist mit einigen Mägden an den Fluß zum Wäschewaschen gefahren, und die Waschgruben befinden sich in der Nähe von Odysseus' Ruheplatz. Während die Wäsche trocknet, spielt Nausikaa mit ihren Gefährtinnen Ball. Da fällt der Ball in den Fluß, und die Mägde, über den Verlust den Balls betrübt, kreischen laut auf. Von diesem Kreischen wird Odysseus aufgeweckt. Sogleich erfaßt er sein Dilemma: Einerseits muß er versuchen, mit den Mädchen Kontakt aufzunehmen, um möglicherweise von den hier lebenden Menschen Hilfe zu erlangen. Andererseits wird der Anblick seiner struppigen Nacktheit bei den Mädchen unweigerlich einen Schock auslösen, der unter Umständen katastrophale Folgen haben kann; sie könnten zum Beispiel männliche Hilfe holen. Den inneren Widerstreit beschreibt das Gleichnis (*Odyssee* 6, 130–136):

Und er schritt hin und ging, *wie ein im Gebirge genährter Löwe,*
auf seine Kraft vertrauend,
der dahingeht, regennaß und vom Wind zerzaust, und die beiden Augen
brennen in ihm. Doch er geht nach Rindern oder Schafen
oder wild lebenden Hirschkühen, und es treibt ihn der Bauch,
um an die Schafe heranzukommen, daß er sogar in ein dicht gebautes
Gehöft geht.
So wollte Odysseus unter die schön gelockten Jungfrauen
gehen, so nackt er war, denn die Not war über ihn gekommen.

Hier geht es nicht, wie im traditionellen Raubtiergleichnis (Fränkel 1921 62–64), um Kampfkraft und Kampfdrang des Helden, sondern um die Bedürftigkeit des Odysseus, die ihn dazu zwingt, sich in seiner Verwilderung gleichwohl der ihm feindlichen Sphäre der Zivilisation anzunähern.

Für diese Sphäre steht im Gleichnis das »dicht gebaute Gehöft«; damit wird deutlich, daß die Zivilisation darauf eingerichtet ist, den Einbruch des Wilden abzuwehren, und so auch ihn, den nackten Odysseus, gegebenenfalls abwehren wird. Mit dieser Abwehr rechnet er, sie fürchtet er, und doch muß er sie überwinden: Wie den Löwen sein Ausgehungertsein, sein »Bauch«, zum fest gebauten Schafstall treibt, so treibt den Odysseus die Angewiesenheit auf menschliche Hilfe dazu, das fremde vornehme Mädchen anzusprechen. Dabei ist die traditionelle Grenze zwischen »Wie«- und »So«-Teil des Gleichnisses in auffälliger Weise durchlässig gemacht, insofern auch die äußere Erscheinung des hungrigen Löwen der des schiffbrüchigen Odysseus ähnelt: Es ist »ein verregneter, vom Wind zerzauster, keineswegs aber … ein wohlfrisierter Poesielöwe« (Fränkel 1921, 70).

Die prekäre Kontaktaufnahme gelingt über die Maßen gut. Odysseus gewinnt Nausikaa für sich, indem er das gesellschaftlich gewohnte Ritual des Hilfsgesuchs (*Hikesie*) einsetzt und es zugleich taktvoll abwandelt: Statt wie üblich, die Knie der um Hilfe ersuchten Person zu umfassen – was Nausikaa bei einem solchen »Wilden« leicht hätte missdeuten können – beschränkt er sich auf verbalen Vollzug und sagt nur: »Ich umfasse Deine Knie, Herrin.« Daran schließt er eine rhetorisch meisterhafte Rede voll ausgesuchter, dabei dezenter Komplimente. So erkennt sie in ihm, trotz seines deplorablen Zustands, den Mann von Stand, und fühlt sich bemüßigt, die Kluft zwischen Rang und äußerer Erscheinung zu verringern: Sie läßt ihn baden, versorgt ihn mit Hautöl und kleidet ihn aus dem Vorrat der gerade frisch gewaschenen Kleider neu ein. Zudem beschreibt sie ihm genau den Weg zum Palast ihres Vaters Alkinoos und empfiehlt ihm, sich in dessen großer Halle mit einem erneuten, förmlichen Hilfsgesuch an ihre Mutter Arete, die Königin, zu wenden: Dann könne er damit rechnen, daß die Phäaken seine Heimreise organisieren.

Die Bewährungsprobe seiner Begegnung mit Nausikaa verkehrt die Situation, in der sich Odysseus während der hinter ihm liegenden Abenteuer befand, ins Gegenteil: Auf seinen Irrfahrten sah sich der aus der kriegeradligen Gesellschaft kommende Held mit einer exotischen Außenwelt konfrontiert, in der die kriegeradligen Verhaltensnormen nichts galten. Dabei bestand, wie wir an zwei Beispielen (Schiffszimmermann, Polyp) gesehen haben, seine Aufgabe darin, sich in einer solchen Fremde improvisierend zu behaupten. Nun aber repräsentiert er, in seiner äußeren Erscheinung, selbst die wilde Natur gegenüber der Phäaken-Prinzessin, der Exponentin hoher adliger Zivilisation, und er steht vor der Aufgabe, der Prinzessin glaubhaft zu machen, daß er, gegen jenen Augenschein, dieser Zivilisation zugehört.

VI. Die weinende Frau

Odysseus' Besuch am Phäakenhof wird aufgrund seines formvollendeten Auftretens ein voller Erfolg. Der König läßt ihn Platz nehmen und bewirten, sichert ihm die Heimreise zu, läßt durchblicken, daß der unbekannte Fremde ihm andernfalls sogar als Schwiegersohn willkommen wäre, veranstaltet am nächsten Tag ein Festbankett zu seinen Ehren, erhebt eine Vermögensabgabe bei den führenden Phäaken, um ihn mit Geschenken auszustatten, und läßt ihn schließlich zu Schiff ins heimatliche Ithaka bringen. Umso auffälliger ist es, daß der ganze Besuch von einer stets wachsenden Bedrückung des Odysseus durchzogen ist. Gegen alle adlige Sitte bringt er es 24 Stunden lang nicht über sich, zu sagen, wer er ist. Als der Sänger der Phäaken, Demodokos, eine Episode aus dem troianischen Krieg vorträgt, nämlich einen Streit zwischen Achill und Odysseus, treten diesem die Tränen in die Augen. Als Demodokos schließlich bei späterer Gelegenheit, diesmal auf Bitten des fremden Gastes, die größte Tat des Odysseus besingt, die List des hölzernen Pferdes, mit der Odysseus die Eroberung Troias ermöglichte, bricht dieser vollends in Weinen aus. Ein Gleichnis bringt die Paradoxie von Odysseus' Verhalten auf den Punkt (*Odyssee* 8, 521–531):

> Dies sang der rings berühmte Sänger. Aber Odysseus
> schmolz hin, und eine Träne benetzte ihm unter den Lidern die Wangen.
> *Und wie eine Frau weint, die sich über den eigenen Gatten geworfen hat,*
> *der vor seiner Stadt und den Männern seines Volkes gefallen ist,*

als er von der Stadt und von den Kindern den erbarmungslosen
Tag abwehrte –
sie, wie sie ihn sterbend und zuckend sieht,
schluchzt hell auf rings um ihn ergossen, die Feinde aber, ihr von hinten
mit Speeren den Rücken und die Schultern schlagend,
führen sie in die Knechtschaft, daß sie Mühsal und Jammer habe;
ihr aber, in dem erbärmlichsten Kummer, schwinden die Wangen dahin:
So ließ Odysseus zum Erbarmen unter den Brauen die Träne fließen.

Das Weinen des *incognito* bei den Phäaken sitzenden Troiasiegers wird verglichen mit dem Weinen der besiegten Frau, die verzweifelt um ihren als Vorkämpfer für seine Polis gefallenen Mann trauert, während sie von den Siegern mit roher Gewalt in die Knechtschaft fortgeführt wird. Der große Sieger Odysseus weint so, wie Andromache, die junge Witwe des großen Verlierers Hektor weinte (*Ilias* 24, 723–746). Dies kann nur besagen, daß der totale Statusverlust, der Odysseus durch das Verhängnis seiner Irrfahrten widerfahren ist – das heißt die restlose Einbuße von Beute, Flotte, Männern –, genauso schlimm ist, jedenfalls nach kriegeradligen Begriffen, wie die Verknechtung, die der Krieg über die unterlegene Polis brachte: »Weshalb weint denn Odysseus? Weil die Lieder ihn mahnen an sein fürchterliches Herabsinken von stolzer Helden- und Fürstengröße, die der Sänger feiert, durch lange Qualen und Mühen hindurch, bis zum Elend eines nackten Schiffbrüchigen, den die Mildtätigkeit kleidet und speist« (Fränkel 1921, 90). Doch bleibt erklärungsbedürftig, daß Odysseus sich das Lied selbst gewünscht hat.

Mit seinem Eintritt in den Phäakenhof ist Odysseus, nachdem er aus seinen Irrfahrten nur das bloße Leben gerettet hat, erstmals in sein angestammtes adliges Milieu zurückgekehrt; von diesem Punkt an rückt die soziale Dimension der *Odyssee*-Handlung ins Zentrum: der Kampf um Anerkennung. Der Gast, der in adliger Gesellschaft etwas gelten will, muß sich durch Nennung von Namen und Abkunft als ebenbürtig ausweisen. Doch hätte Odysseus sich gleich nach der ersten Bewirtung unvermittelt als den berühmten Troiasieger ausgegeben, würde er damit bei den Phäaken schwerlich Glauben gefunden haben: Es ist eines, wenn ein anonymer Schiffbrüchiger sich durch angenehm kultiviertes Verhalten als akzeptables Mitglied der adligen Elite ausweist, und ein ganz anderes, wenn dieser sympathische Anonymus behaupten wollte, jener berühmteste unter allen lebenden Helden, der Troiazerstörer Odysseus, zu sein. Deshalb hat er es zunächst *comment*-widrig vermieden, der Phäakenkönigin seinen Namen zu nennen.

Als am zweiten Abend die Selbstvorstellung nicht länger zu umgehen ist, bahnt Odysseus diesen entscheidenden Schritt in der Weise an, daß er bei dem Sänger das Lied auf die List mit dem hölzernen Pferd bestellt. Doch während die Phäaken durch dieses Lied, wie von Odysseus beabsichtigt, auf die volle Anerkennung seiner Heldengröße vorbereitet werden, lässt es ihn selbst noch einmal die Diskrepanz zwischen dem, was er war, und dem, was er ist, durchleiden. So muß er noch heftiger weinen als bei dem früheren Lied über den Streit zwischen Odysseus und Achill. Gerade seine erneuten Tränen aber zeigen dem Alkinoos, daß die Identität des Fremden in irgendeiner Weise mit den Ereignissen des troianischen Krieges verknüpft sein muß. Daß dieser selbst an dem berühmten Krieg teilgenommen haben, gar Odysseus sein könnte, kommt dem König zwar noch nicht in den Sinn. Doch Alkinoos vermutet immerhin bereits soviel, daß ein angeheirateter Verwandter oder ein treuer Gefährte des Fremden vor Troia gefallen sein könnte: ein exakter genealogischer Gradmesser für den Abstand, der den Fremden in den Augen der Phäaken – trotz seines gewinnenden Auftretens – vom Status eines veritablen Troiakämpfers trennt.

VII. Feierabend

Endlich nennt Odysseus den Phäaken seinen Namen. Doch um damit Glauben zu finden, muß er plausibel machen, wie aus dem Troiasieger von einst der mit geborgten Kleidern auftretende Schiffbrüchige werden konnte. Eben um dieser Beglaubigung willen gibt Odysseus den Phäaken Rechenschaft über die Einbußen, die er auf seinen Irrfahrten, all seinen kühnen oder listigen Gegenmaßnahmen zum Trotz, erleiden mußte: Wie der Zyklop sich dreimal eine Mahlzeit aus je zwei von Odysseus' Männern zubereitete, wie die Laistrygonen alle Schiffe seiner Flotte bis auf sein eigenes zerschmetterten, wie die Skylla sechs seiner Männer lebendigen Leibes verschlang, wie schließlich Zeus zur Rache für den Frevel, den die verbliebenen Gefährten des Odysseus an den Rindern des Sonnengottes verübt hatten, auch das letzte Schiff und dessen Besatzung vernichtete. Die verharmlosend so genannten »Abenteuerbücher« (*Odyssee* 9–12) sind das Protokoll einer gnadenlosen sozialen Demontage: Stück für Stück hat der Zorn der Götter Odysseus die Attribute seines Heldenstatus genommen.

Betrachten wir dazu ein Gleichnis, das Odysseus ganz am Ende seines Berichts einführt, also am Tiefpunkt seiner Demontage: Von seinem letzten Schiff waren nach dem von Zeus erregten Sturm nur Kiel und Mastbaum übrig geblieben; Odysseus hatte sie aneinander gebunden und benutzte sie als Behelfsfloß. Der Südwind trieb ihn abermals auf die Meerenge zwischen Skylla und Charybdis zu. Der Strudel der Charybdis verschlang die beiden Balken, Odysseus aber klammerte sich, um nicht gleichfalls vom Strudel erfaßt zu werden, an einem der horizontal ausladenden Äste des Feigenbaumes fest, der neben dem Strudel steht, und harrte dort aus, bis der Strudel die Balken wieder freigab. Dabei hing er die ganze Zeit hindurch am Ast wie eine Fledermaus (*Odyssee* 12, 433), da er keinen sonstigen Halt fand. Dazu das Gleichnis (*Odyssee* 12, 437–441):

> Jedoch ich hielt mich unablässig, bis sie (das heißt Charybdis) später wieder ausspie
> Mastbaum und Kielbalken. Mir, der ich sehnlich harrte, kamen sie
> erst spät. *Und zu der Zeit erst, wo ein Mann zum Nachtmahl von der Versammlung aufsteht,*
> *der viele Streitfälle entscheidet, wenn die jungen Männer ihr Recht einholen:*
> zu der Zeit erst erschienen die Stämme aus der Charybdis.

Odysseus vergleicht die Abendstunde, zu der ein erschöpfter Gerichtsherr eine lange Folge anhängiger Fälle endlich abschließen kann, mit dem Zeitpunkt, an dem seine, des Odysseus, beiden Balken endlich wieder zum Vorschein kamen, so daß er sich aus seiner qualvollen Position am Feigenast fallen lassen konnte. Was überrascht und in Altertum und Neuzeit nicht selten zur Streichung des Gleichnisses verführt hat (Heubeck / Hoekstra 1989, 142), ist seine provozierende Harmlosigkeit: Wie lächerlich leicht wiegt die Unannehmlichkeit einer langen Gerichtsverhandlung gegenüber der körperlich schmerzhaften Zwangslage des Odysseus oberhalb des lebensgefährlichen Strudels der Charybdis!

Nun ist die Tätigkeit als Richter bei Homer nicht irgendein spezialisierter Beruf, der mit Odysseus gar nichts weiter zu tun hätte; vielmehr gehört diese Tätigkeit zu den typischen Leitungs-Aufgaben des kriegeradligen Herrn in Friedenszeiten, wie vor allem die Gerichtsszene der iliadischen Schildbeschreibung zeigt (*Ilias* 18, 497–508; dazu Patzer 1996, 196–199). Die Szene, die Odysseus hier evoziert, entstammt also seinem eigenen, gewohnten Milieu. In der Erzählung aber hat er sich von diesem Milieu, von seiner angestammten Stellung maximal entfernt: Von seiner ganzen stolzen Flotte, von der unermeßlichen Beute des Siegers bleiben noch zwei Balken, auf die er stundenlang unter höchster Kraftanspannung und in Lebensgefahr warten muß. Wenn er sich ausgerechnet in dieser Lage gleichwohl als adligen Gerichtsherrn imaginiert, so macht er den Phäaken damit deutlich, daß er auch seine Fledermaus-Aristie am Feigenast als Bewährung verstanden wissen will, durch die er zugleich mit seinem Leben auch den Anspruch darauf behauptet hat, jene adlige Führungsstellung zurück zu gewinnen.

VIII. Die Blutwurst

Nachdem Odysseus von einem Phäakenschiff nach Ithaka zurückgebracht worden ist, gibt er sich zunächst an sicherem Ort seinem Sohn zu erkennen, und läßt sich dann, als Bettler verstellt, ins eigene Haus führen. Voll Selbstbeherrschung nimmt er die Demütigungen seitens der Freier hin, und wartet eine Gelegenheit ab, gegen die zahlenmäßig weit überlegenen Gegner loszuschlagen. Auch seine eigene Frau Penelope weiß nicht, wer er ist. Gleichwohl faßt sie Vertrauen zu ihm, und sagt ihm des Abends, daß sie am kommenden Tag einen Wettbewerb im Bogenschießen durchführen wird: Derjenige von den sogenannten Freiern, der es vermag, den Bogen ihres abwesenden Mannes zu spannen und damit durch eine Reihe von zwölf hintereinander aufgestellten Äxten hindurch zu schießen, dem wird sie folgen. Odysseus weiß, daß diese Bogenprobe die Gelegenheit ist, auf die er wartet. Doch zuvor muß er noch mit ansehen, wie einige seiner Mägde zu den Freiern gehen, um ihnen zu Willen zu sein. Außer sich vor Wut, kann er sich nur mit Mühe dazu durchringen, nicht sogleich loszuschlagen, sondern die morgige Gelegenheit abzuwarten. Er verbringt eine schlaflose Nacht (*Odyssee* 20, 24–30):

> Er selbst aber wälzte sich bald auf die eine und dann auf die andere Seite.
> *Und wie wenn ein Mann auf vielem brennenden Feuer einen Saumagen,*
> *angefüllt mit Speck und Blut, bald auf die eine und dann die andere Seite*
> *wendet und danach verlangt, daß er gar schnell gebraten werde:*
> So wandte der sich von der einen auf die andere Seite und überlegte,
> wie er die Hände an die schamlosen Freier legen sollte:
> er, der Eine, an die Vielen.

In diesem besonders avancierten Gleichnis wird das nervöse Sich-hin-und-her-Werfen des schlaflosen Odysseus auf seinem Lager mit den Bewegungen eines Mannes verglichen, der sich eine Blutwurst brät und sie dabei ungeduldig in der Pfanne hin und her wirft. Dieses ungeduldige Wenden der Blutwurst aber ist das Resultat aus der Spannung zwischen dem Hunger des Mannes, der endlich seine Blutwurst essen möchte, und seinem Wissen darum, daß sie dazu erst gar sein muß (Fränkel 1921, 58). Ebenso ist die unablässige gedankliche Suche des Odysseus nach einem Erfolg versprechenden Plan das Resultat der Spannung zwischen seiner Ungeduld, endlich loszuschlagen, und seinem Wissen darum, wie riskant der Angriff gegen die Übermacht der Freier sein wird. Das Verhalten gegenüber dem Gegensatz zwischen Roh und Gar wird zum Paradigma für die Fähigkeit, jegliche Bedürfnisbefriedigung – die des Essens wie die des Losschlagens – erforderlichenfalls trotz größter Ungeduld aufschieben zu können.

Auf beiden Seiten des Gleichnisses wird die Spannung zwischen einem inneren Drang und dessen Kontrolle in einer Bewegung ausagiert. So veranschaulicht das Gleichnis nicht lediglich das Gefühl, sondern den Zusammenhang zwischen Gefühl und Gebärde. Während jedoch im »Wie«-Teil schon die Bewegung selbst zum ungeduldig ersehnten Ziel führt, kann sie dies im »So«-Teil nicht: Die Bewegung des bratenden Mannes ist, neben ihrer Funktion, *auch* expressiv, die Bewegung des Odysseus ist *nur* expressiv. Etabliert der Erzähler über diese Differenz hinweg eine Gleichnisbeziehung, so zeigt er an: Zwar wird die nervöse Gebärde des schlaflosen Odysseus als solche natürlich nicht zum Erfolg führen – wohl aber das fieberhafte Nachdenken, dessen Ausdruck diese Gebärde ist.

IX. Die Leier

Am nächsten Tag, einem Apollonfest, wird in der Halle des Odysseus die Bogenprobe ausgerichtet. Keiner der Freier ist im Stande, den Bogen auch nur zu spannen. Nachdem Penelope auf Geheiß ihres Sohnes nach oben in ihr Gemach gegangen ist, versucht sich auch Odysseus, der unerkannte Bettler, an dem Bogen. Woran alle Freier gescheitert sind, das gelingt ihm mühelos (*Odyssee* 21, 404–411):

> Doch der vielkluge Odysseus,
> sobald er den großen Bogen betastet und von allen Seiten betrachtet hatte –
> *wie wenn ein Mann, kundig der Leier und des Gesanges,*
> *leicht um einen neuen Wirbel eine Saite spannt*
> *und faßt an beiden Seiten den gut gedrehten Schafdarm:*
> So mühelos spannte Odysseus den großen Bogen
> und griff und prüfte die Sehne mit der rechten Hand,
> unter der sie schön sang, *einer Schwalbe an Stimme ähnlich.*

Der Erzähler nimmt das Gleichnis diesmal aus seiner eigenen Kunst, der des epischen Sängers: Er vergleicht das Spannen des Bogens mit dem Tun eines Sängers, der einen – offenbar zerbrochenen – Wirbel seiner Leier durch einen neuen ersetzt und an diesem dann das lose Ende der zugehörigen Saite festmacht. Im anschließenden »So«-Teil wird nicht nur erzählt, daß Odysseus mühelos den Bogen spannte, sondern auch, daß er dann die Spannung der Sehne prüfte, und daß diese dabei einen schönen Ton von sich gab. So kann man sich auch den »Wie«-Teil, das heißt das Gleichnis, gut bis zur anschließenden Stimmung der Saite fortgesetzt denken (Fränkel 1921, 57–58).

Gleichnisse des hier vorliegenden Typs werden im Epos eingeführt, wenn eine an sich nur schwer mögliche oder sogar menschenunmögliche Handlung ausnahmsweise einmal mit paradoxer Mühelosigkeit ausgeführt wird. Der Hörer, der diesen Gleichnistyp hier wieder erkennt, weiß aber auch, daß solche Gleichnisse sonst bestimmten Handlungen der *Götter* vorbehalten sind, nämlich solchen, an denen deren staunenswerte Überlegenheit über die Helden zutage tritt: Athene lenkt den auf Menelaos zufliegenden Pfeil so mühelos ab, wie eine Mutter Fliegen von ihrem Kind verscheucht (*Ilias* 4, 130–131); Apollon zerstört den um das Schiffslager der Griechen gezogenen Schutzwall so leicht, wie ein Kind am Strand eine Sandburg, die es sich gebaut hat, wieder zertrampelt (*Ilias* 15, 360–366). Durch die Verwendung eines solchen Gleichnisses für den bogenspannenden Odysseus wird also angedeutet, daß die versagenden Freier hinter Odysseus in der Weise zurückbleiben wie der homerische Held hinter dem homerischen Gott.

Daß hier zur Veranschaulichung des mühelosen Tuns eine menschliche Kunstfertigkeit herangezogen wird, setzt unsere Stelle überdies zu den *Handwerkergleichnissen* der *Odyssee* in Beziehung, für die wir in dem Gleichnis vom Schiffszimmermann bereits ein Beispiel kennen gelernt haben. Solche Gleichnisse illustrieren sonst, wie Odysseus eine ihm *ungewohnte* Aufgabe vollkommen meistert; hier aber geht es um ein ureigenes Tun des Kriegeradligen, nämlich um die gekonnte Handhabung seiner Waffe. Dem entspricht, daß hier gerade die Kunstfertigkeit des *Sängers* herangezogen wird: Gerade die erste und entscheidende Rückwendung des noch unerkannten Odysseus zu seinem angestammten Tätigkeitsfeld wird im Gleichnis durch eine Rückwendung des Erzählers auf seine *eigene* Kunstfertigkeit markiert.

Die Tragweite dieser Parallele wird erst deutlich, wenn man sich vor Augen führt, daß Odysseus sich durch das Spannen des Bogens und das Prüfen seiner Spannung nicht etwa nur auf die Bogenprobe vorbereitet, sondern daß er sich damit – wie der Hörer bereits weiß – für den Entscheidungskampf gegen die Freier rüstet und damit für die *einzige* seiner in der *Odyssee* erzählten Taten, die eine heroische Glanzleistung (*Aristie*) im Sinne der Tradition darstellt. Wie ein Sänger seine schadhafte Leier instand setzt, um sich auf das epische Rühmen von Heldentaten vorzubereiten, so bereitet sich Odysseus jetzt darauf vor, nach endlosen Beschädigungen und Verstellungen endlich wieder als kämpfender Held aufzutreten: Er wird zunächst den geforderten Probeschuß absolvieren und dann die Freier erschießen, einen nach dem andern. So wird im Saal des Odysseus-Hauses eine regelrechte Schlacht iliadischer Art entbrennen, die Odysseus und Telemach mit Hilfe der Göttin Athene gewinnen.

X. Rettung aus Seenot

Nach dem Sieg kann Odysseus sich auch seiner Frau Penelope zu erkennen geben. Doch diese ist nach zwanzigjähriger Trennung mißtrauisch und keineswegs bereit, dem Fremden leichten Herzens zu glauben. Sie unterwirft ihn einer Prüfung, in dem sie ihre Dienerin Eurykleia anweist, das Ehebett an einen anderen Platz zu stellen. Ist der Fremde wirklich Odysseus, dann muß er wissen, daß dies unmöglich ist, weil Odysseus das Ehebett seinerzeit beim Hausbau aus dem Stumpf eines fest verwurzelten Ölbaums geschnitzt hat, so daß es unverrückbar ist. Und richtig: Der Fremde protestiert und fragt sie indigniert, ob während seiner Abwesenheit jemand den Stumpf des Ölbaums unten durchgesägt habe. Jetzt erst glaubt sie ihm, und die beiden umarmen sich (*Odyssee* 23, 233–240):

Und wie willkommen Schwimmenden das Land erscheint,
denen Poseidon auf dem Meer das gut gebaute Schiff
zerschlug, das von Wind und hartem Wogengang bedrängte –
nur wenige entkamen aus der grauen Salzflut zu dem Festland
schwimmend, und rings gerann viel Salz an ihrem Leibe,
und willkommen war ihnen das Land, das sie betraten, dem Unheil entronnen –:
So willkommen war ihr der Gatte, als sie ihn ansah,
und von seinem Halse ließ sie durchaus nicht mehr die weißen Arme.

Bei aller Rührung über die Wiedervereinigung des Paares können wir doch die Merkwürdigkeit nicht übersehen, die darin liegt, daß die Empfindung Penelopes im Gleichnis mit den Gefühlen von Poseidon verfolgter Schiffbrüchiger verglichen wird, die sich schwimmend ans Land retten. Denn einerseits liegt diese Szene dem Erfahrungshorizont Penelopes in ihrem Frauengemach denkbar fern, andererseits ist sie geradezu eine Kopie einer Erfahrung, die, wie wir wissen, *Odysseus* gemacht hat (Fränkel 1921, 95; Moulton 1977, 129–130): Genau so, wie hier im Gleichnis geschildert, mußte Odysseus empfinden, als er sich nach seinem durch Poseidon bewirkten Floßbruch schwimmend zur Küste des Phäakenlandes rettete. Warum, so müssen wir fragen, illustriert der Erzähler die Empfindungen der Penelope beim Umarmen des Odysseus mit einer Erfahrung, wie sie Odysseus gemacht hat?

Das Gleichnis illustriert Penelopes Empfindung bei der *Umarmung*; einer Umarmung, mit der die Distanz zu dem Andern, an der sie bis zum Schluß festgehalten hat, endlich überwunden wird. Die Überwindung dieser Distanz, die Anerkennung des Andern als Odysseus bringt das Gleichnis zum Ausdruck: Da der Andere Odysseus ist, ist seine Heimkehr zugleich das Ende ihrer Einsamkeit; deshalb konvergieren ihre Empfindungen bei seiner Heimkehr mit seinen Empfindungen bei der Rettung aus Seenot. Die jahrzehntelange Trennung des Mannes von seiner Frau wird dadurch geheilt, daß diese in der Rettung des andern ihre eigene Rettung erkennt.

XI. Schluß

Vor über fünfzig Jahren haben Max Horkheimer und Theodor W. Adorno in dem Buch »Dialektik der Aufklärung« eine Deutung der *Odyssee* entworfen, derzufolge »die Irrfahrt von Troja nach Ithaka ... der Weg des leibhaft gegenüber der Naturgewalt unendlich schwachen und im Selbstbewußtsein erst sich bildenden Selbst durch die Mythen« ist (Horkheimer / Adorno 1947, 64). Die Zielrichtung des in der *Odyssee* unternommenen epischen Experiments, soweit sie sich in den interpretierten Gleichnissen abgezeichnet hat, scheint jedoch eine andere zu sein: Weit davon entfernt, sein Selbstbewußtsein erst auszubilden, weiß Odysseus sich von Anfang an als »iliadischen« Kriegeradligen obersten Ranges. Thema des Epos ist nicht die Entstehung, sondern die Bedrohung und die Behauptung dieser Identität: Der Held, der durch den Sieg in Troia die höchste denkbare Bewährung seines Ranges erreicht hat, wird zunächst durch Intervention einer erzürnten Gottheit in experimenteller Weise aus seinem gewohnten Lebens- und Bewährungsraum in exotische Situationen entrückt, in denen der gesellschaftliche Code des Kriegeradels nicht gilt und in denen er in vielfältig-ungewohnter Weise mit der Brechung und Außerkraftsetzung seiner Identität konfrontiert wird. Am Ende der Irrfahrten kommt er als hilfsbedürftiger Schiffbrüchiger zu den Phäaken und es gelingt ihm, sich schrittweise die volle Anerkennung als der, der er ist, zu erringen. Doch dann findet er sich in einer Heimat wieder, die für ihn, aufgrund der Inbesitznahme seines Hauses durch die Freier, selbst zur Fremde geworden ist und die er sich, zunächst als Bettler getarnt, erst wieder erkämpfen muß. Selbst nach dem Sieg fällt es seiner Frau zunächst schwer, in dem zerlumpten Sieger ihren Mann anzuerkennen.

Das ständige Widerspiel von Entfremdung und Selbstbehauptung findet seinen adäquaten Ausdruck im Gleichnis. Konstitutiv für dessen Form ist sowohl die Differenz zwischen Vergleich und Verglichenem als auch die Überbrückung dieser Differenz durch die Setzung der Vergleichsbeziehung. Beide Strukturmomente treten in den innovativen Gleichnissen der *Odyssee* in eine spezifische Beziehung zum Gehalt des Epos. In Gleichnissen wie dem vom Schiffszimmermann und vom Polypen werden auf der Ebene des Äußeren und Anschaulichen gerade die Diskrepanzen zwischen »Wie« und »So« akzentuiert, aber nur, um den Blick auf eine innere Rang-Analogie freizugeben. Die surreale Abwandlung gewohnter Gleichnis-Beziehungen wie der zwischen dem Löwen und seinen Opfern, oder die Abschwächung des lodernden Brandes zum glimmenden Funken halten an der heroischen Norm als dem Ziel einer Wiederherstellung fest. Wenn gewöhnliche Lebensverhältnisse des Kriegeradels, in die »Wie«-Ebene transponiert, zum Gleichnis für absurde Ausnahmesituationen werden wie für die Position des am Baum über der Charybdis hängenden Odysseus, dann nur, um daran zu erinnern, daß das Ziel allen Duldens in der Wiedergewinnung jener Verhältnisse für die »So«-Ebene liegt. Wenn der Sieger verzweifelt ist wie eine Kriegsgefangene, dann darüber, daß ihm die Anerkennung als Sieger noch vorenthalten bleibt. Die Leier war defekt, aber sie wird wieder instand gesetzt und neu gestimmt.

Literaturangaben

Textausgabe:

van Thiel, H. 1991, *Homeri Odyssea*, Hildesheim/Zürich/New York (*Nachdem sich die Dokumentation der handschriftlichen Überlieferung in vielbenutzten Standardausgaben als teilweise irreführend erwiesen hat, ist van Thiels Neuausgabe zur Zeit ohne Konkurrenz.*)

Übersetzung:

Schadewaldt, W. 1958, *Homer. Die Odyssee*, Hamburg 1958 u. ö. (*Eine Übersetzung, die an Stelle des dem griechischen Vers nicht entsprechenden deutschen Verses die Prosa wählt, und deshalb genauer sein kann als eine Versübersetzung.*)

Kommentar:

Heubeck, A. / West, S. / Hainsworth, J. B., 1988, *A Commentary on Homer's Odyssey*, Vol. I, Oxford 1988.– Heubeck, A. / Hoekstra, A. 1989, *A Commentary on Homer's Odyssey*, Vol. II, Oxford 1989.– Russo, J. / Fernandez-

Galliano, M. / Heubeck, A. 1992, *A Commentary on Homer's Odyssey*, Vol. III, Oxford 1992.

Homerische Poetik:

Patzer, H. 1996, *Die Formgesetze des Homerischen Epos*, Stuttgart.

Sage und Epos:

Tolstoi, Iw. 1934, »Einige Märchenparallelen zur Heimkehr des Odysseus«, Philologus 89, 261–274 (*Systematische Rückbeziehung des Gesamtplans der Odyssee auf die Struktur des »Märchens vom heimkehrenden Gatten«*).– Hölscher, U. 1988, *Die Odyssee. Epos zwischen Märchen und Roman*, München (*Auf Tolstois Aufsatz von 1934 fußende Gesamtinterpretation des Epos*).

Mythos und Aufklärung:

Horkheimer, M. / Adorno, Th. W. 1947, »Dialektik der Aufklärung. Philosophische Fragmente«, in: Theodor W. Adorno, *Gesammelte Schriften Band 3*, Frankfurt a. M. 1981 *(Darin S. 61–99: Exkurs I: Odysseus oder Mythos und Aufklärung)*.

Gleichnisse:

Fränkel, H. 1921, *Die homerischen Gleichnisse*, Göttingen.– Moulton, C. 1977, *Similes in the Homeric Poems* (= Hypomnemata. 49), Göttingen.

Am Anfang war die Lüge?
Herodot, der »Vater der Geschichtsschreibung«

Martin Hose

»Wieder andere Inder wohnen nahe der Stadt Kaspatyros und dem Land der Paktyer [...] das sind die streitbarsten von den Indern. Gerade sie ziehen auch nach dem Gold aus. Denn dort gibt es eine Gegend, die der Sand unbewohnbar macht, und in dieser Einöde und Sandwüste finden sich Ameisen, die zwar etwas kleiner sind als Hunde, jedoch größer als Füchse. Es gibt auch beim persischen Großkönig welche von ihnen, die hier gefangen wurden. Diese Ameisen graben sich Wohnungen unter der Erde und bringen dabei Sand herauf eben wie Ameisen bei den Griechen, denen sie auch sonst sehr ähnlich sind. Der heraufgebrachte Sand ist goldhaltig. Um ihn zu holen, ziehen die Inder in die Wüste, jeder mit einem Gespann von drei Kamelen, rechts und links ein männliches am Leitseil, in der Mitte ein weibliches, auf dem der Jäger reitet. Dabei richtet er es so ein, daß er dieses von möglichst jungen Kamelfüllen wegnimmt und sattelt. Denn die Kamele bei ihnen stehen den Pferden an Schnelligkeit nicht nach, und außerdem sind sie besser in der Lage, große Last zu tragen [...]

So gehen also die Inder zu Werk und spannen die Kamele zusammen, wenn sie nach dem Gold ausziehen, und sie richten es so ein, daß sie gerade zur Zeit der brennendsten Hitze das Gold rauben. Denn vor der Hitze verkriechen sich die Ameisen in die Erde [...] Sobald nun die Inder an Ort und Stelle angelangt sind, füllen sie die Säcke, die sie mit sich führen, mit dem Sand und reiten dann schnellstens zurück. Denn sofort merken es die Ameisen am Geruch, wie jedenfalls von den Persern erzählt wird, und verfolgen sie. Sie seien hinsichtlich ihrer Schnelligkeit keinem anderen Lebewesen ähnlich, so daß, wenn die Inder nicht einen Vorsprung gewinnen würden, während sich die Ameisen sammeln, niemand von ihnen davonkäme. Die beiden männlichen Kamele, die langsamer als die Stuten laufen, binde man dann während der Verfolgung los, jedoch nicht beide zugleich. Die Stuten aber, die an ihre daheim zurückgelassenen Jungen dächten, würden in keiner Weise nachlassen. So nun gewinnen die Inder den größten Teil ihres Goldes, wie die Perser sagen [...].«

Diese Schilderung über die Goldgewinnung der Inder stammt aus dem dritten Buch des Herodoteischen Geschichtswerks (Kapitel 102, 104, 105). Sie ist gut geeignet, auf das vielleicht entscheidende Problem hinzuweisen, das Herodots Werk stellt. Wohl um 51 v. Chr. schrieb Cicero in seiner Schrift *De legibus*, daß man bei Historiographie und Poesie von unterschiedlichen Gesetzen ausgehen müsse: Bei der Historiographie ziele alles auf die Wahrheit ab, bei der Poesie das meiste auf den ästhetischen Reiz, obgleich es sogar bei Herodot, dem Vater der *Historia*, und bei Theopomp unzählige *fabulae* (»Mythen«) gebe (De leg. 1,5). Hier fällt also nicht nur das berühmte Wort von Herodot als *pater historiae*, es wird auch die »Wahrheit«, *veritas*, als Maßstab für die Geschichtsschreibung festgestellt und eine Spannung zwischen diesem Maßstab und den *innumerabiles fabulae* bei Herodot diagnostiziert. Das so von Cicero beschriebene Defizit Herodots gehört in eine Traditionslinie der Kritik, die wohl schon unmittelbar mit der Publikation des Werkes im letzten Viertel des 5. Jahrhunderts einsetzte: Thukydides scheint Herodot, ohne ihn mit Namen zu nennen, an einer Reihe von Stellen zu korrigieren, und im 4. Jahrhundert wird Herodot offen von Historikern wie Theopomp und Ktesias kritisiert. Ktesias etwa bezeichnet ihn als Lügner (*pseustes*) und Geschichtenmacher (*logopoios*, FGrHist 688 T 8). Dieser Ktesias hatte selbst einige Zeit als Leibarzt am Hof des Perserkönigs verbracht und gründete sein Verdikt auf Herodots Darstellung der persischen Geschichte. Allerdings entbehrt es nicht einer gewissen Ironie, daß das Urteil über Ktesias selbst in der Forschung nicht minder auf den Vorwurf von Lügen und Übertreibungen hinausläuft. Ungünstig fiel im 3. Jahrhundert v. Chr. das Urteil des ägyptischen Priesters Manetho über Herodots Referat zu Ägypten aus, wie uns der jüdische Historiker Josephus mitteilt: »Er tadelt an Herodot, daß er in seiner Darstellung Ägyptens oft gelogen hat.« In der Kaiserzeit scheint Aelius Harpokration, ein gelehrter Philologe, derartige Kritik in einem Traktat mit dem Titel *Über die Lügen in Herodots Historien* zusammengefaßt zu haben. Nur am Rande sei bemerkt, daß sich auch Plutarch in die Riege der Herodot-Kritiker einreihte und ihm in der Schrift *Über die Boshaftigkeit Herodots* eine maliziöse, absichtlich verdrehende Tendenz nachweisen will, die hinter einer scheinbar eingängigen Darstellung und in einem scheinbar naiven Stil über alle von ihm behandelten Völker und Städte nur Schlechtes sagt.

Gewiß hat man sich bereits in der Antike die Frage gestellt, warum Herodot seinen Text nicht als Historiker, sondern als *mythologos* (so Aristoteles, De an. gen. 3,7, 756b5) beziehungsweise als *fabulator* (Varro bei Gellius 3,10,11) geschrieben hat. Späthellenistische Historiker wie Diodor (1,69,7) und Strabon (11,6,3) bieten folgende Antwort: Herodot (wie auch diejenigen, die ihn nachahmten) fühlte sich in Konkurrenz mit Dichtern und Mythographen um die Publikumsgunst. Deswegen fügte er freie Erfindungen in sein Werk ein.

Allerdings riefen gerade die Elemente des Werkes, die dem Verdacht des Erschwindelten ausgesetzt waren, auch die entschiedensten Herodot-Verteidiger auf den Plan: Die bunte Fülle und die Erzählkunst des Textes trugen Herodot großes Lob der Stilkritik ein: *Quid enim aut Herodoto dulcius aut Thucydide gravius?* (»Was ist süßer als Herodot oder gewichtiger als Thukydides?«) heißt es in einem Fragment aus Ciceros verlorener Schrift *Hortensius*, und im Traktat *Über das Erhabene* wird Herodot als *homerikotatos* (»am homerischsten«) apostrophiert.

Die Auseinandersetzung um Herodot in der Neuzeit hat die Debatte der Antike fortgeführt: 1566 publizierte Henri Estienne (Henricus Stephanus) eine *Apologia pro Herodoto*, die die Vorwürfe Plutarchs entkräften sollte, Johannes L. Vivès präsentierte dagegen 1612 Herodot als *pater mendaciorum* (»Vater der Lügen«). Neu stellte sich das Problem seit dem 19. Jahrhundert, als durch die entstehenden Wissenschaften der Assyrologie, der Iranistik und der Ägyptologie Herodots Monopolstellung als Quelle für die altorientalischen Kulturen gebrochen wurde. Zwar ließen sich Herodots Angaben in manchen Grundzügen mit den neuen Erkenntnissen harmonisieren, doch blieb ein großes Maß an Ungereimtheiten, die entweder neuerlich als »Lügen« Herodots erklärt oder als Mißverstehen beziehungsweise als »Dragoman-Erzählung« seiner Gewährsleute gedeutet wurden. Zugleich entstand im 19. Jahrhundert ein neues Erklärungsmodell in zahlreichen Schattierungen für das Nebeneinander von »Historie« und Fabel bei Herodot, das eine Hypothese über die Entstehung des Werkes aufstellte: Danach seien im Werk die Traditionen der älteren ionischen »Logographie«, also der geographischen und ethnographischen Literatur aus dem späten 6. und frühen 5. Jahrhundert, deren prominentester Vertreter Hekataios von Milet war, von einer genuin historischen Betrachtungsweise überlagert worden, die Herodot im Athen des Perikleischen Zeitalters anhand seiner Aufarbeitung der Perserkriege entwickelt habe. Felix Jacoby hat diese analytische Herodot-Sicht 1913 in einem monumentalen Artikel in Pauly-Wissowas Realencyclopädie (der sogenannten »RE«) entworfen. Damit wurde Herodot im buchstäblichen Sinne zum Vater der Historiographie, da in seinem Werk der entscheidende Schritt von der Logographie, die auch ungeprüfte Wundergeschichten fremder Völker überlieferte, zur Historiographie, der methodisch abgesicherten, auf Prüfung beruhenden Darstellung der Vergangenheit vollzogen wurde. Wenn sich dennoch die Forschung mit dieser Lösung nicht beruhigen konnte, so sind hierfür mindestens drei Faktoren verantwortlich:

1. Im Gegensatz zum 19. und frühen 20 Jahrhundert ist die Zuversicht geschwunden, durch genaue Untersuchungen die Entstehungsgeschichte von antiken Literaturwerken aufklären zu können. Weder bei den Epen Homers noch bei Thukydides haben sich allgemein akzeptierte Antworten auf die sogenannte Homerische oder Thukydideische Frage finden lassen.

2. Nähere Untersuchung hat ergeben, daß die von Jacoby diagnostizierte logographische Tradition nicht etwa bedeutet, daß Herodot ein begnadeter Geschichtenerzähler ist, dessen Ziel darin liegt, eine bunte Fülle von Anekdoten, Geschichten und Exkursen in Geschichten auszubreiten. Vielmehr zeigte sich, daß in den einzelnen Geschichten Interpretationsmuster und Analogien für die Hauptstränge der Erzählung eingeschrieben sind, daß ferner die ethnographischen Teile des Gesamtwerks (etwa zu den Ägyptern oder den Skythen) nicht nur fremde Welten beschreiben, sondern auch ein Potential für eine griechische Selbstdefinition enthalten.

3. Hiermit ergibt sich zugleich ein weiterer Gesichtspunkt. Denn konsequent weitergedacht bedeutet der Umstand, daß Herodot seine bunten Geschichten und »ethnographischen« Partien aufeinander bezogen konzipiert hat, daß unter Umständen von ihm auch die eingearbeiteten Daten und Angaben zum Zweck einer Paßgenauigkeit mit der vorgesehenen parallelen Partie modifiziert oder gar manipuliert worden sind. Dies ist der Punkt, an dem der radikalste Ansatz der neueren Herodot-Forschung seinen systematischen Ort hat. 1971 veröffentlichte Detlev Fehling das Buch »Die Quellenangaben bei Herodot«, in dem er die These zu beweisen suchte, Herodot habe in größtem Umfang die von ihm referierten Daten selbst erfunden, ja auch seine Hinweise auf Autopsie seien fingiert. Zwar hat diese These mehrfach entschiedenen Widerspruch gefunden, doch setzt sich hiermit eine Frontstellung zwischen Herodot-Lektüren fort, die wir bereits in der Antike vorgefunden haben, zwischen dem Vorwurf der Lüge und der Herodot-Apologetik.

Angesichts dieser Aporie soll im folgenden nicht der Versuch unternommen werden, in die Grabenkämpfe der polarisierten Herodot-Forschung einzugreifen. Vielmehr will ich einer anderen Frage nachgehen: Die Herodot-Rezeption in Antike und Neuzeit, Cicero, Jacoby und Fehling sehen Herodot als Historiker. Ist das angemessen? Diese Frage muß freilich erläutert werden. In literarhistorischer Perspektive wird der Herodot-Text als Teil der Gattung »Historiographie« gelesen, einer Gattung, deren erhaltenen Anfangspunkt er bildet (so spricht ja Cicero von Herodot als *pater historiae*). Thukydides, Xenophon, Polybios und viele andere schreiben diese Gattung fort. Nun gehört zu den Grundlagen der Gattungstheorie die Erkenntnis, daß ein einzelner Text keine Gattung konstituieren kann, daß sich eine solche Konstitution erst dadurch ergibt, daß sich ein zweiter Text (und ein dritter, ein vierter etc.) auf diesen vorgängigen Text bezieht. Thukydides nimmt nun in einer einfachen, aber deutlichen Hinsicht auf Herodot Bezug: Herodots Text endet damit, daß die Griechen 479 in ihrem Kampf gegen die Perser diese zurückschlagen können, bis an den Hellespont gelangen und dort die Städte Abydos und Sestos zurückerobern (Buch 9, 118-120). Im Jahr 479 setzt auch Thukydides mit seinem Referat der Vorgeschichte des Peloponnesischen Krieges ein, der sogenannten Pentekontaetie (Buch 1, 89-117). An Thukydides, dessen Text ja in Buch 8 mitten im Jahr 411 abbricht, schließen – nahtlos – an Xenophons *Hellenika* sowie wahrscheinlich die Werke der Historiker Kratippos, Theopomp und die sogenannte *Hellenika von Oxyrhynchos*, ein im ägyptischen Oxyrhynchos gefundenes Papyrus-Fragment einer griechischen Geschichte. Thukydides erkannte also durch seinen Einsatz im Jahr 479 Herodots Text als Bezugsgröße an, seine Entscheidung wurde von seinen Fortsetzern augenscheinlich akzeptiert und damit bestätigt. Insofern ist daher, systematisch betrachtet, Thukydides, nicht Herodot, der eigentliche Begründer der Gattung Historiographie, da er den »zweiten« Text schuf, mit dem erst Herodots Text zum »ersten« Text einer Gattung wurde.

Diesen Befund kann man nun in folgender Weise verwerten: Da Herodot nirgendwo den Anspruch formuliert, mit dem Text eine »neue« Gattung zu begründen, ist es legitim, diesen Text nicht nur in diachroner Perspektive, also aus Sicht der Gattungsgeschichte »Historiographie« zu analysieren, sondern ihn auch synchron zu lesen, das heißt im Vergleich mit anderen Texten seiner eigenen Zeit und unter Verzicht auf die methodischen Vorgaben, die erst später in der Historiographie etabliert werden.

Die Forschung pflegt die »historiographische Pionierleistung« Herodots zu betonen, ja seinen Text als eine Art von Initialzündung für ein auf ihn folgendes umfängliches auch lokalhistorisches Schrifttum zu betrachten, mit dem sich einzelne Städte und Regionen einen eigenen Platz in dem historischen Raum zu schaffen suchten, den Herodots Geschichte der Perserkriege konstruiert hatte. Die neueste Forschung hebt dagegen hervor, daß die spärlichen Indizien, die für einige dieser Lokalhistorien ermittelt werden können, eher für eine Gleichzeitigkeit mit (oder sogar Vorgängigkeit zu) Herodot sprechen. Nimmt man dies ernst, so kann man schließen, daß mit diesen Texten ein Interesse in der zweiten Hälfte des 5. Jahrhunderts deutlich wird, Erinnerung über das noch junge Medium des Prosa-Buches zu konservieren. Einen Teil dieser Texte (natürlich handelt es sich nur um Fragmente) hat Felix Jacoby in seine Sammlung der »Fragmente der griechischen Historiker« (abgekürzt FGrHist) aufgenommen und sie damit ebenfalls in die Gattung »Historiographie« einbezogen. Auch von dieser Kategorisierung wollen wir im Folgenden absehen.

Auf vier Autoren, die mindestens Zeitgenossen, vielleicht sogar wenig älter als Herodot waren, einzugehen, ist hierbei lohnend: Hellanikos von Lesbos (FGrHist 4), Xanthos den Lyder (FGrHist 765), Hippias von Elis (FGrHist 6 beziehungsweise VS 86) und Ion von Chios (FGrHist 392). Bereits der Umstand, daß sie sämtlich in Jacobys Fragmentsammlung erscheinen, deutet an, daß ihre Bücher Erinnerung bewahren sollten.

Hellanikos, vielleicht 480 geboren, scheint eine größere Anzahl von Texten verfaßt zu haben. Die spätere Antike zitiert aus fast 30 Schriften mit unterschiedlichen Titeln. Hierbei suchten eine Reihe von Werken (*Deukalioneia, Phoronis, Asopis, Atlantis, Troika*) so vollständig wie möglich die griechischen Mythen zu sammeln und – wahrscheinlich anhand von genealogischen Zusammenhängen – zu ordnen. Allerdings wird er damit nicht einfach zum Mythographen. Denn soweit an den Fragmenten erkennbar, streicht er alles Übernatürliche. So wird etwa aus Aineas, den Aphrodite aus Troja vor den Griechen rettet, ein geschickter Politiker, der bei den Griechen freien Abzug aushandelt (F 31). Wo sich das Wunderbare nicht meiden läßt, etwa wenn Poseidon und Apoll Trojas Mauern errichten, distanziert sich Hellanikos mit einem »man sagt«, griechisch: légetai (F 26a). Hellanikos hat also die Mythen als Erzählungen über historische Ereignisse aufgefaßt.

Eine weitere Gruppe von Schriften handelte von Regionen und ihren Bewohnern, wie die Titel *Aigyptiaka, Persika, Skythika*, aber auch *Argolika*, *Boiotika* etc. andeuten. Eine Zweiteilung in diesem Corpus in griechische und nichtgriechische Themen ist deutlich. Inhalt waren, etwa in den *Aigyptiaka*, Beschaffenheit des Landes, Bräuche, Religion und Geschichte. Ein gewisses Problem stellte für Hellanikos die Frage nach dem ökonomischen Ende eines Buches: Gerade bei den mythographischen Büchern vereitelte das Streben nach Vollständigkeit einen erzähltechnisch überzeugenden Schlußpunkt.

Xanthos der Lyder ist eine merkwürdige Erscheinung. Die antike Literaturkritik hielt ihn teils für eine Zeitgenossen Herodots (FGrHist 765 T 4: Dionysios aus Halikarnass, De Thuc. 5), teils sogar für einen Schriftsteller aus dem 6. Jahrhundert (T 1a: Suda). Zwei Werke sind für ihn bezeugt: *Magika* (wohl über die Magier und ihre Lebensweise) und *Lydika*, also »Lydische Geschichte« oder »Lydische Geschichten«. Man darf annehmen, daß beide Titel erst später den Büchern beigelegt wurden und Ausdruck einer Kategorisierungsbestrebung in einer etablierten Buchkultur sind.

An den *Lydika* ist dreierlei bemerkenswert: Zunächst ihr Umfang – in immerhin vier Büchern (vielleicht eine spätere Einteilung) erzählte Xanthos die lydische Geschichte und endete wahrscheinlich mit der Eroberung der lydischen Hauptstadt Sardes durch die Perser, die damit Kroisos' Herrschaft beendeten.

Zweitens scheinen nach Ausweis der Fragmente die Könige Lydiens im Zentrum der Darstellung gestanden zu haben, allerdings bei einer novellistischen Erzählweise, die an die Geschichten aus 1001 Nacht erinnert. Denn wohl »historische Kerne« werden ausgeschmückt mit Haremsintrigen, Schurken und zu Unrecht gestürzten, aber letztlich obsiegenden, milden und guten Herrschern. Drittens war der Text erweitert erstens um geographische Angaben und Kombinationen (Xanthos schließt aus dem Fund versteinerter Muscheln, daß Teile von Phrygien einmal Meer gewesen sein müssen, F 12), zweitens Wundergeschichten und drittens rationalisierte Sagen.

Xanthos ist also ein hellenisierter Lyder, der aus dem Übergangsbereich zwischen dem ionischen Griechentum und Lydien stammt und ein mit verschiedenen bunten Elementen angereichertes Werk über die guten und schlechten lydischen Könige verfaßte.

In eine andere Welt führt die Schriftstellerei des Hippias von Elis, eines Sophisten aus dem 5. Jahrhundert, der in Platons Dialogen ein gerngesehener Gast ist. Unter den für Hippias bezeugten Werken ist für den hier entwickelten Gedanken eine wohl später als *synagoge*, »Zusammenführung« bezeichnete Schrift bedeutsam. Ziel dieser Schrift war augenscheinlich, eine »enzyklopädische Übersicht über alle Wissensgebiete«. Ein Satz aus der Einleitung wird vom christlichen Schriftsteller Klemens von Alexandrien zitiert:

> »Von diesen Dingen [also dem Stoff des Buches] wird wohl einiges von Orpheus, anderes von Musaios in knapper Form an verschiedenen Stellen gesagt, anderes bei den Dichtern, wieder anderes von Prosa-Schrifstellern, sowohl Griechen als auch Barbaren. Ich werde aus all diesen Texten die wichtigsten und zu einander gehörigen Nachrichten zusammenstellen und dadurch diesen Text zu einem neuen und vielgestaltigen machen.« (VS 86 B 6).

Zweierlei ist hieran bemerkenswert. Erstens: Hippias will dadurch, daß er scheinbar disparate Notizen unterschiedlicher Autoren nebeneinander stellt, diese sich gegenseitig erhellen und in Verbindung treten lassen. Zweitens: Hippias beansprucht, durch seine Präsentation des schon Gesagten etwas Neues zu schaffen.

Der Inhalt der *synagoge* war nach Ausweis der Nachrichten und Fragmente in der Tat vielgestaltig. Er umfaßte ein Spektrum von den Urstofflehren der Vorsokratiker bis zu soziologischen Fragen wie Polygamie, die etwa am Beispiel der Thargelia aus Milet diskutiert wurde, die 14 Männer gehabt haben soll.

Ion von Chios ist im Kontext des 5. Jahrhunderts insofern ein Sonderfall, als er sowohl mit Prosa als auch mit unterschiedlichen poetischen Formen (Tragödien, Dithyramben etc.) hervortrat. Er verfaßte unter anderem ein Buch mit dem Titel *triagmos*, »Sieg der Dreizahl«, und eine »Gründungsgeschichte von Chios«. Besonders relevant für den hier verfolgten Gedankenzusammenhang ist die Schrift *epidemiai*, »Auslandsaufenthalte«, in der Ion über Begegnungen mit berühmten Männern, die er auf seinen Reisen traf, handelte: Politiker wie Kimon (Frg 2) und Perikles (Frg 6, 7), Dichter wie Aischylos (Frg 5, 6) und Sophokles (Frg 8), aber auch Intellektuelle wie Sokrates (Frg 11) erscheinen in den Fragmenten, die dort, wo sie ausführlicher sind, anekdotische Züge annehmen. Eine interessante, aber nicht zu klärende Frage ist es, wie wörtlich oder wie prägnant Ion diesen Berühmtheiten ihre Bonmots beilegt.

Bereits mit diesen vier Autoren zeigt sich die Spannbreite „historischer" Prosa im 5. Jahrhundert. Jeder der eben kurz vorgestellten Texte weist durchaus eigene, ja eigenste Merkmale auf. Hervorhebenswert scheint, daß in diesen Texten keineswegs ein Bemühen um dokumentarisch genaues Aufarbeiten und Referieren von Vergangenem angestrebt ist. Statt dessen dürfte eher die verdeutlichende Anekdote (die vielleicht dazu erfunden ist) und die prägnante novellistische Erzählweise charakteristisch gewesen sein.

Dies, nicht die Thukydideische Methodenstrenge, ist der Kontext, in den Herodots Werk zunächst zu stellen ist. Dieses Werk selbst ist bereits formal auffällig: Der Text ist in einer modernen Ausgabe (ohne aufwendigen Apparat) etwa 850 Seiten lang. Man hat ausgerechnet, daß in der Antike für ihn Papyrus-Blätter in einer Gesamtlänge von 100 m erforderlich waren. Diese mußten wiederum auf etwa 15 bis 20 Rollen verteilt werden, um überhaupt eine praktikable Lektüre zu erlauben. Die uns vertraute Einleitung in neun Bücher entstand wohl erst im Hellenismus, als Buch und Buchgrenze in einer etablierten Lesekultur bedeutungsvoll wurden: Man teilte die homerischen Epen Ilias und Odyssee in 24 Bücher, entsprechend den 24 Buchstaben des griechischen Alphabets, und Herodots Werk gliederten die Philologen in neun Sektionen, die sich nach den neun Musen benennen ließen: Kleio (1), Euterpe (2), Thaleia (3), Melpomene (4), Terpsichore (5), Erato (6), Polyhymnia (7), Urania (8) und Kalliope (9). Hierauf gründete die spätere Bezeichung des Gesamtwerkes als die »Musen des Herodot«.

Wer war nun der Verfasser dieses Riesenwerks? Die ersten Worte des Textes sprechen es aus: »Herodot aus Halikarnassos«. Halikarnass, heute Bodrum, eine alte karische Stadt im Süden der kleinasiatischen Küste der Türkei, erhielt im

11. oder 10 Jahrhundert Zuzug von griechischen Siedlern, die zwar dorische Stammesstrukturen mitbrachten, unter denen jedoch das ionische Element stark überwog. Gleichwohl blieb in der Stadt der Anteil karischer Bevölkerung hoch. Um 560 kam Halikarnass unter die Herrschaft des lydischen Königs Kroisos, 546 unter die der Perser, die als Herrscher eine griechisch-karische Familie einsetzten. Zur Zeit der Perserkriege regierte eine Frau aus dieser Familie, Artemisia, die Stadt. Wohl 468 lösten die Athener bei einem Vorstoß gegen die Perser Halikarnass aus dem persischen Reich und gliederten es ihrem Seebund ein. In dieser Stadt wuchs Herodot auf. Wenn die biographische Tradition einen zuverlässigen Kern hat, stammte er aus einer begüterten griechisch-karischen Familie, wie der Vatersname Lyxes andeutet. Sein Onkel (oder Vetter) soll der Epiker Panyassis gewesen sein, der Schöpfer eines großen Herakles-Epos, aber auch einer »historischen« Groß-Elegie *Ionika* war, die die Kolonisation Ioniens beschrieb. Die biographische Tradition weiß ferner, daß Herodots Familie um die Mitte des 5. Jahrhunderts an einem gescheiterten Putsch gegen den Tyrannen Lygdamis beteiligt war und die Stadt verlassen mußte. Panyassis soll sogar bei einem Versuch der Rückkehr von Lygdamis getötet worden sein. Wo sich Herodot von nun an aufhielt, ist unsicher. In seinem Werk gibt die Erzählerstimme eine Reihe von Hinweisen auf Autopsie, aus denen man auf umfangreiche Reisen Herodots geschlossen hat. Er wäre demnach gewesen in Kyrene im heutigen Libyen, in Ägypten in Memphis, Theben und Heliopolis, in Phönizien in Tyros, in Babylon, das er wohl auf dem Euphrat erreichte; er kannte die Schwarzmeerküste von Byzanz bis Olbia, die er per Schiff passierte. Wahrscheinlich ist, daß er von Olbia aus kleinere Reisen ins Land der Skythen unternahm. Die griechische Welt, also die kleinasiatische Küste, die Inseln und das eigentliche Griechenland mit den Schlachtfeldern der Perserkriege, kannte Herodot wohl größtenteils aus eigener Anschauung. Für den westgriechischen Raum läßt sich Kenntnis über ein berühmtes Zeugnis nachweisen: Aristoteles zitiert in seiner *Rhetorik* den Anfang von Herodots Werk in einer anderen Form, da er statt »Herodot aus Halikarnass« »Herodot aus Thurioi« schreibt. Damit ist er ein früher Zeuge für die biographische Tradition, nach der Herodot, als auf Betreiben Athens die Griechen 444/43 als gemeinsames Unternehmen die 510 zerstörte unteritalische Stadt Sybaris als Thurioi neu gründeten, dort Bürger wurde. Vielleicht ist er dort auch gestorben.

Herodot stammte also aus einer begüterten griechisch-karischen Familie von Halikarnass, mußte um die Mitte seines Lebens seine Heimat verlassen, unternahm Reisen ins Schwarze Meer, nach Nordafrika, Ägypten, Phönizien und Babylon und wurde schließlich Bürger von Thurioi in Unteritalien.

Auf die Frage nach dem Zweck seiner Reisen gibt sein Werk an einigen Stellen Auskunft, wohl am deutlichsten in Buch 2. Dort berichtet Herodot, daß er in Ägypten erfahren habe, daß Herakles ein alter ägyptischer Gott sei (2,43). Er fährt fort:

> »Und weil ich darüber etwas Genaueres erfahren wollte von denen, von denen das möglich war, segelte ich auch nach Tyros in Phönizien, weil ich erfahren hatte, daß es dort einen Tempel des Herakles gibt [...] Als ich mich mit den Priestern des Gottes unterhielt, fragte ich sie, wie lange es her sei, daß man den Tempel errichtet habe. Ich fand heraus, daß auch sie [wie die Ägypter] mit den Griechen nicht übereinstimmen. Denn sie sagten, der Tempel des Gottes sei zum Zeitpunkt der Gründung von Tyros erbaut, Tyros aber schon vor 2300 Jahren gegründet worden. Ich sah in Tyros auch noch einen anderen Tempel des Herakles, der den Beinamen thasisch hatte. Ich fuhr auch noch [zur Insel] Thasos, auf der ich einen von den Phöniziern errichteten Herakles-Tempel fand [...]« (2,44)

Die Reisen, so läßt sich dieser Partie entnehmen, dienten also nicht Handelszwecken, wie man hätte vermuten können. Vielmehr scheint es eine Art von Wissensdurst zu sein, die Herodot treibt: »weil ich hierüber etwas Genaues erfahren wollte« (2,44,1). Das, was er dabei vorfindet, setzt manches Fragezeichen hinter das, was bei den Griechen als gültiges Wissen betrachtet wird. Bezeichnend ist Herodots Überleitung im Anschluß an das gerade zitierte Kapitel 2,44: »Es erzählen auch noch vieles Anderes ungeprüft die Griechen ...« (2,44,1). Mit dieser Formulierung stellt sich Herodot in die Tradition eines berühmten Vorgängers, des Hekataios von Milet, der etwa 50 Jahre vor ihm zwei epochemachende Prosawerke verfaßt hatte: eine wohl teilweise auf Autopsie beruhende Weltbeschreibung und – wie später Hellanikos – eine genealogisch strukturierte Zusammenstellung der griechischen Mythen. Aus diesem Werk, den *Genealogiai*, ist ein Satz der Einleitung erhalten:

> »Dies schreibe ich, wie es mir wahr zu sein scheint. Denn die Reden der Griechen scheinen mir zahlreich und lächerlich – und sie sind es.«
> (Frg. 1).

Hekataios, dies geht aus einigen Fragmenten hervor, mißt die Mythen am Maßstab dessen, was er für plausibel hält, und korrigiert dementsprechend die Geschichten in seinem Text. Dieses Verfahren wird Thukydides in seinem berühmten Methodenkapitel verfeinert rechtfertigen und zur Grundlage seiner

Darstellung des Peloponnesischen Krieges machen. Herodot geht demgegenüber einen anderen Weg, den er in einer berühmten Partie des 7. Buches erklärt. Argos, ein wichtiger Staat auf der Peloponnes, schließt sich 480 dem griechischen Bündnis zur Abwehr der Perser nicht an, was die Argiver mit ihrer Aversion gegen den Hochmut der Spartaner, bei denen das Oberkommando liegt, begründen (7,149). Herodot fährt dann fort:

> »So erzählen die Argiver selbst die Geschichte. Es gibt aber noch eine andere Version, die in Griechenland erzählt wird.« (7,150,1).

Diese andere Version, die von einem Freundschaftsangebot der Perser an Argos weiß, referiert Herodot sodann. Ein Thukydides, so können wir vermuten, hätte an das Referat beider Versionen eine eigene Bewertung angeschlossen. Nicht so Herodot. Er erklärt: »Ich schulde es (meinem Leser) das, was erzählt wird, zu erzählen (légein tá legómena), brauche freilich es nicht ganz und gar zu glauben, und dieser Grundsatz soll mir für das ganze Werk gelten.« (7,152,3). Dieser Grundsatz ist durchaus eine Konsequenz des Programms, das Herodot im ersten Satz seines Werkes, dem sogenannten Titelsatz, vorzeichnet:

> »Dies ist die Präsentation der *historie* des Herodot von Halikarnass ...«

Eines der großen, freilich erklärlichen Mißverständnisse der Herodot-Rezeption liegt nun darin, in diesem Satz in *historie* bereits *Historia* (im Sinne von »Geschichtsschreibung«) mitzuhören. Doch ist dieser Begriff bei Herodot eben noch nicht *terminus technicus*, sondern hat noch seinen eigentlichen Sinn »Nachforschung«. Was unter dieser Nachforschung zu verstehen ist, hat das zitierte Kapitel 2,444 demonstriert – Herodot ermittelt Daten, Erklärungen, Traditionen und stellt sie nebeneinander, so daß der Leser, wenn er dies will, Schlüsse ziehen und entscheiden kann. Die Fortsetzung des ersten Satzes präzisiert, was Ziel der Präsentation und Gegenstand der Nachforschung sein soll:

> »damit nicht das, was von den Menschen vollbracht wurde, durch die Zeit ausgelöscht wird, noch große und bewunderungswürdige Werke, die einerseits von den Griechen, andererseits von den Barbaren hervorgebracht wurden, ruhmlos werden, und unter anderem, als welchem Grund sie gegeneinander Krieg führten.«

Deutlich spricht aus diesen Worten die Zielsetzung, »Erinnerung« bewahren zu wollen, sie über das Medium Schrift und Buch vor der Auslöschung zu bewahren, die durch die biologisch begrenzte Lebenszeit des Menschen unvermeidlich wäre. Ferner faßt Herodot den Gegenstandsbereich, den sein Werk umspannen soll, weit, ja weiter als sämtliche andere Schriften seiner Zeit. Hekataios ging es in den *Genealogiai* um die Reden der Griechen, Hippias lediglich um die Sammlung dessen, was bereits andere gesagt hatten, Thukydides, um diesen Seitenblick zu wagen, kündigt im ersten Kapitel seines Werkes an, den Peloponnesischen Krieg (das heißt nur diesen Krieg) beschreiben zu wollen (1,1,1), Xanthos, dessen Proöm uns verloren ist, begrenzte sich augenscheinlich auf »Lydisches«.

Gleichwohl ist im ersten Satz in dem groß gefaßten Vorsatz, das von Menschen Vollbrachte, die großen und bewundernswerten Werke von Griechen und Barbaren aufzeichnen zu wollen, implizit eine Strukturierung des gewaltigen Stoffes vorgezeichnet. Denn sowohl der Gesichtspunkt der Größe beziehungsweise des Bewundernswerten als auch die Nebeneinanderstellung von Griechen und Barbaren, die andeutet, daß Dinge zu berichten sind, die für das Verhältnis zwischen beiden Gruppen relevant sind, lassen Auswahlkriterien erkennen: Herodots Werk zentriert sich um den Konflikt zwischen Griechen und Barbaren. Hierauf führt der letzte Teil des Eröffnungssatzes hin, der mit der Frage nach der Ursache eine Überleitungsfunktion hat.

Der Leser des Herodoteischen Werks bemerkt rasch, daß der im Eröffnungssatz angesprochene Gegensatz Griechen/Barbaren im Text eine Einschränkung erlebt. Denn es geht Herodot mit den Barbaren nicht um sämtliche Nicht-Griechen, die in Kontakt zu den Griechen standen oder stehen, sondern lediglich um die Konflikte im östlichen Mittelmeerraum. Der Westen, etwa die Auseinandersetzungen der Griechen mit Italikern, Kelten oder Karthagern, wird höchstens in nachgeordneten Exkursen erwähnt. Vielmehr sind Herodots Barbaren zunächst Lyder und Perser, und diese Reduktion des Barbaren-Begriffs läßt sich biographisch erklären. Der karische Grieche Herodot fand den Konflikt und die Koexistenz mit diesen beiden Mächten als historische Gegebenheit in seiner eigenen Heimatstadt Halikarnass wahrscheinlich auf Schritt und Tritt vor.

Dazu gesellt sich eine weitere, jedem kleinasiatischen Griechen im 5. Jahrhundert unabweisliche Erfahrung: das Widerspiel von Aufstieg und Fall großer Mächte. Das Reich der Lyder hatte im 6. Jahrhundert die griechischen Kolonien unterworfen und war von den Persern vernichtet worden; die ionischen Städte hatten unter der Führung der Handelsmetropole Milet, die im 6. Jahrhundert eine politische und intellektuelle Rolle wie Athen im 5. Jahrhundert spielte, einen Aufstand gegen die Perser unternommen, waren besiegt und Milet vollständig zerstört worden. Die Perser, scheinbar die unbezwinglichen Herren der Welt vom Nil bis zur Donau, waren beim Versuch, das kleine Griechenland zu erobern, kläglich gescheitert, und schließlich trat nun Athen mit Ambitionen auf ein neues (See-) Reich auf.

Herodots Werk verarbeitet diese Erfahrung durch die Darstellung, versucht sie zugleich aber auch zu deuten. So schreibt er in 1,5, nachdem er zuvor die Frauenraub-Geschichten des Mythos (Io, Europa, Medea, Helena) als zwar traditionelle, aber recht umstrittene Ur-Ursache für den Griechen-Barbaren-Konflikt referiert hat:

> »Zunächst aber will ich den Mann nennen, von dem ich weiß, daß er zuerst gegen die Griechen feindlich aufgetreten ist, und dann in meiner Erzählung fortfahren und dabei die Städte der Menschen anführen, große wie kleine. Denn viele Städte, die früher groß waren, sind klein geworden, und viele zu meiner Zeit große waren früher klein. Da ich weiß, daß das menschliche Glück niemals in derselben Stellung verharrt, werde ich beide in gleicher Weise erwähnen.« (1,5,3/4).

Und später im Text, als der Lyderkönig Kroisos bereits vom Perser Kyros besiegt und gestürzt worden ist, um dessen Berater zu werden, also als Person einen Sturz aus höchster Stellung verkörpert, tritt eben dieser Kroisos warnend vor Kyros, der sich anschickt, die wilden Massageten anzugreifen. Er sagt: »Glaubst du, unsterblich zu sein und über ein Heer von Unsterblichen zu gebieten, so hätte es keinen Zweck, dir meine Meinung zu sagen. Bist du dir aber bewußt, daß du ein Mensch bist und über Menschen gebietest, so laß dir gesagt sein, daß es ein Rad des Menschenglücks gibt. Infolge seiner Drehung läßt es nicht zu, daß immer dieselben im Glück sind.« (1,207,2).

Nun wird freilich aus dem Text kenntlich, daß das Rad des Menschenglücks, der *kýklos anthropéion pregmáton*, sich nicht unerklärlich vom Glück zum Unglück dreht. Vielmehr pflegt eine Verfehlung vorauszugehen, die als »Übertretung« einer dem Menschen gesetzten Grenze beschreibbar ist, und die Herodot in einigen Fälle symbolisch mit einer geographischen Grenze, einem Fluß oder einer Meerenge gleichsetzt. Kroisos, der die Perser besiegen will, überschreitet den Grenzfluß Halys und zerstört damit sein eigenes Reich. Kyros, obwohl gerade von Kroisos gewarnt, überschreitet den Fluß Araxes und wird von den Massageten getötet. Dareios überschreitet die Donau, um die Skythen anzugreifen, und erleidet eine verheerende Niederlage, nicht anders Xerxes, der den Hellespont mit einer Brücke »unterjochen« will, um sein Heer gegen Griechenland zu führen. Eine andere Form der Übertretung liegt in der Verletzung heiliger Räume oder Gegenstände. So wird der Perserkönig Kambyses, der Ägypten erobert hat, wahnsinnig, als er den heiligen Apis-Stier tötet, so vergehen sich die Ionier beim Aufstand gegen die Perser, als sie Sardes niederbrennen.

Das hier entworfene Prinzip von Übertretung und Strafe ist gewiß keine Schöpfung Herodots. Es findet sich als Konzept von Gerechtigkeit von Anbeginn an in der griechischen Literatur, markant etwa in der *Odyssee*. Doch ist es gewiß ein beachtliches Experiment, dieses Konzept der Geschichte einzuschreiben, wie es Herodot unternimmt. Blickt man nun auf den Text selbst, so ist in seiner Gliederung diese Deutungskonzeption klar erkennbar. Am Beginn stehen die bereits genannten Frauenraub-Geschichten als ungesicherte Archäologie des Gegensatzes zwischen Griechen und Barbaren (1,1-5). Hierauf folgt die Geschichte des Lyders Kroisos, der die kleinasiatischen Griechen unterwirft, schließlich aber Kyros und den Persern unterliegt (1,6-94). Nunmehr sind die Perser an die Stelle der Lyder als Widersacher der Griechen getreten. Herodot stellt die persische Expansion dar: Kyros unterwirft die kleinasiatischen Griechen (1,141-53), weite Teile Asiens und fällt im Kampf gegen die Massageten (1,154-214). Sein Nachfolger Kambyses erobert Ägypten, wird aber wahnsinnig (2,1-3,38). In Persien kommt es zu einem Aufstand, der einen Usurpator auf den Thron bringt, den schließlich eine Adelsrevolte unter Dareios stürzt. Dieser erweitert das Reich neuerlich, Samos wird persisch, doch ein Zug gegen die Skythen schlägt fehl, Libyen und Thrakien werden erobert (3,39-5,27). Die ionischen Städte rebellieren gegen Dareios, werden aber trotz Unterstützung aus Athen bezwungen (5,28-6,32). Die Perser schlagen zurück, scheitern aber bei ihrer Strafexpedition in der Niederlage bei Marathon (6,33-6,140). Dareios stirbt bei der Vorbereitung einer neuen Expedition (7,1-4). Der nun folgende Schlußteil des Werks ist auf den Zug des Xerxes gegen Griechenland konzentriert. Herodot hebt dieses Unternehmen bereits dadurch hervor, daß er auf die Darstellung, wie Xerxes durch Träume gegen seinen ursprünglichen Vorsatz schließlich doch den Feldzug beschließt (7,5-18), eine Partie auktorialer Reflexion folgen läßt (7,19-21), die man als »Zweites Prooimion« bezeichnen kann. In dieser Partie wird die unvergleichliche Größe des Perserheeres in zwei Kategorien herausgearbeitet: durch den Vergleich mit anderen, natürlich kleineren Heereszügen (7,20) und durch die breite Ausgestaltung des Gedankens der Fülle der Menschen, die auf dem Zug die Natur kaum noch zu ernähren in der Lage war (7,21).

Ausführlich wird der Anmarsch des gewaltigen Heeres geschildert, der begleitet ist von bedeutenden technischen Großleistungen, dem Athos-Durchstich (7,22-25) und der Überbrückung des Hellespont (7,33-36). Darauf folgt ein Perspektivwechsel, der die Gegenmaßnahmen der Griechen zeigt (7,138-178). Dem Umstand, daß von diesem Punkt an parallele Handlungsketten, das heißt Land- und Seekrieg, erzählerisch zu bewältigen sind, trägt der Text durch auf einander folgende Erzähleinheiten Rechnung: erste Gefechte zu See (7,179-

195), Landschlacht bei den Thermopylen (7,196-239), Seegefecht bei Artemision (8,1-26), Vormarsch des persischen Heeres (8,27-39), Seeschlacht bei Salamis (8,40-95). Zwei größere Erzählkomplexe folgen noch: die Schlacht bei Plataiai (8,133-9,89), die das persische Landheer vernichtet, und die Seeschlacht bei Mykale (9,90-113), die die Perser endgültig aus Europa vertreibt.

Das Werk endet damit, daß die Griechen am Hellespont ankommen und Sestos erobern. Sie fahren von dort nach Hause, wobei sie die Taue von Xerxes' Brücke als Weihgeschenk mitnehmen. Mir scheint im Lichte der Herodoteischen Konzeption von der Gefahr der Überschreitung bedeutsam, daß hier die Griechen eben nicht die »gefährliche« Wasserstraße überschreiten. Am Schluß des Werkes steht fast unvermittelt ein Ausspruch des Kyros, den einmal ein Gefolgsmann aufgefordert hatte, er solle die Perser aus ihrem kargen in ein fruchtbares Land führen. Kyros habe geantwortet: »Nur zu, dann aber müßt ihr euch darauf gefaßt machen, aus Herren zu Knechten zu werden. Denn in üppigen und weichlichen Ländern kommen immer auch nur Weichlinge zur Welt; denn in demselben Land pflegen reiche Früchte und tapfere Männer nicht zugleich auf den Bäumen zu wachsen.« (9,122). Dies habe die Perser überzeugt.

Ein solches Ende ist auf den ersten Blick seltsam, und die These, das Werk sei unvollendet, ist auch energisch vertreten worden. Doch bevor dieses Problem näher erörtert werden kann, muß noch weiter auf seinen Inhalt eingegangen werden. Mit der angedeuteten Zweiteilung, die den Perserzug von 480 vom übrigen Text absetzt, verbindet sich auch eine augenfällige Veränderung in dessen Anlage. Das Ausmaß von Exkursen, die sich aus dem Strang der Haupterzählung heraus entwickeln, läßt deutlich nach. Die Darstellung scheint gegenüber der bunten Fülle von Geschichten, die von Buch 1 bis Buch 6 auffällt, konziser zu werden. Dieser Wechsel ist für diejenigen, die eine im Werk nachvollziehbare Entwicklung Herodots vom ionischen Geschichtenerzähler zum Historiker postulieren, ein wichtiges Indiz. Ihr Herodot findet, als er sich vor die Aufgabe gestellt sieht, den Zug von 480 zu beschreiben, zur strengen Geschichtsschreibung. Eine solche Interpretation übersieht freilich, daß der erste Werkteil wesentliche gedankliche Voraussetzungen für den zweiten liefert. Es ist offensichtlich, daß Herodot sein Referat der Ereigniskette, die von Kroisos nach Salamis und Plataiai führt, an einigen Stellen unterbricht, um – nach heutiger Begrifflichkeit – kulturwissenschaftliche Daten zu den Völkern einzubringen, die gerade in der Ereigniskette im Vordergrund stehen. Während die Angaben über die Lyder eher zersplittert erscheinen (1,79; 1,93/4), finden sich im folgenden diese Daten en bloc: so über die Perser (1,131-140), über Babylon (1,178-183, 192-200), über die Massageten (1,201-203), über die Ägypter (2,2-182), über die Aithiopen (3,20, 22-24), über die Inder (3,98-106), über die Araber (1,107-113), über die Skythen (4,2-82), über die Libyer (4,168-199) und über die Thraker (5,3-10). Die Reihenfolge dieser ethnographisch-geographischen Exkurse erklärt sich, so eine berühmte Feststellung von Otto Regenbogen, aus der Abfolge der Schritte persischer Expansion. Daß zu den Völkern, auf die die Perser stoßen, Erklärungen gegeben werden, dürfte kaum erstaunen. Beachtlich ist freilich das Ausmaß der Erklärungen, die insbesondere für Ägypter und Skythen den Umfang einer Monographie erreichen.

Ein solcher Umfang wird indes erklärlich, da in die ethnographischen Exkurse ein Erklärungspotential eingeschrieben ist, das auf der modernsten geoethnographischen Theorie des 5. Jahrhunderts beruht. Diese Theorie, die vielleicht im Kontext medizinischen Denkens entstanden ist und sich etwa in der hippokratischen *Schrift von der Umwelt* findet, stellt einen Zusammenhang zwischen Klima, Bodenbeschaffenheit, sowie der Lage einer Stadt und den Eigenschaften der dort lebenden Menschen her. Paradebeispiele für diesen Zusammenhang bilden in der *Schrift von der Umwelt* der Gegensatz zwischen Europa und Asien (Kapitel 12) sowie insbesondere die Skythen (Kapitel 17/18) und die Ägypter (deren Behandlung allerdings durch eine Lücke im Text in Kapitel 12 verloren ist). Daß Herodot diese Theorie und sogar die Schrift kannte, steht fest. Er zitiert sie jedoch nicht einfach, sondern benutzt sie und entwikkelt ihre Gedanken weiter. Wann man die keineswegs parallel angelegten Exkurse zu Ägypten und Skythien nebeneinander stellt, findet sich in ihnen nicht allein eine Antithetik der Natur der Menschen, sondern vor allem der Kultur. Der Text bietet nämlich unter anderem folgende Differenzen an:

Unter der für einen Vergleich unabdingbaren Prämisse, daß weder Ägypter (2,79,1; 2,91,1) noch Skythen (4,76,1) fremde Bräuche übernehmen, also keine den Vergleich trübende Mischung vorliegt, sind folgende Unterschiede benannt: In Ägypten regnet es nie (2,14,1), der Fluß Nil schwillt an in einem gegensätzlichen Rhythmus zu anderen Flüssen (2,19,3). In Skythien regnet es – im Gegensatz zu anderen Ländern – im Sommer (4,28,2), der Wasserstand der Donau verändert sich nie (4,50). Der Nil eint das Land (2,96), die skythischen Flüsse zerteilen es (4,47). Skythien wird durch die Flüsse auf natürliche Weise bewässert (4,82), Ägypten durch künstliche Kanäle (2,108,2). Die Skythen nutzen ausgiebig Pferd und Wagen, in Ägypten ist beides nutzlos (2,108,3). In Ägypten ist die Natur unter der Kontrolle des ackerbauenden Menschen (2,4,3; 2,99, 2,109), das Land geradezu ein Schöpfung des Menschen (2,15). Skythien als Land gab es, bevor die Menschen einwanderten, die Skythen sind Nomaden ohne eigenes Land (4,12). Die Ägypter ragen unter allen Völkern aufgrund ihrer weit zurückreichenden Erinnerung hervor (2,77; 1,145,3). Sie halten sich für das älteste Volk (2,2,1), die Skythen sich für das jüngste (4,5,1).

Die ägyptische Geschichte ist die Geschichte einer langen Reihe von Königen (2,147,2). Die skythischen Könige sind unbedeutend, ihre Grabmale nicht sichtbar (4,127). Ägypten ist voller Wunder (2,35,1), in Skythien gibt es nur ein einziges Wunder, den Fußabdruck des Herakles (4,82). Die Ägypter haben vieles erfunden, die Skythen nur eines, die Technik, wie man nicht erobert wird (4,46,2). Die Skythen haben den Dionysos-Kult, der aus Ägypten kam, nicht angenommen (2,49,1; 4,79,3). Die Ägypter, speziell ihre Priester, baden täglich (2,37,3), die Skythen haben keine Priester, sie waschen sich nicht (4,75,2).

Diese Differenzen, deren Zahl sich bei genauerer Untersuchung noch erhöhen ließe, sind zwar durch ihre Einbettung im Text an weit auseinanderliegenden Stellen zunächst verdeckt. Dennoch sind sie beabsichtigt, und eine große Anzahl von Daten in ihnen, die die moderne Forschung als »Lüge« oder mindestens als Mißverständnis einstuft, verdankt ihre Ausformung der Suche nach Antithesen. Herodot lügt in diesen Zusammenhängen nicht, er konstruiert. Die Funktion dieser Exkurse liegt nun auf zwei Ebenen. Natürlich erklären sie in einer tiefgreifenden Weise, warum die Perser bei ihrer Expansion Erfolg (etwa in Ägypten) oder Mißerfolg (in Skythien) hatten. Zugleich definieren sie in negativer, abhebender Weise die Griechen. Über diese fehlt zwar ein solcher Diskurs, sie sind aber stets der Maßstab, an denen die fremden Völker gemessen werden. Die Exkurse machen also indirekt ein Angebot für eine griechische Identität. Jeder ethnographische Exkurs trägt dabei dazu bei, die Griechen ein kleines Stück mehr zu »definieren«. Dieses Definitionspotential ist die Voraussetzung für zwei berühmte Partien im Werk, in denen die Griechen über sich selbst sprechen.

In der ersten Partie versucht der Spartaner Demaratos, ein Verbannter im Gefolge des Xerxes, dem Großkönig zu erklären, warum sich die Griechen der persischen Übermacht nicht beugen wollen. Er sagt:

> »Die Griechen sind von Haus aus ein armes Volk, und erst ihrer Weisheit und ihren strengen Gesetzen verdanken sie ihre Tüchtigkeit, die sie vor Armut und Knechtschaft schützt ...« (7,102)

Und weiter:

> »So sind auch die Lakedaimonier, wenn sie Mann gegen Mann fechten, so tapfer wie andere Leute, zusammen aber die tapfersten von allen. Sie sind zwar frei, aber doch nicht in jeder Beziehung. Denn sie haben auch einen Herren über sich, das Gesetz, vor dem sie sich noch mehr

fürchten als die Untertanen vor dir. Was das Gesetz befiehlt, tun sie unbedingt.« (7,104).

Diese Argumentation setzt die ethnographischen Exkurse und die klimatologische Erklärung voraus, überschreitet sie aber insofern, als mit dem Gesetz, dem Nomos ein neuer, nicht klimatologischer Faktor hinzutritt. Herodot erweitert hier die klimatologische Methodik.

Mit der zweiten Partie befinden wir uns im zerstörten Athen nach dem griechischen Sieg bei Salamis und vor der Niederlage des persischen Landheeres bei Plataiai. Mardonios, der persische Befehlshaber, macht Athen ein verlockendes Bündnisangebot: Freundschaft und jedes Land, das sie wollen, könnten die Athener erhalten. Die Athener lehnen ab und erläutern, so Herodots Fiktion, den bereits besorgten Spartanern ihren Entschluß:

»... Ihr solltet euch solcher Furcht schämen, da ihr genau wißt, daß wir für alles Gold der Welt und das schönste Land, das man uns geben könnte, den Persern nicht dabei helfen würden, Griechenland zu unterwerfen. Denn auch wenn wir es wollten, würden es uns viele gewichtige Gründe unmöglich machen. Zuerst und vor allem die verbrannten und zerstörten Tempel und Götterbilder ... Weiter aber sind wir ja auch Griechen, mit euch gleichen Blutes und gleicher Sprache. Wir haben dieselben Tempel und Götterbilder und dieselben Sitten ...« (8,144)

Wie diese hier behauptete Gleichheit im einzelnen aussieht, muß nicht mehr erklärt werden. Zugleich kann diese letzte Partie bei einer Antwort auf die Frage hilfreich sein, warum Herodots Werk so seltsam endet. Zwei Aspekte sind relevant. Erstens: Die Athener, so sagte ihre Rede, sehen sich aufgerufen, an den Persern für die zerstörten Tempel Rache zu nehmen. Damit würde die nächste Etappe im Konflikt zwischen Griechen und Barbaren eingeläutet, ein Bogen zurückgeschlagen zu den Frauenraub-Geschichten in Buch 1. Wenn nun Herodot die Erzählung 479 am Hellespont abbricht, so ist damit faktisch im Moment des »Nullpunktes« abgebrochen, mit dem Hellespont würde wiederum ein vielleicht fatales Gewässer wie der Halys des Kroisos überschritten, und die Rache würde neue Rache zeitigen.

Zweitens: Die abschließende Kyros-Anekdote verwarf den Gedanken eines Ländertauschs – auch die Athener haben im entscheidenden Moment diese Option verworfen. Wenn sich die Partien aufeinander beziehen, könnte dies bedeuten, daß die Athener das Richtige taten.

War Herodot ein Historiker, der manchmal lügt? Wie wir gesehen haben, ist sein Werk, die wohl mißverständlich sogenannten *Historien*, facettenreich. Es enthält viele Elemente und Bauteile, die wir auch bei anderen Prosaschriften des 5. Jahrhunderts finden. Doch scheint es weitaus ehrgeiziger als diese. Es erzählt eine Geschichte des Hellenen-Barbaren-Konflikts, ist zugleich angewandte Theologie, Ethnologie und immer wieder Konstruktion von Motiven. Man kann Herodot als empirisch darstellenden Theoretiker, als historischen Romancier mit einer Philosophie, als interpretierenden Reiseschriftsteller und als Erzähler begreifen, der auch historische Tiefe hat. Aber sein Werk hat in dieser Fülle *keine* Nachfolge gefunden und *keine* wirkliche Gattung begründet. Daher unsere Probleme, aber auch unser Staunen.

Literaturangaben

Die Standard-Ausgabe des griechischen Textes stammt von C. Hude (ed.), *Herodoti Historiae*, 2 Bde, 3. Aufl. Oxford 1927; die neue Edition von H. B. Rosén (ed.), *Herodotus, Historiae*, 2 Bde, Leipzig 1987/1997 hat sich demgegenüber nicht durchsetzen können. Eine zweisprachige Ausgabe bietet Josef Feix (Hrsg. u. Übers.), *Herodot, Historien*, 2 Bde, München 1963; eine Übersetzung, die im Deutschen das Griechische Herodots nachzuahmen sucht, bietet W. Marg (Übers.), *Herodot, Geschichten und Geschichte*, 2 Bde. Zürich / München 1973/1983; allerdings wirkt Margs Übersetzung heute bisweilen altertümlich. Der erste Satz lautet bei ihm:

> »Dies ist die Darlegung der Erkundung des Herodot aus Halikarnaß, auf daß, was von den Menschen geschehen ist, nicht mit der Zeit verblasse, noch Taten, groß und des Staunens wert, ihres Ruhmes verlustig gehen – manches andere und so auch, warum sie Krieg geführt miteinander.«

Ein neuerer Gesamtkommentar ist enthalten in der insgesamt neunbändigen griechisch-italienischen Ausgabe *Erodoto, Le storie*, die von der Fondazione Lorenzo Valla seit 1977 ediert wird (die Einleitung zu Band 1 stammt von D. Asheri).

Grundlegende Werke:

F. Jacoby, »Herodotos«, *RE Suppl.* 2, 1913, 205-520.
R. Thomas, *Herodotus in Context*, Cambridge 2000.

I. J. F. De Jong, H. van Wes (Hrsgg.), *Brill' s Companion to Herodotus*, Leiden 2002.

Zur Rezeptionsgeschichte im Altertum:

K. A. Riemann, *Das herodoteische Geschichtswerk in der Antike*, Diss. München 1968.

Zur Rezeptionsgeschichte in der Moderne:

J. Kramer, *Henrici Stephani Apologia pro Herodoto (Henri Estienne, Apologie für Herodot, nach der Erstausgabe, Genf 1566)*, Meisenheim 1980.

Zum Datum der Publikation des Werkes im 5. Jh.:

Das Datum der Publikation ist umstritten: Gemeinhin wird angenommen, daß die Aitiologie des Peloponnesischen Krieges in Aristoph. Acharn. V. 523-528 (aufgeführt 425) Herodot 1,1-5 voraussetzt (so etwa J. Cobet, »Wann wurde Herodots Darstellung der Perserkriege publiziert?«, *Hermes* 105, 1977, 2-27), indes gibt es auch Gesichtspunkte für ein späteres Datum, d.h. kurz vor 414 (C. Fornara, »Evidence for the date of Herodotus' Publication«, *JHS* 91, 1971, 25-34, ders. »Herodotus' knowledge of the Archidamian War«, *Hermes* 109, 1981, 149-156.

Herodot als »Lügner«:

D. Fehling, *Die Quellenangaben bei Herodot*, Berlin/New York 1971, überarbeitete englische Fassung: *Herodotus and His 'Sources'*, Leeds 1989.

Aus den zahlreichen Arbeiten, die Fehling zu widerlegen versuchen, seien hervorgehoben

H. Erbse, *Fiktion und Wahrheit im Werk Herodots*, Göttingen 1991.

W. K. Pritchett, *The Liar School of Herodotus*, Amsterdam 1993.

H.-G. Nesselrath, »Dodona, Siwa und Herodot – ein Testfall für den Vater der Geschichte«, *MH* 56, 1999, 1-14.

H.-G. Nesselrath, »Herodot und die Enden der Erde«, *MH* 52, 1995, 20-44.

Herodot und seine Stellung im 5. Jh.:

F. Jacoby, »Über die Entwicklung der griechischen Historiographie und den Plan einer neuen Sammlung der griechischen Historikerfragmente«, in: *Abhandlungen zu griechischen Geschichtsschreibung*, Leiden 1956, 16-72 (zuerst 1909).

R. L. Fowler, »Herodotos and His Contemporaries«, *JHS* 116, 1996, 62-87.

A. Dihle, »Herodot und die Sophistik«, *Philologus* 106, 1962, 207-220.

Parallelkonstruktionen im Text:

J. Redfield, »Herodotus the Tourist«, *CPh* 80, 1985, 97-118.

A. Griffiths, »Kissing Cousins – Some Curious Cases of Adjacent Material in Herodotus«, in: N. Luraghi (Hrsg.), *The Historian's Craft in the Age of Herodotus,* Oxford 2001, 161-178.

Zu weiteren Aspekten des Werkes:

R. Thomas, »Ethnicity, Genealogy, and Hellenism in Herodotus«, in: I. Malkin (Hrsg.), *Ancient Perceptions of Greek Ethnicity*, Washington 2001, 213-233.

zu den Exkursen siehe J. Cobet, *Herodots Exkurse und die Frage der Einheit seines Werkes*, Wiesbaden 1971.

W. Nicolai, *Versuch über Herodots Geschichtsphilosophie*, Heidelberg 1986.

W. Rösler, »Die Selbsthistorisierung des Autors. Zur Stellung Herodots zwischen Mündlichkeit und Schriftlichkeit«, *Philologus* 135, 1991, 215-220.

T. Krischer, »Herodots Prooimion«, *Hermes* 93, 1965, 159-167.

E. J. Bakker, »The Making of History: Herodotus' Histories Apodexis«, in: I. J. F. De Jong, H. van Wes (Hrsgg.), *Brill' s Companion to Herodotus*, Leiden 2002, 3-32.

Zum Begriff »historie«:

B. Snell, *Die Ausdrücke für den Begriff des Wissens in der vorplatonischen Philosophie*, Berlin 1924, 59-71.

K. v. Fritz, »Der gemeinsame Ursprung der Geschichtsschreibung und exakten Wissenschaften bei den Griechen«, in: ders., *Schriften zur griechischen Logik*, Bd. 1, Stuttgart/Bad Cannstatt 1978, 23-49, hier 25-27.

E. D. Floyd, »The Sources of Greek i[stwr, "Judge*"«, Glotta* 68, 1990, 157-166.

Zu Herodots Zeitgenossen:

R. L. Fowler, »Herodotos and His Contemporaries«, s. o.

Zu Panyassis

V. J. Matthews, *Panyassis of Halikarnassos, Text and Commentary*, Leiden 1974.

Zu Hippias

A. Patzer, *Der Sophist Hippias als Philosophie-Historiker*, Freiburg, München 1986.

B. Snell, »Die Nachrichten über die Lehren des Thales und die Anfänge der griechischen Philosophie- und Literaturgeschichte«, in: *Gesammelte Schriften*, Göttingen 1966, 119-128 (zuerst 1944).

Zu Hellanikos

F. Jacoby, s. v. »Hellanikos (7)«, *RE* VIII.1, 104-153.

Zu Ion von Chios

A. v. Blumenthal, *Ion von Chios. Die Reste seiner Werke*, Stuttgart, Berlin 1939.

Zu Xanthos

H. Herter, s. v. »Xanthos (25)«, *RE* IX A.2, 1353-1374.

H. Diller, »Zwei Erzählungen des Lyders Xanthos«, in: *Kleine Schriften zur antiken Literatur*, München 1971, 451-463 (zuerst 1956).

Der Feldherr als Erzählstratege
Caesar über Caesar und die Germanen

Niklas Holzberg

Gaius Iulius Caesar ist nicht nur als Feldherr und Staatsmann der wohl berühmteste Römer, sondern auch als Schriftsteller. Denn sein Bericht über den Gallischen Krieg dürfte immer noch das am häufigsten im Original gelesene Werk der lateinischen Literatur sein. Freilich wurde das *Bellum Gallicum* von denjenigen, die sich in Schule und Universität damit auseinandersetzten, bis in die siebziger Jahre des 20. Jahrhunderts jeweils auffallend einseitig gewürdigt. Während man sich im gymnasialen Lateinunterricht nahezu ausschließlich für die formale Seite des *Bellum Gallicum,* das heißt für dessen Sprache, interessierte, da der Text dort als Anfängerlektüre dient, untersuchte die Altertumswissenschaft das Werk überwiegend unter dem Aspekt der Glaubwürdigkeit, also primär aus historischer Sicht. Dabei analysierte man das *Bellum Gallicum* vom rein philologischen Standpunkt aus meist allenfalls textkritisch (was wiederum der Frage nach der Historizität ein tragfähiges Fundament geben sollte), und folglich war der Text nur allzu selten Gegenstand von Vorlesungen und Seminaren der Institute für Klassische Philologie. Seit etwa einem Vierteljahrhundert dagegen ist im Bereich der Caesar-Rezeption eine Art Austausch der Interessen an Gymnasium und Hochschule zu verzeichnen. Im modernen Lateinunterricht wird zunehmend danach gefragt, welche Bedeutung die historisch-politische Aussage des römischen Feldherrn und Kriegsberichterstatters für 14- bis 16jährige Schüler haben kann, wohingegen die Klassische Philologie damit begonnen hat, gestützt auf die jüngsten Erkenntnisse der Erzählforschung Caesars formalästhetische Leistung als Schriftsteller zu würdigen. In der wissenschaftlichen Auseinandersetzung mit dem *Bellum Gallicum* ist seit 1975 in mehreren Arbeiten zu Caesars narrativer Technik ein ganz neuer Weg beschritten worden, auf dem ich ein kleines Stück weitergehen möchte. Der Schwerpunkt dessen, was ich über Caesar als den Autor des *Bellum Gallicum* zu sagen habe, soll auf den drei ethnographischen Exkursen des Werkes liegen. Nachdem diese Textabschnitte früher nahezu ausschließlich nach historischen und textkritischen Kriterien untersucht worden waren, zeigen neuere Analysen immer deutlicher, daß Caesar, der nicht nur in seinen Feldzügen, sondern auch beim Verfassen des *Bellum Gallicum* sorgfältig taktierte, sich sogar dann, wenn er mit der Stimme eines »Volkskundlers« zu uns spricht, als Erzählstratege erweist.

Der erste der drei Exkurse, deren wichtigste Aussagen vorweg kurz zusammengefaßt werden sollen, steht zu Beginn von Buch 4 (1.3-4) und handelt von den Sueben. In seinem Bericht darüber, wie die von diesem germanischen Stamm aus ihren rechtsrheinischen Wohngebieten verdrängten Usipeter und Tenkterer in das gallische Hoheitsgebiet des Feldherrn Caesar eindrangen, bezeichnet der Erzähler Caesar die Sueben als den »größten und kriegerischsten« aller germanischen Stämme. Anschließend erläutert er die für ihn besonders wichtige zweite Behauptung, es handle sich hier um eine *gens bellicosissima*. Als Ursachen für den streitbaren Charakter der Sueben nennt er vor allem das Fehlen von Privatbesitz, das ein diszipliniertes Einander-Abwechseln in Ackerbau und Kriegsdienst ermöglicht, Ernährung weniger durch Getreide als durch Milch und Fleisch, Jagd als Haupttätigkeit, uneingeschränkte persönliche Freiheit von Kindheit an, Abhärtung durch Tragen von Fellen und Baden in Flüssen trotz des kalten Klimas, Ablehnung der Einfuhr ausländischer Waren, insbesondere des Weins, Reiten ohne Sattel, Umgeben des Siedlungsraumes mit einem Ödlandgürtel, der an einer Seite sogar 600 000 Schritt breit sein soll.

Auch in Caesars drei Kapitel umfassendem Exkurs über die Insel Britannien und ihre Bewohner in Buch 5 des *Bellum Gallicum* (12-14), worin der zweite Britannienfeldzug geschildert wird, geht es um Bräuche, welche die männlichen Angehörigen des beschriebenen Volksstamms als besonders kriegslustige Feinde erscheinen lassen. An kurze Ausführungen über Küsten- und Binnenlandbewohner, Landwirtschaft, Bodenschätze, religiöse Tabus, Klima und Geographie des dreieckigen Landes in Kapitel 12 und 13 schließt sich in Kapitel 14 zunächst wieder die Nennung von Milch und Fleisch als Hauptnahrungsmitteln sowie von Fellen als Kleidung an. Darauf folgt ein für zivilisierte Leser besonders schockierender Bericht über eine himmelblaue Kriegsbemalung, eine seltsam wilde Haar- und Barttracht und schrankenlose Promiskuität, von der man wohl auf ein sehr enges Zusammengehörigkeitsgefühl dieser Menschen und somit auch auf erhöhte Kooperationsbereitschaft im Verteidigungsfall schließen soll.

In dem sehr langen ethnographischen Exkurs innerhalb der Darstellung des zweiten Germanenfeldzuges in Buch 6 (11-28) wird in dem zweiten von drei Hauptteilen (21-23), der von den Germanen handelt, ziemlich genau dasselbe über diese gesagt wie über die Sueben im Exkurs des vierten Buches. Hier steht noch mehr als im Suebenexkurs im Mittelpunkt der Darstellung die Freiheit des beschriebenen Volksstamms im staatlichen und ethisch-religiösen Bereich als einer wesentlichen Voraussetzung für Kriegstüchtigkeit, und zwar insofern, als der Erzähler Caesar die *libertas* in scharfen Kontrast zu der von ihm viel ausführlicher geschilderten Unfreiheit der Gallier setzt. Während diese im ersten Hauptteil des Exkurses als ein von den beiden herrschenden Kasten der Druiden und Ritter unterdrücktes bzw. ausgebeutetes Sklavenvolk präsentiert werden, kennen Caesars Germanen nur im Kriegsfall eine zentrale Staatsmacht, so daß die Freiheit des einzelnen höchstens vorübergehend eingeschränkt werden kann. Und dem von dumpfem Aberglauben und Menschenopfern geprägten anthropomorphen Polytheismus der Gallier steht auf germanischer Seite die schlichte, nicht von Priestern organisierte Beschränkung auf die Verehrung der Naturgottheiten Sonne, Feuer und Mond gegenüber. Ein auf den Germanenteil des Exkurses folgendes synkritisches Kapitel (24) hebt explizit die bei den Germanen weitaus höhere militärische Leistungsfähigkeit hervor und leitet sie aus der Überlegenheit des germanischen freiheitlichen über das gallische unfreie Gesellschaftssystem ab. Das stetige Nachlassen der Kampfkraft bei den einstmals stärkeren Galliern erklärt der Autor Caesar zusätzlich durch den zunehmenden Einfluß der römischen Zivilisation, welche die an die gallischen Stammesgebiete angrenzende *Provincia Narbonensis* aufzuweisen habe.

Obwohl das synkritische Kapitel ganz offensichtlich als Abschluß sowohl des Gallier- als auch des Germanenteiles gedacht ist, schließt sich daran in allen Caesar-Handschriften eine Fortsetzung des Germanenteiles an, in der einige bemerkenswerte Tiere des Herzynischen Waldes beschrieben werden (25-28, siehe den Anhang), darunter auch ein Mischwesen aus dem Elch und der Achlis, eines schon den antiken Naturforschern nicht durch Autopsie bekannten, vielleicht mit dem *schelch* der 937. Strophe des *Nibelungenliedes* identischen nordischen Riesentiers (vgl. Richter 1959 und Aili 1995). Dieses fängt der Jägersmann ebenso wie das im Caesar-Text beschriebene Mischwesen am einfachsten durch listiges Ansägen der Bäume, an die es sich wegen der ihm angeblich fehlenden Kniegelenke nachts zum Schlafen anlehnt. Die kuriose Erweiterung des zunächst thematisch so geschlossen wirkenden Gallier-Germanen-Exkurses durch Elch & Co. dürfte sogar beim philologisch nicht geschulten Leser den Verdacht erwecken, der Caesar-Text könnte hier durch einen späteren Herausgeber erweitert worden sein. Ich möchte jedoch die von der älteren Forschung ausgiebig diskutierte Frage, ob einzelne Passagen der Exkurse des *Bellum Gallicum* eventuell als unecht auszuscheiden sind (vgl. besonders Berres 1970), aus folgendem Grunde ausklammern: Das Echtheitsproblem wurde deshalb so besonders häufig behandelt, weil Caesar seinen Bericht über den Gallischen Krieg nicht als Geschichtswerk konzipiert hat – in Texten dieser Gattung würden Exkurse über listige Jäger ohne weiteres ihren Platz finden können –, sondern als *commentarius,* das heißt als schmuckloses Amtsprotokoll, das zumindest komisch umkippende Tiere eigentlich nicht verträgt. Ist man nun aber bereit, diesen und andere als »un*commentarius*haft« verdächtige Textabschnitte der Exkurse zu athetieren, dann sind die übrigbleibenden Passagen und namentlich der Gallier-Germanen-Exkurs innerhalb der von Caesar gewählten Form der Darstellung historischer Ereignisse immer noch ungewöhnlich genug – zumindest auf den ersten Blick. Also ist unter Verzicht auf die Erörterung von Authentizitätsproblemen ganz generell danach zu fragen, was Exkurse in Caesars *commentarius* zu suchen haben.

Eine spontane Antwort müßte lauten: Eigentlich haben sie dort nichts verloren, und dies aus folgenden Gründen: Wenn das Werk über den Gallischen Krieg von Caesar im Titel als *commentarius* bezeichnet wurde, so evozierte dieser Begriff beim römischen Leser zunächst die Vorstellung von einem Buch, das *commenta,* »Dinge, an die man sich erinnern will«, abzuleiten von *comminisci,* »sich erinnern«, enthielt. Darunter verstand man in Rom jede Art schriftlicher Gedächtnisstütze vom privaten Haushaltsbuch über die Kladde des Schülers und das Konzept des Redners bis hin zu tagebuchartigen Notizen eines Magistrats oder Priesters über seine dienstliche Tätigkeit, die nach deren Beendigung veröffentlicht und archiviert wurden, also auch die Aufzeichnungen eines Prokonsuls über seine Amtsführung. Die ältesten Belege für den Begriff *commentarius*, die eben aus der Zeit Ciceros und Caesars stammen, haben bereits die Bedeutung des verwandten griechischen Begriffes *hypómnema*, abzuleiten von *hypomemnêsthai*, was ebenfalls »sich erinnern« heißt, in sich aufgenommen. Dieser Begriff erfaßt zusätzlich zu dem gerade umrissenen Bereich unter anderem die Memoiren eines bedeutenden Politikers, die aber mit der vorliterarischen Form des *commentarius* ein entscheidendes Merkmal teilen: die Sachbezogenheit und Kunstlosigkeit des Berichtes. Und damit ist das für ein antikes Geschichtswerk selbstverständliche literarische Ausschmücken des berichteten Geschehens und erst recht ein Abschweifen in längere Exkurse welcher Art auch immer schwer vereinbar.

Wie mancher bereits von der Schullektüre her wissen dürfte, hält Caesar sich im *Bellum Gallicum* weitgehend, und zwar ganz besonders konsequent in den ersten drei Büchern, an die eben skizzierte Gattungstradition des *commentarius,* indem er unter anderem von sich selbst in der dritten Person spricht, Reden nicht wörtlich, sondern in der *oratio obliqua* wiedergibt und einen einfachen, bei unvoreingenommenem Lesen sehr objektiv wirkenden Stil schreibt, der sein Latein für das Erlernen der syntaktischen Regeln dieser Sprache bekanntlich so ausgesprochen geeignet macht. Ab Buch 4 beobachtet man freilich eine Auflockerung dieses darstellerischen Konzepts zumindest insofern, als Caesar

1. nun doch gelegentlich direkte Reden präsentiert, wobei sich diese von einer kurzen pathetischen Paränese im vierten (25.3) bis zu einem langen rhetorischen Glanzstück im siebten Buch (77) steigern;

2. bestimmte Geschehenskomplexe – zum Beispiel die tragische Vernichtung der 15 Kohorten des leichtsinnigen Legaten Sabinus durch die Eburonen unter Ambiorix in Buch 5 (26-37) – als dramatische Szenenfolge komponiert und mit Hilfe verschiedener narrativer Techniken so geschehensnah wie möglich erzählt;

3. Exkurse einlegt, die – in auffälliger Analogie zu den direkten Reden – vom vierten bis zum sechsten Buch in ihrer Länge beträchtlich zunehmen.

Die ältere Forschung versuchte diesen »Stilwandel« des *Bellum Gallicum,* wie man es einmal genannt hat (Rasmussen 1963), so zu erklären: Caesars Kriegsbericht habe sich unter seinen Händen schrittweise vom *commentarius* in ein wirkliches Geschichtswerk verwandelt, ohne daß dem Autor dies richtig bewußt gewesen sei. Hierbei wurde zweierlei zu wenig berücksichtigt. Man kann zunächst einmal konstatieren, daß sich Darstellungsmittel der großen Historiographie einerseits durchaus schon in den ersten Büchern nachweisen lassen, andererseits ihr verstärkter Einsatz in der zweiten Werkhälfte keineswegs eine erhebliche Überschreitung der von der Gattung *commentarius* gesetzten Grenzen bewirkt. Ferner darf dies als sicher gelten: Caesar ging als Eroberer Galliens nach einem wohlüberlegten strategischen Plan vor, weshalb nicht recht einzusehen ist, warum er dies als Berichterstatter nicht auch getan haben sollte, das heißt, es lag schon immer nahe zu fragen, wieweit der Strategie im Kriege eine bestimmte Strategie bei der Darstellung dieses Krieges entspricht. Beim Suchen nach einer Antwort war sich die Forschung stets sehr wohl im klaren darüber, daß Caesar einen triftigen Grund gehabt hätte, sein Vorgehen im Gallischen Krieg auf irgendeine Weise – also zum Beispiel durch den planmäßigen Einsatz narrativer Techniken – in einem für ihn günstigen Licht erscheinen zu lassen. Denn seine damalige politische Stellung verlangte von ihm als Prokonsul der beiden gallischen Provinzen, seine Tätigkeit dort in irgendeiner Weise vor seinen Gegnern in Rom zu rechtfertigen, zumal wenn es sich um militärische Aktionen handelte. Keiner der führenden Männer der späten Republik war in so hohem Maße wie Caesar davon bedroht, nach Beendigung seiner Statthalterschaft und der Rückkehr in die Hauptstadt gerichtlich zur Verantwortung gezogen und für immer von jeglicher Machtposition ausgeschlossen zu werden. Er hatte nämlich während seines der Statthalterschaft vorausgehenden Konsulates im Jahre 59 die ihm damals anvertraute Macht in einer Weise mißbraucht, die alles von früheren Konsuln in dieser Richtung Unternommene bei weitem in den Schatten stellte. Um ein umfangreiches, zum Teil direkt seinen Interessen dienendes Gesetzespaket zu verabschieden, war er sogar so weit gegangen, illegal zu handeln, wobei er sich auf das sogenannte Triumvirat mit Pompeius und Crassus, die Volksversammlung und Bandenterror stützte. Dadurch hatte er sich bei seinen politischen Widersachern, vor allem natürlich bei den konservativen Mitgliedern des Senats, auf ewig verhaßt gemacht.

Caesar mußte sich also in vielfacher Beziehung im neuen Amt in Gallien bewähren, dort um jeden Preis einen Krieg vom Zaun brechen, um einerseits in Rom wenigstens aufgrund von spektakulären Erfolgen auf dem Schlachtfeld, auf die man dort am meisten gab, wieder an Ansehen zu gewinnen, andererseits durch die zu erwartende Beute die eigene Finanzlage erheblich aufzubessern. Denn es galt Magistrate zu bestechen, die *plebs* durch Spiele und Bauten zu ködern und das Heer durch Soldaten zu vergrößern, die dann wiederum nicht nur Caesars militärisches Machtpotential, sondern auch die Zahl seiner künftigen Wähler erweiterten. Schließlich bestand für ihn die Notwendigkeit, den Krieg und damit die Dauer der Statthalterschaft mindestens zehn Jahre lang hinzuziehen, da erst kurz vor Ablauf dieses Zeitraums die erneute Bewerbung um das Konsulat und danach dann die von jeder Strafverfolgung unbehelligte Rückkehr in die alte Machtposition möglich war. Da jedoch dieses politische Kalkül nicht allzu leicht durchschaubar sein sollte, ist Caesar in seinem *commentarius*, den er verfaßt haben dürfte, als er nach sieben Kriegsjahren die wichtigsten militärischen Ziele in Gallien erreicht hatte, vom ersten bis zum letzten Satz bemüht, über seine wahren Absichten hinwegzutäuschen und zugleich seine Verdienste um den römischen Staat in hellstem Glanze erstrahlen zu lassen.

Diesen eindeutig propagandistischen Zweck des *Bellum Gallicum* hat die Altertumswissenschaft zwar spätestens nach dem Zweiten Weltkrieg in seinem ganzen Ausmaß zu sehen gelernt, aber das Mittel, mit dem Caesar seine Taten ins rechte Licht setzt, wurde zunächst wohl nicht ganz richtig erkannt. In seiner 1953 erschienenen umfangreichen Untersuchung »L'art de la déformation historique dans les Commentaires de César« versuchte Michel Rambaud, Caesar als skrupellosen Geschichtsfälscher hinzustellen und damit das *Bellum Gallicum* als in jeder Hinsicht unwahren Kriegsbericht abzuqualifizieren. Aber obwohl Rambauds Ansatz bis heute wegweisend geblieben ist, war seine These, das Werk bestehe aus einer Aneinanderreihung von Lügen, Verdrehungen, Übertreibungen und Verheimlichungen, schon deshalb unglaubwürdig, weil diese Art von Propaganda angesichts so vieler Zeugen des Kriegsgeschehens den zeitgenössischen Lesern allzu plump hätte erscheinen müssen. Ausgehend von den Erkenntnissen der modernen Narratologie fand dann auch die Caesar-Forschung seit Mitte der siebziger Jahre des 20. Jahrhunderts heraus, daß der Autor des

Bellum Gallicum offensichtlich einen viel subtileren Weg der »déformation historique« gewählt hat als den der Behauptung von Unwahrheiten. Das vorhin aufgezeigte Nebeneinander von *commentarius*-Stil und gelegentlicher, in der zweiten Hälfte des Werkes häufiger werdender Verwendung von Darstellungsmitteln der großen Historiographie und somit auch von ethnographischen Exkursen steht im Dienste eines raffinierten Tarnungsmanövers. Für Caesar ist die Gattung *commentarius* nur literarische Fiktion, mit deren Hilfe er sein eigentliches Anliegen verschleiert, das heißt sein Kriegsbericht gibt sich nur vordergründig als sachbezogenes, kunstloses Amtstagebuch mit der distanzierten Objektivität, die der Leser von einer Darstellung eigener Taten erwartet und die Takt und politischer Anstand verlangen. Doch hinter der Fassade versteckt sich psychagogische Leserbeeinflussung durch gezielten Einsatz narrativer Techniken und Tricks, für den man im Hinblick auf Caesars Tätigkeit als Feldherr in Gallien den Begriff »Erzählstrategie« meines Erachtens besonders glücklich verwendet hat.

Als wichtigstes Instrument dieser Erzählstrategie konnte Woldemar Görler in einem bahnbrechenden Aufsatz von 1975 die häufige Veränderung des Erzählerstandpunktes im *Bellum Gallicum* aufzeigen. Obwohl Caesar nämlich von Anfang an in der dritten Person von sich selbst spricht und damit die Person des Feldherrn Caesar von der des Erzählers Caesar trennt, wird dennoch in den ersten beiden Büchern der Beginn des Krieges in Gallien nahezu ausschließlich aus der Perspektive des Feldherrn Caesar geschildert, und zwar läßt dieser als Autor sich selbst als den frisch ernannten Statthalter auftreten, der gleich nach dem Eintreffen in seiner Provinz durch eine Fülle von Ereignissen überrascht wird, in denen er sich erst einmal zurechtfinden muß. Auf diese Weise erscheinen Caesars erste militärische Maßnahmen nicht als von langer Hand geplant und auf sein politisches Konzept abgestimmt, sondern als erste Reaktion auf die nur allmählich erfaßte Lage in seinem neuen Aufgabenbereich. In welchem Maße die Darstellung des Geschehens in den ersten beiden Büchern auf den *point of view* des vermeintlich ahnungslos in die Handlung hineinstolpernden Protagonisten verengt ist, läßt sich leicht an der Tatsache zeigen, daß sich hier alle Erwähnungen des Feldherrn Caesar als eines vom Erzähler Caesar verschiedenen Individuums so lesen lassen, als spräche der Feldherr Caesar selbst, also in der ersten Person Singular. Im übrigen Werk dagegen ist das in der Regel nicht mehr möglich, denn dort ist Caesar als handelnde Figur der souverän den Kriegsschauplatz überblickende Feldherr, der nicht mehr an allen militärischen Unternehmungen teilnimmt, und dementsprechend werden die Ereignisse nun auch nicht mehr aus personaler Innensicht, sondern vom auktorialen Erzählerstandpunkt aus geschildert. Der Leser, der diesen Wechsel des *point of view* zwangsläufig mitvollzogen hat, indem er den Krieg gleichzeitig durch die Brille des Feldherrn Caesar und durch die des Erzählers Caesar verfolgt hat, ist nun auch bereit, den mittlerweile hoch oben über dem Geschehen thronenden Feldherrn zugleich als auktorialen Erzähler dieses Geschehens zu akzeptieren – und somit als echten Geschichtsschreiber, der sich sämtlicher Darstellungsmittel der großen Historiographie bedient. Wenn bestimmte Ereignisse in der zweiten Hälfte des Krieges es dagegen erforderlich machen, den Feldherrn Caesar wieder als ahnungslos Reagierenden erscheinen zu lassen, kehrt der Erzähler Caesar auch im zweiten Teil des *Bellum Gallicum* zur personalen Innensicht zurück, zum Beispiel am Anfang des vierten Buches mit dem Zweck, einen eindeutigen Völkerrechtsbruch gegenüber den Usipetern und Tenkterern zu verschleiern.

Wenden wir uns nach diesem kurzen Exkurs über Gattungszugehörigkeit, Intention und Erzähltechnik des *Bellum Gallicum* wieder dem ursprünglichen Thema zu, den Exkursen Caesars! Es dürfte ohne weiteres einleuchten, daß narrative Techniken wie geschehensnahes Erzählen, Dramatisierung der Handlung, psychologisierende Charakterzeichnung oder direkte Reden bei geschicktem Einsatz in einer sich äußerlich als Amtsprotokoll gebenden Schilderung geschichtlicher Ereignisse bestens dazu geeignet sind, die Beurteilung der Fakten durch den Leser nach dem Willen des Autors zu beeinflussen. Doch bei den ethnographischen Exkursen, die wie die gerade genannten Darstellungsmittel aus historiographischer Tradition übernommen sind, ist es keineswegs selbstverständlich, daß auch ihre Verwendung in einem *commentarius* der Erzählstrategie dienen kann. Nun fällt aber auf, daß die drei großen Exkurse des *Bellum Gallicum* dann, wenn man sie zur jeweiligen Erzählhandlung, in die sie eingeschaltet sind, in Beziehung setzt, ein gemeinsames Merkmal aufweisen. Alle drei Exkurse stehen im Zusammenhang mit Berichten über militärische Aktionen Caesars, die abgebrochen werden mußten, noch ehe sie wirklich begonnen hatten. Dabei handelt es sich um die gänzlich mißglückten Feldzüge nach Germanien und Britannien. Innerhalb der Ausführungen über diese Expeditionen haben die Exkurse, wie gleich näher darzulegen sein wird, folgende erzähltechnische Funktion: Während der Autor Caesar die übrigen Darstellungsmittel der großen Historiographie im *commentarius* einsetzt, um den tatsächlichen Verlauf eines berichteten Ereignisses zu verschleiern, kann er, indem er seinen Bericht durch lange ethnographische Exkurse unterbricht, dem Leser den Blick dafür trüben, daß ein berichtetes Ereignis gar nicht richtig stattgefunden hat.

Zur näheren Erklärung seien ein paar einführende Bemerkungen zu den abgebrochenen Feldzügen nach Germanien und Britannien und zu ihrer Einordnung in den Gallischen Krieg beziehungsweise Caesars Bericht darüber vorausgeschickt. Man kann Krieg und Bericht in drei Phasen einteilen (vgl. Maier 1978):

Erstens die Phase der Eröffnungsfeldzüge in Mittel-, Nord- und Nordwestgallien von 58 bis 56, in denen Caesar die Grundlage zu seiner Macht über diese Gebiete schafft und welche die Bücher 1–3 berichten;

zweitens den mittleren, von Frühjahr 55 bis Herbst 54 reichenden Kriegsabschnitt, in dem Caesar von den neu eroberten Gebieten aus vergeblich versucht, die angrenzenden Gebiete der Germanen und Britannier in seine Machtsphäre einzubeziehen; im *Bellum Gallicum* erzählt er davon in Buch 4 bis 5, Kapitel 23;

drittens die im Herbst 54 beginnende Schlußphase mit der endgültigen Sicherung der Macht in Gallien durch Niederwerfung mehrerer gallischer Aufstände, wovon wir in den restlichen Kapiteln des fünften Buches sowie den Büchern 6 und 7 lesen.

In der älteren Forschung hat man die militärischen Aktionen des mittleren Kriegsabschnittes, bei denen Caesar einmal den Rhein und zweimal den Ärmelkanal überquerte (4.16-19; 20-36; 5.1-23), sowie die bereits in den dritten Kriegsabschnitt fallende zweite Rheinüberquerung (6.9-29.3) als für Caesars strategische Pläne nicht allzu wichtige Unternehmungen eingeschätzt. Zur Stützung dieser Auffassung wurde angeführt, daß Caesar seinem eigenen Bericht zufolge jedesmal nach verhältnismäßig kurzer Zeit zurückkehrte, ohne die mit seinem Heer aufgesuchten Gebiete durch größere Schlachten wirklich erobert zu haben. Außerdem verwies man darauf, daß der Autor des *Bellum Gallicum* in allen vier Fällen den Eindruck entstehen läßt, es habe sich bei diesen Unternehmungen gar nicht um Feldzüge mit weitreichenden Eroberungsabsichten gehandelt, sondern um Expeditionen mit dem Zweck, die beiden großen Nachbarvölker durch eine Demonstration der militärischen Stärke Roms einzuschüchtern und von Übergriffen auf gallisches Gebiet abzuschrecken, ihre bis dahin weitgehend unbekannten Sitten und Gebräuche zu erkunden und im übrigen in weiser Beschränkung auf das im Augenblick militärisch real Machbare Rhein und Ärmelkanal als natürliche Grenzen des Imperium Romanum anzuerkennen.

Demgegenüber wurde von einem Teil der Caesar-Forscher besonders in neuerer Zeit immer wieder die Meinung geäußert, es finde sich im *Bellum Gallicum* und in anderen zeitgenössischen Quellen eine Fülle von Indizien dafür, daß Caesar in Wahrheit nach der Besetzung ganz Galliens auch eine systematische Eroberung Germaniens und Britanniens geplant habe. Zusätzlich zu der durch seine militärischen Erfolge in Gallien errungenen hohen Machtposition sei ihm durch die Erneuerung des Triumvirats mit Pompeius und Crassus gegen

Ende der ersten Kriegsphase im Frühjahr 56 genügend Rückendeckung für zwei so gigantische Unternehmungen gegeben worden, und seine Schilderung der umfangreichen Vorbereitungen dieser Feldzüge – darunter das zweimalige Errichten einer Rheinbrücke, das Ausrüsten einer besonders seetüchtigen Flotte für die zweite Fahrt auf die andere Seite des Ärmelkanals und das Übersetzen einer beträchtlichen Zahl von Soldaten in beide feindlichen Gebiete – verrate deutlich, daß Caesar in Germanien und Britannien weit mehr vorgehabt habe, als seine Worte erkennen lassen. Da aber während der beiden Aufenthalte rechts des Rheins und während des zweiten Aufenthaltes in Britannien Caesars innenpolitischer Einfluß in Rom zu schwinden drohte, weil seine Gegner jedesmal an Macht gewannen beziehungsweise Pompeius mit diesen Gegnern sympathisierte und obendrein nach der Diktatur strebte, seien dem Imperator seine gewaltigen Vorhaben angesichts seiner weiten Entfernung vom Parteienstreit in der Hauptstadt zu riskant erschienen, zumal er die militärischen Möglichkeiten der jeweils von ihm angegriffenen Völker zu wenig kannte. War es so, dann hätte der Erzähler Caesar den drei großen ethnographischen Exkursen die Aufgabe zugewiesen, den germanischen beziehungsweise britannischen Feind als ganz besonders gefährlich und schwer besiegbar hinzustellen, um den Abbruch der drei Feldzüge wenigstens auf diesem indirekten Wege – denn explizit äußert sich Caesar als Autor des *Bellum Gallicum* nie über sein politisches Konzept – zu rechtfertigen.

Dieser zweiten Theorie ist meines Erachtens eher zuzustimmen. Zum einen nehmen ihre Vertreter im Gegensatz zu den Vertretern der ersten Theorie die Angaben Caesars über die Bedeutung seiner Unternehmungen rechts des Rheins und jenseits des Ärmelkanals nicht allzu wörtlich und berücksichtigen zugleich die Abhängigkeit seiner militärischen Aktionen von innenpolitischen Zwängen. Außerdem ergibt die Analyse der Erzähltechnik Caesars in den Abschnitten über die Feldzüge nach Germanien und Britannien dies: Die Einlage der ethnographischen Exkurse steht in der Tat in kausalem Zusammenhang damit, daß es hier etwas für Caesar sehr Unrühmliches zu beschönigen galt, und zwar die vorzeitige Beendigung der Feldzüge in die beiden Gebiete. Innerhalb der Verschleierungsstrategie Caesars fungiert der Sueben-Exkurs (4.1.3-4), der gleich nach dem ersten Satz des Berichts über die Auseinandersetzung mit den nach Gallien vertriebenen Usipetern und Tenkterern sowie die anschließende erste Rheinüberschreitung beginnt, als eine Art Prolog. Das hier vermittelte Bild von der Wildheit, dem Freiheitsdrang und der Tapferkeit des am anderen Ufer des großen Stromes drohenden Germanenstammes dürfte sich dem ahnungslosen zeitgenössischen Leser so tief eingeprägt haben, daß er sich über den Verzicht des Feldherrn Caesar auf einen Waffengang mit einem so gefährlichen Feind gar nicht mehr wunderte, ja diesen Verzicht vielleicht sogar guthieß. Dagegen sind die beiden anderen Exkurse (5.12-14; 6.11-28) jeweils mitten in der Handlung genau an der Stelle eingefügt, an der eine militärische Auseinandersetzung mit einem großen Heeresaufgebot des Gegners in Bälde zu erwarten steht, was folgenden Effekt hat: Der römische Leser, der zusammen mit dem Feldherrn Caesar und seinen Soldaten auf die Kampfkraft des Gegners gespannt war, bekam diese Kampfkraft nun von dem Autor Caesar in ihrer ganzen barbarischen Fürchterlichkeit ausgemalt und dürfte folglich, nachdem er sich von seinem Schrecken erholt hatte, den wir uns wahrscheinlich nicht groß genug vorstellen können, ganz erleichtert darüber gewesen sein, daß der Imperator im Falle des Britannienfeldzuges nach einigen zum Teil ungünstig für ihn verlaufenen Einzelgefechten von der Insel aufs Festland zurückkehrte und es in Germanien auch beim zweiten Mal nicht zu einer Schlacht mit den Sueben kommen ließ.

Um den Rahmen eines Aufsatzes nicht zu sprengen, möchte ich das gerade Dargelegte durch nähere Betrachtung nur eines der drei Erzählabschnitte präzisieren, des Berichtes über den Abbruch des zweiten Feldzugs in rechtsrheinisches Gebiet mit dem Exkurs über die moralische und militärische Überlegenheit der Germanen über die Gallier. Von den insgesamt 20 ½ Kapiteln dieses Abschnitts berichten zwei von der Rheinüberquerung (9-10) sowie den Vorbereitungen zu einer militärischen Aktion gegen die Sueben, 18 umfassen den ethnographischen Exkurs (11–28) und ein halbes Kapitel schildert den Rückzug über den Rhein (29.1-3). Obwohl also der eigentliche Geschehensbericht allein schon durch seine auffallende Kürze den Anschein erweckt, als habe es sich lediglich um ein kleines Unternehmen gehandelt, lassen sich die zahlreichen Bemerkungen des Autors Caesar über die Mobilmachung des Feldherrn Caesar, die den größten Teil der beiden Kapitel vor dem Exkurs ausmachen und dadurch gewissermaßen die “Vorgeschichte” darstellen, durchaus so verstehen, daß die historische Person Caesar einen großen Feldzug plante. Denn nach dem Bau der Brücke über den Rhein (9.3-4) läßt der Protagonist des *Bellum Gallicum* diese durch eine starke Schutztruppe bewachen, die eine Erhebung der auf dem linken Ufer des Flusses wohnenden Treverer verhindern soll (9.5), führt das gesamte übrige Heer (9.5), das immerhin aus zehn Legionen besteht, über die Brücke, sichert die Verpflegung seiner Soldaten (10.2), ordnet die Errichtung eines festen Lagers an (10.2) und schickt Kundschafter aus, die ihm über die Aktionen der Sueben berichten sollen (10.3-4). Wenn der Autor Caesar nun alle diese Maßnahmen als Reaktion des Feldherrn Caesar darauf erklärt, daß die Sueben den schon einmal aufständischen Treverern Hilfstruppen geschickt hätten und daß ein dem Feldherrn Caesar entkommener besonders gefährlicher Feind, der Eburonenanführer Ambiorix, bei den Sueben keine Zuflucht habe finden dürfen (9.1-3), dann erlaubt diese sehr vage Äußerung gewiß nur, das Unternehmen ganz allgemein als Strafaktion zu verstehen, und eine solche konnte ihren Zweck bereits mit dem Ergebnis erfüllt haben, das dann auch erreicht wurde: daß die Sueben sich vor dem heranrückenden Römerheer an die äußersten Grenzen ihres Gebietes zurückzogen (10.4). Ebensogut aber kann man aus den Worten des Autors Caesar herauslesen, daß die historische Person Caesar ursprünglich einen gewaltigen Rachefeldzug plante, und dafür sprechen meines Erachtens zusätzlich die von dem Autor Caesar erwähnten Gegenmaßnahmen der Sueben: Sie versammeln nicht nur ihre eigene Heeresmacht an einem Ort, sondern auch alle Truppen ihrer Bundesgenossen (10.1).

Was immer die historische Person Caesar rechts des Rheines vorhatte – entscheidend ist, was der zeitgenössische Leser des Autors Caesar glauben sollte, und es ist nun zu zeigen, wie das Einfügen des großen Exkurses das Bild des Lesers vom Geschehen auf zweierlei Weise beeinflußt. Es bewirkt einerseits, wie bereits gesagt wurde, daß der Leser die Gefährlichkeit der Aktion gegen die Sueben erkennt und einsieht, daß eine militärische Auseinandersetzung mit einem so tapferen Feind unklug gewesen wäre, es trägt aber andererseits auch wesentlich zu dem Eindruck bei, daß der Feldherr Caesar von vornherein doch nicht mehr geplant habe, als den Sueben zur Strafe für ihre Einmischung in linksrheinische Angelegenheiten ein wenig die Zähne zu zeigen. Wie der Einschub des Exkurses dem Autor Caesar zu diesem zweiten Effekt verhilft, lehrt eine genaue Betrachtung des Textes unmittelbar vor und unmittelbar nach dem Exkurs. Vor dem Exkurs lesen wir, das gewaltige Suebenheer habe die Ankunft der Römer am Rande eines Waldes von unermeßlicher Größe erwartet, der sich weit nach Germanien hinein erstrecke und wie ein natürlicher Grenzwall die Sueben und ihren Nachbarstamm, die Cherusker, gegen wechselseitige Beeinträchtigungen und Überfälle sichere (10.5). Ein ausgesprochen unheimlicher, gefährlicher Wald also, dessen Beschreibung der Autor Caesar sehr geschickt auf dem Höhepunkt der durch die Kriegsvorbereitungen erzeugten Spannung plaziert hat! Ebenso raffiniert läßt er die Bedrohung, die von diesem Wald ausgeht, sich gegen Ende des anschließenden Exkurses in der Bedrohung fortsetzen, welche die dort geschilderte Tapferkeit der am Waldrand lauernden Feinde für die Römer darstellt. So eindringlich nun aber der Exkurs die Wildheit der Germanen schildert, so lang ist er auch wiederum mit seinen 18 Kapiteln, so daß er den Leser die genaue militärische Lage vor dem Einschub des Exkurses vergessen läßt. Deshalb kann der Verfasser des *Bellum Gallicum*, wenn er diese Situation gleich nach Wiederaufnahme der Berichterstattung ins Gedächtnis ruft, sie unauffällig ein wenig verändern. Er knüpft zwar ausdrücklich an die Erwähnung des großen Waldes an, aber jetzt ist dieser plötzlich kein Ort der Gefahr mehr, sondern dazu da, den ganzen Germanenspuk mit einem Schlage verschwinden zu lassen. Auf einmal heißt es, der Feldherr Caesar habe durch seine Kundschafter erfahren, daß die Sueben sich in ihre *silvae* zurückgezogen hätten (29.1).

Man beachte, wie die Lage sich gewandelt hat, obwohl die Handlung doch inzwischen überhaupt nicht vorangeschritten ist: Vor dem Exkurs warteten die Germanen noch mit ihrem ganzen riesigen Heer drohend am Rande des Waldes, und der Exkurs hatte ihre gewaltige Kampfkraft ausführlich erläutert, jetzt dagegen verschwinden sie einfach hinter den Bäumen. Doch um diesen Widerspruch zu bemerken, müßte der Leser seinen Papyrus 18 Kapitel zurückrollen, und der Autor Caesar, der offensichtlich damit rechnet, daß der Leser dies nicht tut, kann nunmehr Fortsetzung und Schluß seines Berichtes ganz auf die Veränderung der Geschehensbetrachtung einstellen, die sein erzähltechnischer Trick bewirkt hat. Hatte er vor dem Exkurs noch ausdrücklich erwähnt, daß der Feldherr Caesar für die Verproviantierung des Heeres gesorgt habe (10.2), so erklärt er jetzt, dieser habe Getreidemangel in Germanien befürchtet, weil die Bewohner des Landes, wie der Autor Caesar gerade in dem Exkurs erwähnt hat (22.1), sehr wenig Ackerbau betrieben; deshalb habe der Feldherr Caesar beschlossen, nicht weiter vorzurücken, sei wieder zum Rhein marschiert und habe nach dessen Überquerung von der Brücke nur einen Teil am rechten Ufer niederreißen lassen, damit das restliche Bauwerk als permanente Abschreckung der Sueben von der weiteren Unterstützung Aufständischer in Caesars Hoheitsgebiet stehen bleibe (29.1-3). Keine Rede also davon, daß die ungeheure Tapferkeit des Feindes, die der Exkurs eben noch so breit entfaltet hatte, die Umkehr des Feldherrn bewirkte; ganz nüchtern werden lediglich aus der im Feindesland zu befürchtenden schlechten Ernährungssituation Konsequenzen gezogen, was noch dazu gut begründet, warum der Autor Caesar ohne weiteres schreiben kann, der Feldherr Caesar sei „nicht weiter vorgerückt." Allein der Gegner hat „sich zurückgezogen", was doch in Wirklichkeit Caesar getan hat, und so kann man dem Gegner zu guter Letzt zur ewigen Warnung die eindrucksvolle »Bridge on the River Rhine« als ein Denkmal römischer Leistungsfähigkeit an der Grenze hinterlassen.

Mein Beispiel dürfte deutlich gemacht haben, was mit der These gemeint war, das Unterbrechen eines Berichtes durch einen großen ethnographischen Exkurs trübe dem Leser den Blick dafür, daß das berichtete Ereignis überhaupt nicht richtig stattgefunden hat. Da erzählt der Autor Caesar in einer spannenden »Vorgeschichte« von den Vorbereitungen zu einer militärischen Aktion, die man durchaus als die Planung eines großen Feldzuges auffassen kann. Doch auf dem Höhepunkt der Spannung wird die Berichterstattung unterbrochen, und mit Hilfe eines Exkurses über die Tapferkeit des Gegners macht der Erzähler dem Leser implizit klar, daß das gewaltige Unternehmen für die Römer zu gefährlich gewesen wäre, gleichzeitig aber wird durch die Länge des Exkurses die Ausgangslage in Vergessenheit gebracht und dem Leser suggeriert, das Ganze sei von Anfang an nur ein kurzes Manöver zur Demonstration der römischen Kriegsmacht gewesen. Daß hier in Wirklichkeit die Durchführung eines großartig geplanten Feldzuges an unüberwindlichen Schwierigkeiten scheiterte, ist folglich verschleiert.

Nachdem meine bisherigen Darlegungen über die drei großen ethnographischen Exkurse in Caesars *Bellum Gallicum* zu dem Ergebnis gelangt sind, daß diese nicht um ihrer selbst willen eingelegt wurden, also um den Leser wissenschaftlich zu belehren, sondern im Dienste der Erzählstrategie ein furchteinflößendes Bild von der Kampfkraft der Germanen und Britannier vermitteln, das den Abbruch der Feldzüge gegen diese beiden Völker rechtfertigen soll, wird man den Wahrheitsgehalt dieser Exkurse ganz spontan nicht sehr hoch einschätzen. Hinzu kommt der begründete Verdacht, daß Berichte über die bis dahin kaum bekannten Bewohner von Ländern, deren Eroberung nicht gelungen ist, nur zu einem geringen Teil auf Autopsie beruhen können. Tatsächlich konnte die Caesar-Forschung der Nachkriegszeit, anknüpfend an Eduard Nordens bahnbrechende Entdeckung, daß sich in der *Germania* des Tacitus eine Fülle von ethnographischen Wandermotiven findet, auch für die Exkurse des *Bellum Gallicum* nachweisen, daß sie im wesentlichen auf literarische Vorbilder zurückgehen, die ihrerseits nicht authentische Berichte darstellen, sondern nach einem bei der Beschreibung fremder Völker gebräuchlichen typologischen Schema verfaßt sind. Zwar können wir wegen der sehr fragmentarischen Überlieferung der vor Caesars Exkursen verfaßten ethnographischen Schriften seine direkte Quelle nicht mehr bestimmen, aber zu den von ihm verwendeten Motiven gibt es in den antiken Nordvölkerbeschreibungen von Herodots Skythenexkurs aus dem 5. Jahrhundert bis zu dem rund 800 Jahre später verfaßten Hunnenexkurs des Ammianus Marcellinus so zahlreiche Parallelen, daß wir die Herkunft von Caesars Schilderung der germanischen und britannischen Sitten und Gebräuche aus der antiken Primitiventopik getrost voraussetzen dürfen.

Unter den schon in vorcaesarianischen Ethnographien beschriebenen Nordvölkern weisen die einst im heutigen Südrußland ansässigen Skythen die meisten verwandten Züge mit den Germanen des *Bellum Gallicum* auf. Das hat, wie Gerold Walser schon vor fast fünfzig Jahren in einer umfassenden Untersuchung zeigen konnte, seinen Grund zweifellos darin, daß nach der zu Caesars Lebzeiten gelehrten Geographie der Nord- und Westrand der Erde von Kelten und Skythen bewohnt wurde, deren Siedlungsräume sich, wie der Nordlandfahrer Pytheas von Massilia um 385 v. Chr. festzustellen glaubte, auf dem Gebiet des heutigen Deutschland etwa bei der Weser berührten. Nun hatte Caesar im Gegensatz zu Pytheas und den anderen griechischen Ethnographen bis hin zu Caesars Zeitgenossen Poseidonios zwar erkannt, daß es sich bei den überwiegend rechts des Rheines siedelnden Germanen nicht um einen Keltenstamm, sondern um ein eigenes Volk handelte, aber er war nicht zuletzt aufgrund seiner fehlgeschlagenen Versuche, die Wohngebiete dieses Volkes zu erobern, bei seinen Erkundigungen über Land und Leute jenseits des großen Stromes nach wie vor auf die traditionelle Ethnographie angewiesen; er selbst nennt einmal Eratosthenes als seinen Gewährsmann (6.24.2). Deshalb übertrug er zwangsläufig vieles von dem, was er in seinen Quellen über die als östliches Nachbarvolk der Kelten angesehenen Skythen las, automatisch auf die Germanen, und so gerieten typische Motive der herkömmlichen Skythenethnographie wie Agrarkommunismus, Fellkleidung, Milch als wichtigstes Getränk und Sittenreinheit in Caesars Schilderung der *mores Germanorum.*

Es soll hier keineswegs die Möglichkeit bestritten werden, daß sich neben diesen Wandermotiven auch vereinzelt authentische Aussagen unter Caesars ethnographischen Informationen über die Germanen befinden, die er zum Beispiel fahrenden Händlern oder seiner direkten Berührung mit dem Suebenheer Ariovists auf gallischem Gebiet verdankt haben könnte. Solche im Kern auf wahren Beobachtungen beruhenden Nachrichten sind vermutlich auch für andere griechische und römische Darstellungen fremder Völker vorauszusetzen. Aber ihre Abgrenzung von topischem Überlieferungsgut ist für die Bestimmung der Funktionalität ethnographischer Texte ohne Bedeutung. Schon vor der Abfassung des *Bellum Gallicum* waren authentische und typologische Elemente antiker Ethnographie unterschiedslos von ideologisch eingefärbten Denkmodellen wie den stoischen Lehren über den Urzustand der menschlichen Kultur, utopischen Systemen alternativer Gesellschaftsordnungen und Agrarreformtheorien römischer Politiker der frühen Bürgerkriegszeit übernommen und tendenziös umgedeutet worden. Dementsprechend kam es auch Caesar, der ja seine Leser mit der Andersartigkeit der Germanen erschrecken wollte, in erster Linie darauf an, das gesamte ihm zur Verfügung stehende ethnographische Informationsmaterial auf seinen Grundgedanken von der überragenden Tapferkeit und Stärke dieses Volkes abzustimmen. Diesem Grundgedanken sind schließlich auch die einzelnen Motive untergeordnet, aus denen sich das dem Germanenexkurs im sechsten Buch des *Bellum Gallicum* vorausgeschickte Kontrastbild der gallischen Sitten und Gebräuche zusammensetzt; der Vergleich dieses Gallierexkurses mit den auf ältere Quellen zurückgehenden kaiserzeitlichen Berichten über die Gallier bei Strabon und Diodor zeigt, wie man längst gesehen hat, daß der Verfasser des *Bellum Gallicum* die negativen Züge wie

Unfreiheit und Aberglauben stark überzeichnet. Wenn also der Leser sich während der Lektüre dieses Abschnitts daran erinnerte, daß die mit so vielen moralischen Schwächen behafteten, an Tapferkeit den Germanen weit unterlegenen Gallier dennoch nur unter großen Schwierigkeiten zu bezwingen gewesen waren, dann mußte ihm der Verzicht des Feldherrn Caesar, den rechtsrheinischen Siedlungsraum der Germanen zu erobern, höchst vernünftig erscheinen, und es kam ihm gar nicht in den Sinn, daß der bisher so erfolgreiche Stratege den für ein solches Unternehmen erforderlichen Kriegszug zwar sehr wohl geplant, die gewaltige Aufgabe aber dann nicht bewältigt haben könnte.

Zusammenfassend halte ich fest: Der Autor Caesar hat die Einschaltung der drei ethnographischen Exkurse über Germanen und Britannier in das *Bellum Gallicum* als Mittel seiner Erzählstrategie dazu benutzt, über die Tatsache hinwegzutäuschen, daß seine Versuche, die Germanen und Britannier zu unterwerfen, zum Scheitern verurteilt waren. Den Exkursen ist deshalb die Funktion zugeteilt, die Kampfkraft des jeweils beschriebenen Volkes als unüberwindlich darzustellen, und ihr Verfasser bezieht seinen Stoff aus den überwiegend von Wandermotiven geprägten traditionellen Ethnographien über die Nordvölker der Erde. Es kam mir besonders darauf an zu zeigen, daß auch Caesars völkerkundliche Darlegungen ein Mittel seiner narrativen Technik sind und von ihm zur Beeinflussung des Bildes, das der zeitgenössische Leser sich vom Kriegsgeschehen macht, eingesetzt werden, in diesem Falle zur Vertuschung militärischer Mißerfolge. Wer also Caesars Bericht über den zweiten Germanenfeldzug als Zeugnis dafür interpretiert, daß der Feldherr hier aus wissenschaftlichen Erkenntnissen Konsequenzen gezogen und gleichzeitig mit der Anerkennung des Rheins als politisch-militärischer Grenze in weiser Voraussicht eine »geschichtsprägende Entscheidung« getroffen habe – so konnte man es nämlich bis in jüngere Zeit mehrfach lesen (vgl. besonders Zeitler 1986) –, erweist sich als Opfer von Caesars raffinierter Erzählstrategie. Denn ein solcher *reader response* dokumentiert, daß die von dem berühmten Römer gewählte Form der Berichterstattung nach über 2000 Jahren nichts von ihrer Suggestivkraft eingebüßt hat.

Anhang: Der Feldherr Caesar als Zoologe (Bellum Gallicum 6. 25-28)

(25) Die Ausdehnung des oben erwähnten Hercynischen Waldes verlangt von einem rüstigen Fußgänger einen Marsch von neun Tagen. Anders kann man dort nämlich nicht messen, und sie kennen keine Längenmaße für Wegstrecken. Der Wald beginnt an der Grenze der Helvetier, Nemeten und Rauraker und läuft parallel zur Donau bis zum Land der Daker und Anarten. Dort biegt er nach links zu Gegenden, die vom Strom abliegen, und berührt bei seiner großen Ausdehnung das Gebiet vieler Stämme. Es gibt niemand in dem uns bekannten Germanien, der sagen könnte, er sei bis ans Ende dieses Waldes gekommen, selbst wenn er 60 Tage vordrang, oder habe auch nur gehört, wo das Ende ist. Es steht auch fest, daß in diesem Wald viele Arten von Tieren leben, die man sonst noch nirgends gesehen hat; folgende unterscheiden sich von den übrigen Tieren am meisten und sind daher wohl zu erwähnen:

(26) Es gibt ein Rind, das wie ein Hirsch aussieht und dem mitten auf der Stirn zwischen den Ohren ein einziges Horn hochwächst, das höher und gerader ist als die uns bekannten Hörner; an der Spitze verzweigt es sich weit in Form von Händen und Zweigen. Das weibliche Tier sieht ebenso aus wie das männliche und hat dieselben großen Hörner.

(27) Dann gibt es die sogenannten Alce. Sie sehen aus wie Ziegen und haben auch ein buntes Fell, doch sind sie etwas größer, haben stumpfe Hörner und Beine ohne Gelenke und Knöchel; sie legen sich auch zum Ausruhen nicht nieder und können sich, wenn sie durch ein Mißgeschick umgefallen sind, nicht wieder aufrichten oder aufstehen. Bäume sind ihre Schlafstätte; an diese lehnen sie sich und finden so, ein wenig zur Seite gelehnt, Ruhe. Haben die Jäger an den Spuren ihre gewöhnlichen Schlupfwinkel herausgefunden, so untergraben sie dort alle Bäume an den Wurzeln oder sägen sie so an, daß es nur mehr so aussieht, als stünden sie fest. Lehnen sich die Alce dann, wie gewohnt, dort an, so brechen sie die geschwächten Bäume durch ihr Gewicht ab und fallen selbst mit ihnen zu Boden.

(28) Es gibt auch eine dritte Art, die sogenannten Ure. Diese sind etwas kleiner als Elefanten und haben Aussehen, Farbe und Gestalt eines Stieres. Sie sind sehr stark und schnell und gehen auf alles los, was ihnen zu Gesicht kommt, Mensch und Tier. Man fängt sie mit großem Eifer in Gruben und tötet sie dann. Durch die damit verbundene Anstrengung härten sich die jungen Männer ab, üben sich auch durch diese Art von Jagd, und wer von ihnen die meisten erlegt und zum

Beweis die Hörner öffentlich ausstellt, erntet großes Lob. An den Menschen gewöhnen oder zähmen kann man nicht einmal eingefangene Jungtiere. Ihre Hörner sind an Umfang, Gestalt und Aussehen ganz verschieden von denen unserer Stiere. Sie sind dort sehr gesucht; man faßt den Rand mit Silber ein und gebraucht sie bei Gastmählern, wenn es hoch hergehen soll, als Trinkgefäße.

(Übersetzung nach O. Schönberger)

Literaturangaben

Aili, H. (1995): »Caesar's Elks and Other Mythical Creatures of the Hercynian Forest«, in: *Symbolae Septentrionales. Latin Studies Presented to J. Öberg* (Stockholm), 15-37.

Berres, T. (1970): »Die geographischen Interpolationen in Caesars Bellum Gallicum« *Hermes* 98, 154-77.

Bömer, F. (1953): »Der Commentarius. Zur Vorgeschichte und literarischen Form der Schriften Caesars«, *Hermes* 81, 210-50.

Christ, K. (1994): *Caesar. Annäherungen an einen Diktator* (München).

Dobesch, H. (1989): »Caesar als Ethnograph«, *Wiener Humanistische Blätter* 31, 16-51.

Gelzer, M. (^{6}1960): *Caesar, der Politiker und Staatsmann* (Wiesbaden).

Latacz, J. (1978): »Zu Caesars Erzählstrategie (BG I 1-29: Der Helvetierfeldzug)«, *Der Altsprachliche Unterricht* 21.3, 70-87; auch in ders.: *Erschließung der Antike. Kleine Schriften zur Literatur der Griechen und Römer* (Stuttgart/Leipzig), 547-67.

Lund, A. A. (1995): »Die Erfindung der Germanen«, *Der Altsprachliche Unterricht* 38.2, 4-20.

– (1996): »Caesar als Ethnograph«, *Der Altsprachliche Unterricht* 39.2, 12-23.

Maier, U. (1978): *Caesars Feldzüge in Gallien (58–51 v. Chr.) in ihrem Zusammenhang mit der stadtrömischen Politik.* Saarbrücker Beiträge zur Altertumskunde 29 (Bonn).

Meier, C. (1982): *Caesar* (Berlin).

Norden, E. (^{4}1959): *Die germanische Urgeschichte in Tacitus' Germania* (Stuttgart).

Mensching, E. (1988): *Caesars Bellum Gallicum. Eine Einführung* (Frankfurt).

Poli, D. (1993; Hrsg.): *La cultura di Cesare. Atti del convegno internazionale di studi, Macerata-Matelica, 30 aprile-4 maggio 1990.* 2 Bde (Roma).

Rambaud, M. (^{2}1966): *L'art de la déformation historique dans les Commentaires de César* (Paris).

Rasmussen, D. (1963): *Caesars Commentarii. Stil und Stilwandel am Beispiel der direkten Rede* (Göttingen).

Reijkwart, E. J. (1993): »Zur Erzählung in Caesars Commentarii. Der ,unbekannte' Erzähler des Bellum Gallicum«, *Philologus* 137, 18-37.

Richter, W. (1959): »Achlis. Schicksale einer tierkundlichen Notiz (B. G. VI, 27)«, *Philologus* 103, 281-96.

– (1977): *Caesar als Darsteller seiner Taten. Eine Einführung* (Heidelberg).

Rosner, V. (1988): »Die Römer als Ordnungsmacht in Gallien. Zu Caesar, Bellum Gallicum VI 11-24« *Der Altsprachliche Unterricht* 31.5, 5-22.

Rüpke, J. (1992): »Wer las Caesars bella als commentarii?«, *Gymnasium* 99, 201-26.

Scholz, U. (1999): »Der commentarius und Caesars Commentarii«, in: Neukam, P. (Hrsg.): *Musen und Medien.* Dialog Schule–Wissenschaft. Klassische Sprachen und Literaturen 33 (München), 82-97.

Schulz, M.-W. (1998): »Die Germanen und der Rhein als biologische Grenze. Ein roter Faden durch das Gesamtwerk des B. G.«, *Der Altsprachliche Unterricht* 41.4-5, 5-17.

Walser, G. (1955): *Caesar und die Germanen. Studien zur politischen Tendenz römischer Feldzugsberichte.* Historia Einzelschriften 1 (Wiesbaden).

Welch, K./Powell, A. (1998; Hrsg.): *Julius Caesar as Artful Reporter: The War Commentaries as Political Instruments* (London).

Zeitler, W. (1986): »Der Germanenexkurs im sechsten Buch von Caesars Bellum Gallicum«, in Beck, H. (Hrsg.): *Germanenprobleme in heutiger Sicht* (Berlin/New York), 41-52.

Über die Verfasser der Beiträge

Günter Burkard

Geboren 1944, wurde 1975 in Würzburg promoviert. Er trat in den Bibliotheksdienst ein und habilitierte sich 1988 in Heidelberg. Von 1993 bis 1995 war er Professor für Ägyptologie in Marburg, seit 1995 ist er an der LMU München. Er hat unter anderem folgende Bücher publiziert: Textkritische Untersuchungen zu ägyptischen Weisheitslehren des Alten und Mittleren Reiches (1975); Grabung im Asasif 1963-1970. Band III. Die Papyrusfunde (1986); Spätzeitliche Osirisliturgien im corpus der Asasif-Papyri. Übersetzung, Kommentar, formale und inhaltliche Analyse (1988); Die Lehre des Ptahhotep. Übersetzung des Gesamttextes, mit Einleitung und kommentierenden Anmerkungen (1991); Überlegungen zur Form der ägyptischen Literatur: Die Geschichte des Schiffbrüchigen als literarisches Kunstwerk (1993); (zusammen mit H. J. Thissen) Einführung in die altägyptische Literaturgeschichte I. Altes und Mittleres Reich (2003).

Hans van Ess

Geboren 1962, wurde 1992 in Hamburg promoviert und habilitierte sich dort 1998. Seit 1998 ist er Professor für Sinologie an der LMU München. Er hat unter anderem folgende Bücher publiziert: Politik und Gelehrsamkeit in der Zeit der Han – Die Alttext/Neutext-Kontroverse (1993); Der Konfuzianismus (2003); im Druck: Von Ch'eng I zu Chu Hsi: Die Geschicke der Familie Hu zu Beginn der Südlichen Sung und die Anfänge der Lehre vom Rechten Wege (2003).

Jens-Uwe Hartmann

Geboren 1953, wurde 1984 in München promoviert und habilitierte sich in Göttingen 1992. Von 1995 bis 1999 war er Professor für Tibetologie in Berlin, seit 1999 lehrt er als Professor für Indologie und Iranistik an der LMU München. Er hat unter anderem folgende Bücher publiziert: Das Varnarhavarnastotra des Matrceta (1987); Untersuchungen zum Dirghagama der Sarvastivadins (1992). Er hat (zusammen mit anderen) herausgegeben: Manuscripts in the Schoyen Collection. I. Buddhist Manuscripts, Volume I. (2000) Manuscripts in the Schoyen Collection. III. Buddhist Manuscripts, Volume II (2002).

Niklas Holzberg

Geboren 1946, wurde 1972 in Erlangen promoviert und habilitierte sich dort 1979. Seit 1983 ist er Professor für Klassische Philologie/Latinistik an der LMU München. Er hat unter anderem folgende Bücher publiziert: Menander. Untersuchungen zur dramatischen Technik (1974); Hans-Sachs-Bibliographie (1976); Willibald Pirckheimer. Griechischer Humanismus in

Deutschland (1981); Der antike Roman (1986, 2. Aufl. 2001, engl. 1995; niederl. 1998; poln. 2003); Martial (1988); Die römische Liebeselegie (1990, 2. Aufl. 2001); Der Äsop-Roman. Motivgeschichte und Erzählstruktur (1992); Die antike Fabel (1993, 2. Aufl. 2001; engl. 2002); Ovid. Dichter und Werk (1997, 2. Aufl. 1998, engl. 2002); Catull. Der Dichter und sein erotisches Werk (2002); Martial und das antike Epigramm. Eine Einführung (2002)

Martin Hose

Geboren 1961, wurde 1990 in Konstanz promoviert und habilitierte sich dort 1993. Von 1994 bis 1997 war er Professor für Gräzistik in Greifswald, seit 1997 ist er an der LMU München. Er hat unter anderem folgende Bücher publiziert: Studien zum Chor bei Euripides (Bd. 1 1990, Bd. 2 1991); Erneuerung der Vergangenheit. Die Historiker im Imperium Romanum von Florus bis Cassius Dio (1994); Drama und Gesellschaft. Studien zur dramatischen Produktion in Athen am Ende des 5. Jh. (1995); Kleine griechische Literaturgeschichte (1999); Aristoteles, Die historischen Fragmente (2002).

Christoph Levin

Geboren 1950, wurde 1983 in Göttingen promoviert und habilitierte sich dort 1991. Von 1995 bis 1998 war er Professor für Altes Testament in Gießen, seit 1998 ist er an der LMU München. Er hat unter anderem folgende Bücher publiziert: Der Sturz der Königin Atalja. Ein Kapitel zur Geschichte Judas im 9. Jahrhundert v. Chr. (1982); Die Verheißung des neuen Bundes in ihrem theologiegeschichtlichen Zusammenhang ausgelegt (1985); Der Jahwist (1993); Fortschreibungen (2003); Das Alte Testament (2001, ^{2}2003).

Walther Sallaberger

Geboren 1963, wurde 1992 in München promoviert und habilitierte sich in Leipzig 1998. Seit 1999 ist er Professor für Assyriologie an der LMU München. Er hat unter anderem folgende Bücher publiziert: Der kultische Kalender der Ur III-Zeit. (1993); Der babylonische Töpfer und seine Gefäße: Nach Urkunden altsumerischer bis altbabylonischer Zeit sowie lexikalischen und literarischen Zeugnissen. (1997); "Wenn Du mein Bruder bist ...": Interaktion und Textgestaltung in altbabylonischen Alltagsbriefen. (1999 [erschienen 2000]).

Oliver Primavesi

Geboren 1961, wurde 1994 in Frankfurt promoviert und habilitierte sich dort 1997. Seit 2000 ist er Professor für Gräzistik an der LMU München. Er hat unter anderem folgende Bücher publiziert: Die Aristotelische Topik. Ein Interpretationsmodell und seine Erprobung am Beispiel von Topik B (1996); (zusammen mit A. Martin) L'Empedocle de Strasbourg. Introduction, Édition et Commentaire (1999); in Vorbereitung: Kosmos und Daimon bei Empedokles. Der Straßburger Papyrus und die indirekte Überlieferung.